Beck'scheReihe

BsR 1152

Im Museum der modernen Literatur finden sich noch heute Werke, die sich einem weiten Leserkreis nicht erschließen. Diese Einführung des Leidener Literaturwissenschaftlers Horst Steinmetz zeigt mit dem Wandel der Lesehaltungen und Rezeptionsformen seit dem Zeitalter der Aufklärung, an das der Beginn der Moderne geknüpft wird, die Entfaltung und die Wandlungsprozesse der modernen Literatur. Er verbindet die Anleitung, wie die Sprache der zu Klassikern avancierten Autoren des 20. Jahrhunderts zu lesen sei, mit einer historischen Strukturanalyse. Damit begegnet er den noch immer gegenwärtigen Verständnisproblemen und fördert die Einsicht in eine geschichtliche Entwicklung bis in Zeiten, in denen sich das überkommene Welt- und Menschenbild und mit ihm alle literarischen Formen und Inhalte grundlegend verändert haben.

Horst Steinmetz (geb. 1934 in Hamburg) ist Professor für Allgemeine und Vergleichende Literaturwissenschaft an der Universität Leiden (Niederlande). Er ist Verfasser zahlreicher Bücher und Aufsätze zur deutschen und europäischen Literatur vom 18. bis 20. Jahrhundert.

HORST STEINMETZ

Moderne Literatur lesen

Eine Einführung

VERLAG C.H. BECK

Die Deutsche Bibliothek – CIP-Einheitsaufnahme

Steinmetz, Horst:
Moderne Literatur lesen: eine Einführung/Horst Steinmetz.
– Orig.-Ausg. – München : Beck, 1996
  (Beck'sche Reihe ; 1152)
  ISBN 3 406 39252 0
NE: GT

Originalausgabe
ISBN 3 406 39252 0

Umschlagentwurf: Uwe Göbel, München,
Umschlagabbildung: Tullio Pericoli: "Figur im Raum",
© Margarete Hubauer
© C. H. Beck'sche Verlagsbuchhandlung (Oscar Beck), München 1996
Gesamtherstellung: C. H. Beck'sche Buchdruckerei, Nördlingen
Gedruckt auf säurefreiem, alterungsbeständigem Papier,
hergestellt aus chlorfrei gebleichtem Zellstoff
Printed in Germany

Inhalt

3. Der Weg zur Moderne

4. Moderne Literatur

Nachwort: Postmoderne

Vorwort

Dieses Buch handelt von Literatur. Und weil es von Literatur handelt, spricht es vor allem von der Tätigkeit, die Literatur überhaupt erst zugänglich macht: vom Lesen. Denn es ist ein Irrtum zu meinen, daß jeder, der Lesen und Schreiben gelernt hat, auch wüßte, was er tut, wenn er Romane oder Gedichte liest. Um Literatur zu verstehen und mit Gewinn lesen zu können, ist es sehr nützlich, die Vorgänge und Prozesse zu kennen, die während des Lesens stattfinden. Dies um so mehr, als die moderne Literatur von uns verlangt, eingeschliffene Lesegewohnheiten hinter uns zu lassen.

Gegenstand dieses Buches sind die moderne Literatur und ihre Entstehungsbedingungen, nicht jedoch eine *Geschichte* der modernen Literatur. Es mußte vielmehr darum gehen, charakteristische Eigenschaften, Themen und Techniken der modernen Literatur sichtbar zu machen und zum besseren Verständnis dieser Literatur anzuleiten, mithin auch den Weg in eine ausführliche Geschichte der modernen Literatur zu öffnen. Analysen bestimmter Autoren, Romane, Dramen und Gedichte sollen dafür beispielhaft sein.

In meine Analysen sind viele Ergebnisse eingegangen, die während der letzten Jahrzehnte in der Literaturwissenschaft erarbeitet worden sind. Doch wendet sich das Buch in erster Linie nicht an Literaturwissenschaftler (obwohl sie es natürlich lesen dürfen), sondern an diejenigen, an die sich die Literatur selbst wendet: an aufgeschlossene Leser. Ich habe darum versucht, ohne Fachsprache auszukommen, auch dort, wo ich auf Probleme eingehe, die nicht immer ganz einfach zu beschreiben sind.

Übrigens: ungeduldige Leser und solche, die ganz und gar nicht historisch interessiert sind, können zur Not die Kapitel 2 und 3 überschlagen.   H. St.

Einleitung

Worum es in diesem Buch geht

Im Jahre 1949 vollendete der damals bereits weltbekannte niederländische Maler Karel Appel in der Kantine des Amsterdamer Rathauses ein Wandgemälde mit dem Titel *Fragende Kinder*. Er hatte das Bild im Auftrag des Magistrats der Stadt entworfen. Die Beamten und Angestellten der Stadtverwaltung reagierten befremdet, zum Teil empört, auf das Kunstwerk, dem sie beim Mittagessen gegenübersaßen. Man wußte nichts damit anzufangen, fühlte sich durch das Bild beim Essen gestört, – und bezweifelte allgemein, daß ein derartiges Produkt überhaupt Kunst sei. Um mit diesem Kunstwerk irgendwie fertig zu werden, zogen manche es ins Lächerliche und behaupteten zum Beispiel, das Bild stelle eben den Magistrat beim Mittagessen dar, in dessen Auftrag das Bild entstanden war. Von einigen Kantinenbesuchern wird berichtet, sie hätten sich nur mit Mühe zurückhalten können, das Bild mit Essensresten zu bewerfen. Andere ignorierten das Werk grundsätzlich und wendeten sich mit einem Achselzucken von dem ab, was ihnen da in hohem Auftrag als Kunst vorgesetzt worden war.

Man kann – ohne in gefährliche Verallgemeinerungen zu verfallen – davon ausgehen, daß die Reaktionen, die Appels Wandgemälde vor über vierzig Jahren in der Amsterdamer Rathauskantine ausgelöst hat, sich auch heute noch wiederholen könnten. Eindeutig aggressives Verhalten gegenüber sogenannter moderner Kunst ist zwar im allgemeinen verschwunden, doch Werke, die man zur „modernen Kunst" zählt, werden auch heute noch keineswegs selbstverständlich akzeptiert. Auch dort, wo man nicht mehr vorbehaltlos gegen solche Werke ist, hat man doch häufig noch große Schwierigkeiten, mit ihnen sinnvoll umzugehen. Man hat sich zwar daran gewöhnt, daß es die moderne Kunst gibt, aber man setzt sich auch heute noch nicht ohne Vorurteil mit ihr auseinander. Und selbst diejenigen, die sich dieser Kunst gegenüber tolerant verhalten, die auf sie eingehen, die ihr sogar Sympathie entgegenbringen, gestehen durchweg, sie könnten sie nicht „verstehen", ja, sie wüßten nicht, was ein bestimmtes Werk oder die moderne Kunstrichtung generell zu bedeuten habe.

Was es eigentlich heißt, ein Kunstwerk zu „verstehen" oder „nicht zu verstehen", werden wir an späterer Stelle erklären. Wir werden dann auch auf die Frage eingehen, ob man ein Kunstwerk überhaupt „verstehen" muß, um in ihm einen „Sinn" wahrnehmen oder gar „erleben" zu können. Hier geht es zunächst darum, daß Verstehen und Nichtverstehen in der Diskussion über moderne Kunst häufig gehörte Argumente sind. Sie tauchen nicht nur im Zusammenhang mit Werken der bildenden Kunst auf, sondern auch im Zusammenhang mit Werken der Literatur und der Musik. Gegenüber modernen Musikkompositionen und modernen Romanen, Dramen und Gedichten fühlen sich viele Hörer und Leser ebenso hilflos wie die Betrachter gegenüber modernen Bildern. Auch sie „versteht" man nicht oder versteht sie nur teilweise. Manchmal will man sie auch gar nicht verstehen, weil man auch ihnen wie den modernen Bildern die Eigenschaft abspricht, Kunst zu sein.

Nun ist die Tatsache, daß Literaturleser, Musikhörer und Kunstbetrachter Schwierigkeiten mit Kunstwerken aus ihrer eigenen Zeit haben, nicht etwas, das allein in unserem Jahrhundert aufgetreten ist. Die Geschichte der Kunst kennt viele ähnliche Beispiele aus früheren Zeiten. So stießen zum Beispiel Mozart und Beethoven zunächst auf beträchtliches Unverständnis; ihre Kompositionen wurden als nicht „musikgerechte" Werke zurückgewiesen. Auch manches Werk Goethes fand nur sehr geteilte Zustimmung. Und die großen Gemälde von Rubens wurden von den Zeitgenossen rundweg abgelehnt.

Wenn es auch früher schon gestörte Beziehungen zwischen Kunst und Publikum gegeben hat, so mag es naheliegen, sich mit ähnlichen Konflikten in unserer Zeit einfach abzufinden.

Man mag annehmen, im Laufe der Zeit werde diese Situation sich „normalisieren". Tatsächlich hat ja auch seit längerer Zeit eine Art offizieller Anerkennung der modernen Kunst stattgefunden. Die Museen und Kunsthallen sind mit den Werken von Picasso, Salvador Dali, Paul Klee und zahllosen ihrer Mitstreiter gefüllt, auf dem Kunstmarkt zahlt man schwindelerregende Preise für ihre Bilder; die großen Orchester der Welt bringen regelmäßig Kompositionen von Paul Hindemith, Igor Strawinsky oder Luciano Berio zur Aufführung; die Literaturkritiker erkennen in Franz Kafka, James Joyce, Georg Trakl oder Paul Celan große repräsentative Autoren unseres Jahrhunderts. Und doch kann diese offizielle Entwicklung nicht wirklich beruhigen. Hinter solcher Anerkennung moderner Kunst lebt das Unbehagen weiter, das der durchschnittliche Leser, Hörer oder Betrachter ihr gegenüber behalten hat. Mögen die Werke der modernen Kunst in den Museen hängen, mögen sie sogar die Wände von Rathäusern zieren, in den Wohnzimmern der Bevölkerung zieht man meist andere Kunst vor. Der Abstand zwischen der großen Mehrheit der Bürger und der modernen Kunst ist geblieben. Die Tatsache, daß es früher ebenfalls „Störungen" zwischen Kunst und Publikum gegeben hat, sollte nicht täuschen. Es gibt gewichtige Unterschiede. Wenn in der Vergangenheit die Kunst bei den Zeitgenossen zunächst auf Widerstand oder Ablehnung stieß, so war dieser Zustand nämlich nach relativ kurzer Zeit wieder überwunden. Meist dauerte es nicht länger als zwei oder drei Jahrzehnte, bis die anfänglich zurückgewiesenen Werke und Künstler allgemeine Anerkennung gefunden hatten und auch vom größeren Publikum akzeptiert wurden. Man könnte auch sagen, sie wurden dann „verstanden", oder man glaubte doch, sie zu verstehen.

Ganz anders verhält es sich in unserem Jahrhundert. Hier dauert der Zustand der „Störung" schon beinahe einhundert Jahre an. Man geht heute – nicht ganz korrekt – davon aus, daß die Moderne um die Jahrhundertwende beginnt. Picasso durchbrach mit seiner neuen Sehweise in der Malerei die jahrhundertealte Tradition. Seine ersten Bilder entstanden im ersten Jahrzehnt des 20. Jahrhunderts. Arnold Schönberg veröffentlichte seine ersten atonalen Musikwerke ca. 1920. Der alle geläufigen Erzähltechniken auflösende Roman *Ulysses* von James Joyce erschien 1922. Viele der bekannten Erzählungen von Franz Kafka, der 1924 starb, wurden vor 1920 verfaßt. Das sind nur einige der zahlreichen Namen, mit denen man das Phänomen der modernen Kunst verbindet. Obwohl es also lange her ist, seit die Grundlagen – und zugleich repräsentative Werke – der modernen Kunst geschaffen wurden, gehören diese Werke zu denen, die noch immer auf große Verständnisschwierigkeiten stoßen.

Es lohnt sich daher, den Ursachen dieser Schwierigkeiten genauer nachzugehen. Viele derjenigen Werke, die man auch heute noch nicht versteht, sind ja längst keine zeitgenössischen mehr, gehören vielmehr einer gar nicht mehr so nahen Vergangenheit an. Strenggenommen sind sie auch keine modernen Werke mehr, wenn man unter „modern" die Zugehörigkeit zur eigenen Zeit begreift. In den Kunst-, Musik- und Literaturwissenschaften rubriziert man unter dem Begriff „modern" Werke, die aus der ersten Hälfte unseres Jahrhunderts stammen. „Modern" ist dann die Bezeichnung für eine bestimmte historische Periode. Und sie liegt bereits hinter uns. Man spricht von der Moderne oder auch der klassischen Moderne, wenn man sie meint. Werke und Künstler aus der zweiten Hälfte des 20. Jahrhunderts werden dementsprechend der Nachmoderne zugerechnet, der sogenannten Postmoderne. Im allgemeinen, nichtwissenschaftlichen Bewußtsein aber lebt praktisch die gesamte Kunst des 20. Jahrhunderts als moderne Kunst. Damit trifft man also nur sehr vage eine zeitlich fixierte Periode in der Geschichte der Kunst. Mit „modern" bezeichnet man vor allem die Andersartigkeit dieser Kunst im Vergleich zur Kunst aus früheren Zeiten. Und man kann tatsächlich – und dazu mit guten Gründen – daran festhalten, daß die Unterschiede, die zwischen der Kunst und der Literatur des 20. Jahrhunderts und derjenigen früherer Jahrhunderte liegen, entschieden größer und einschneidender sind als die Unterschiede zwischen einzelnen Abschnitten in der Kunstentwicklung innerhalb des 20. Jahrhunderts und auch zwischen Phasen früherer Zeiten. Darum wird in diesem Buch durchgängig alle Kunst und Literatur des 20. Jahrhunderts als „modern" bezeichnet, obwohl dies nicht ganz korrekt ist. Erst am Schluß werden wir nochmals auf die Unterschiede zwischen „modern" und „postmodern" zu sprechen kommen.

Es gibt noch einen auffallenden Unterschied zwischen der Art und Weise, in der man im 20. Jahrhundert Schwierigkeiten mit der modernen Kunst hat, und den Problemen, die frühere Epochen mit der Kunst ihrer Zeit hatten. Viele Menschen, das haben zahlreiche Untersuchungen ergeben, verstehen die moderne Kunst nicht. Das aber will nicht immer sagen, daß dieses Nicht-Verstehen-Können grundsätzlich mit einem negativen Urteil über die einzelnen Werke verbunden ist. Man verurteilt durchaus nicht prinzipiell, was man nicht zu verstehen glaubt. So gehört zum Beispiel Franz Kafka zu den meistgelesenen Autoren unserer Gegenwart. Zahlreiche seiner Leser haben versichert, sie verstünden diesen Schriftsteller nicht, fühlten sich aber dennoch von ihm unwiderstehlich angezogen, ja würden durch ihn gefesselt. Ähnliches gilt für andere Autoren, gilt auch für Maler und Musiker. Der große englische Schauspieler John Gielgud hat erklärt, er werde durch die Stücke moderner Dramatiker fasziniert, spiele sie mit Vergnügen, aber er könne nicht sagen, er verstehe sie. Von den Theaterensembles, die in den fünfziger Jahren Samuel Becketts *Warten auf Godot* uraufgeführt haben, weiß man, daß sie in langen Konferenzen über das Stück und seine Bedeutung beratschlagt haben, ohne zu eindeutigen Ergebnissen zu gelangen. Trotzdem haben sie das Werk mit Enthusiasmus inszeniert. Sie waren davon überzeugt, darin komme etwas zum Ausdruck, das die Menschen ihrer Zeit direkt anginge. In unserer Zeit kann man Kunst offenbar auch positiv erleben, die man nicht durchaus versteht. Der englische Schriftsteller Brendan Behan hat über sich und über Beckett bekannt: „Ich weiß nicht, wovon seine Stücke handeln, aber ich weiß, sie bereiten mir Vergnügen. Ich weiß nicht, was ein Bad im Meer bedeutet, aber ich genieße es.

Ich genieße es, wenn das Wasser über mich hinwegfließt." Der Kulturphilosoph Ludwig Marcuse hat behauptet, moderne Gedichte brauche man nicht zu verstehen, um sie zu lieben. Und ein bekannter Übersetzer hat eingestanden, er habe T. S. Eliots Gedicht *Das wüste Land* übersetzt, ohne dessen Sinn enträtselt zu haben.

Das sind ungewöhnliche und außerordentliche Bekenntnisse. Sie machen auf eine Erscheinung aufmerksam, die es in der Geschichte der Kunst vor dem 20. Jahrhundert nicht gegeben hat. Wenn man früher ein Kunstwerk nicht verstanden hatte, aus welchen Gründen auch immer, dann hat man es auch als Kunstwerk verurteilt. Man neigte dazu, sich nicht einmal mit ihm zu beschäftigen, man bekämpfte eher das Werk und den Verfasser. Völlig ausgeschlossen war es, daß man ein Werk schätzen konnte, das man nicht verstanden hatte. Ein Werk nicht verstehen können hieß damals eigentlich, daß es als Kunstwerk mißlungen war. Heute hingegen gibt es offenbar – obgleich nicht für alle – die Möglichkeit, von Kunst, die man nicht versteht, doch auf eine geheimnisvolle Weise ergriffen zu werden, ja sie sogar zu schätzen. Man geht – wie die Schauspieler im Fall Beckett – davon aus, daß diese Kunst ihren Zeitgenossen etwas Wichtiges zu sagen habe, ohne daß man weiß, was sie sagt. Man kann sie rezipieren, ohne zu wissen, was sie sagt. Das ist, wie gesagt, ein überaus merkwürdiger Zustand. Er deutet nicht nur auf die Andersartigkeit unseres Nichtverstehens im Vergleich zu früher hin, sondern auch darauf, daß unsere Reaktion auf Kunst im allgemeinen, daß die Weise, in der wir mit Kunst umgehen, anders ist als früher.

Die Beschäftigung mit moderner Kunst ist mithin uneinheitlich und voller Widersprüche. Zum Teil lehnt man sie ab, leugnet gar, daß sie überhaupt Kunst sei. Zum Teil aber wird sie auch geschätzt und ist dadurch zu einem Bestandteil des heutigen Lebens geworden. Aber auch wenn man sie schätzt, bleiben die mit ihr verbundenen Schwierigkeiten bestehen, man „versteht" sie nicht oder nur teilweise, selbst dann, wenn sie fasziniert.

Eine derartig widerspruchsvolle und außerdem lang anhaltende Auseinandersetzung mit zeitgenössischer Kunst hat es in anderen Zeiten, wie gesagt, niemals gegeben. Um das verstehen zu können, sollte man den Ursachen nachgehen, die zu dieser Situation geführt haben. Das erfordert einen Rückblick. Man kann die moderne Kunst, aber auch die Reaktionen auf sie wenigstens zum Teil besser verstehen, wenn man weiß, wie und warum diese Kunst entstanden ist – und warum sie ihre Betrachter in Schwierigkeiten bringen mußte.

Hier soll nun versucht werden, einige der Entwicklungen nachzuzeichnen, die der modernen Kunst und dem widersprüchlichen Verhalten ihr gegenüber zugrundeliegen. Dazu ist es nötig, einen relativ weiten Weg zurückzugehen – bis ins 18. Jahrhundert. Denn dort, gegen Ende des 18. Jahrhunderts, beginnt die Geschichte der modernen Literatur, so überraschend das zunächst auch klingen mag. Dort auch liegt der Ursprung des Problems, daß das „Verstehen" von Kunst und Literatur den Menschen Mühe zu machen beginnt.

Wir wollen uns mit den Entwicklungen in der Literatur beschäftigen. Dabei kommen auch die Wandlungsprozesse zur Sprache, denen das Lesen durch die literarischen und gesellschaftlichen Entwicklungen unterworfen wurde. Beides hängt eng miteinander zusammen. Gelegentlich und am Rande, dann, wenn es nützlich, sinnvoll und hilfreich ist, werden wir auch auf die bildende Kunst und die Musik sowie auf die sich in ihrer Geschichte vollziehenden Wandlungen eingehen.

Auftakt

Über Lesehaltungen und über einige Schwierigkeiten in der modernen Literatur und in der Literatur überhaupt

Lesen ist eine Tätigkeit – eine sehr vielschichtige Tätigkeit, wie sich noch zeigen wird. Wenn man eine Tätigkeit ausübt, wenn man etwas tut, dann tut man es mit bestimmten Absichten und abhängig von diesen Absichten auf unterschiedliche Weise. Nicht anders verhält es sich beim Lesen. Die Texte, die man liest, liest man mit unterschiedlichen Absichten und darum auch auf unterschiedliche Weise. Eine Gebrauchsanweisung für einen Kühlschrank liest man anders und zu einem anderen Zweck als einen Zeitungsartikel. Einen Reiseprospekt liest man anders als einen Brief. Und Literatur liest man wieder auf eine andere Weise. Man kann sogar denselben Text auf verschiedene Weise lesen. Auf welche Weise man ihn liest, hängt von den Erwartungen und der Haltung ab, mit denen man dem Text gegenübertritt. Die Erwartungen werden in der Regel von der Art oder Sorte geweckt, zu der man einen Text rechnet, zur Sorte der Gebrauchsanweisungen, der Reiseprospekte, der Briefe oder eben auch der Literatur. Die Textsorte und die daran geknüpften Erwartungen legen wiederum die Haltung fest, mit der man die Texte zu lesen beginnt. Wenn man zum Beispiel erkennt, daß ein Text zur Literatur gehört, liest man ihn mit anderen Augen, als wenn er zu einer anderen Textsorte gehörte. Insbesondere für das Lesen von Literatur gelten nun bestimmte Leseregeln; das heißt, man nimmt ihr gegenüber eine betimmte Lesehaltung ein. Eine der allgemeinen Regeln, die für den literarischen Text gelten, ist die Auffassung, es werde in ihm mehr mitgeteilt, als der reine Wortlaut sagt. Der folgende kurze Text kann das veranschaulichen.

Es war sehr früh am Morgen, die Straßen rein und leer, ich ging zum Bahnhof. Als ich eine Turmuhr mit meiner Uhr verglich, sah ich, daß es schon viel später war, als ich geglaubt hatte, ich mußte mich sehr beeilen, der Schrecken über diese Entdeckung ließ mich im Weg unsicher werden, ich kannte mich in dieser Stadt noch nicht sehr gut aus, glücklicherweise war ein Schutzmann in der Nähe, ich lief zu ihm und fragte ihn atemlos nach dem Weg. Er lächelte und sagte: „Von mir willst du den Weg erfahren?" „Ja", sagte ich, „da ich ihn selbst nicht finden kann." „Gibs auf, gibs auf", sagte er und wandte sich mit einem großen Schwunge ab, so wie Leute, die mit ihrem Lachen allein sein wollen.

Man kann diesen Text als Ausschnitt eines Briefes lesen, eines Briefes an eine Stadtverwaltung oder eines Leserbriefes in einer Zeitung zum Beispiel. Liest man ihn so, dann ist dadurch auch sogleich die Lesehaltung festgelegt. Man versteht den Briefausschnitt als eine Klage oder Beschwerde, die etwa ein Besucher einer Stadt gegenüber den Behörden ausdrücken will. Er berichtet über das eigenartige Verhalten eines Polizisten. Und die nicht direkt ausgesprochene Absicht des Briefes wäre die Aufforderung an die Verantwortlichen, den Polizisten möglicherweise zu suspendieren, da er seine Aufgabe offenkundig nicht angemessen erfüllt. Manches deutet darauf hin, daß er krank ist.

Zur Charakteristik dieses Textes als eines Briefes gehört es, daß er direkt oder indirekt zum Handeln auffordert: In diesem Fall ist es ein Appell an die Stadtbehörden, hinsichtlich des Polizisten etwas zu unternehmen. Viele derjenigen Texte, die man nicht als literarische liest, sind dadurch gekennzeichnet, daß sie zum Handeln auffordern, offen oder verborgen. Die Aufforderung zum Handeln muß nun allerdings nicht immer zum Handeln in der Realität führen. So wirken Reiseprospekte, Gebrauchsanweisungen, Reklametexte. Sie wollen überreden oder veranlassen, eine Reise zu buchen, ein Gerät richtig zu bedienen, ein bestimmtes Produkt zu kaufen. Andere Texte, etwa philosophische, aber auch Kommentare oder Berichte in der Zeitung, sind nicht auf ein konkretes Handeln außerhalb der Texte ausgerichtet, obwohl auch sie zum Handeln auffordern. Nun aber mehr in dem Sinne, daß man das in ihnen Gesagte oder Behauptete prüft, auf seine Richtigkeit hin untersucht. Man wird durch die Texte angeregt zu kontrollieren, ob stimmt, was in ihnen ausgedrückt ist. Das Handeln wird so gewissermaßen auf die im Text enthaltene Wahrheit gelenkt. Diese wird zur Prüfung angeboten.

Auf literarisch verstandene Texte reagiert man anders. Man liest sie darum auch anders. Der obige Text zum Beispiel ist kein Leserbrief, sondern eine kleine, aber vollständige Erzählung von Franz Kafka. Wenn man das weiß, richtet man sich auf eine literarische Lesehaltung ein. Sie hat zur Folge, daß man dem wörtlichen Text neue, zusätzliche Bedeutungen beimißt. Man kann diesen Vorgang „Umdeutung" nennen. Das Ich, das in dem Text spricht oder berichtet, wird nun nicht mehr als ein einzelner Mensch mit genauer, wenngleich unbekannter Adresse aufgefaßt. Man neigt eher dazu, in ihm so etwas wie *den* Menschen zu vermuten, der gleichsam im Namen aller Menschen spricht. Ähnliches gilt für den Polizisten. Wenig sinnvoll erscheint die Vermutung, Kafka habe mit der Gestalt des Polizisten einen besonderen, vielleicht auch alle besonderen Polizisten in ihrer Abwegigkeit zeigen wollen, so daß man ihn/sie verurteilen kann. Man vermutet vielmehr, der Polizist sei gar kein wirklicher Polizist. Man nimmt an, er verweise eher auf eine Instanz, die in einem allgemeinen Sinne dem Menschen Auskunft geben oder sonstwie helfen soll. In diesem Rahmen sucht man nun nach einer möglichen Bedeutung der Geschichte, die darum über die wörtliche hinausreicht.

Wenn man weiß, daß dieser Text aus dem 20. Jahrhundert stammt, und wenn man davon ausgeht, daß das erzählende Ich den Menschen in modernen Zeiten repräsentieren könnte, kann man etwa zu diesem Leseresultat kommen, das zugleich eine Interpretation ist: Der Mensch im 20. Jahrhundert glaubt zwar noch, ein Ziel vor Augen zu haben, das er erreichen will, aber er kennt den Weg dahin nicht mehr, er droht sich zu verirren. Man erkennt eine wirkliche Situation im Gleichnis: Der Mensch in der kompliziert gewordenen modernen Welt hat die Orientierung verloren. Er wendet sich darum an eine jener Autoritäten, die den Weg kennen sollten und die daher in der Lage sein müßten, dem Menschen die nötige Orientierung eigentlich wieder zu verschaffen. Der Polizist kann jetzt als Philosoph, als Geistlicher, als Politiker oder als eine andere moralische Autorität verstanden werden. Bezeichnend ist jedoch, daß auch diese Autoritäten den Weg nicht kennen. Im Gegenteil, sie fordern dazu auf, die Suche nach dem Weg aufzugeben. Man wendet sich sogar lachend ab, als ob die Frage nach dem Weg unsinnig sei. Das Fazit des Textes könnte lauten: Es ist sinn- und aussichtslos, sich um verläßliche Orientierung im Leben zu bemühen, der Mensch ist dazu verurteilt, sich zu verirren, auch wenn es so scheint, als kenne er sein Ziel.

Es kommt an dieser Stelle nicht so sehr darauf an, ob diese Interpretation des Kafkaschen Textes „richtig" ist, ob sie jeder Leser teilt. Sie soll lediglich zeigen, daß das Lesen von Texten, die man als literarische liest, auf eine ganz bestimmte Weise erfolgt und somit auch zu ganz bestimmten Resultaten führt. Literarische Texte werden während des Lesens verändert. Man trachtet, ihnen eine Bedeutung, einen Sinn zu geben, die über die vordergründige Bedeutung und den vordergründigen Sinn des Textes hinausgehen.

Auch literarische Texte führen also zum Handeln, freilich anders als nichtliterarische Texte. Nicht mehr die Prüfung des im Text entdeckten Realitätsgehalts ist das Ziel dieses Handelns, sondern die Entdeckung seiner Bedeutung, seines Wahrheitsgehalts. Ein konsequenter Leser wird gewissermaßen zum Mitautor. Das literarische Werk vollendet sich auf diese Weise erst im Leser und in seiner auf den Text angewandten Aktivität und Kreativität, die seiner Deutung zugrundeliegen. Erst in einer zweiten Phase der Beschäftigung mit einem literarischen Text geht man zu einem Handeln über, das dem vergleichbar ist, das viele nichtliterarische Texte verlangen. In dieser zweiten Phase fragt man, ob richtig ist, was man als Bedeutung des Textes erkannt hat. Ist der moderne Mensch wirklich ohne Orientierung? Gibt es wirklich keine Autoritäten mehr, die den „richtigen" Weg beschreiben könnten? Man mißt jetzt die erkannte Bedeutung an der eigenen Lebenserfahrung und -wirklichkeit. Zuweilen kann das Vergleichen zwischen der Erfahrung des Textes und der Lebenswirklichkeit auch ein spontanes Erleben werden. Was man im Text erkennt, präsentiert sich als sein einsichtiger Wahrheitsgehalt. Man erfährt gewissermaßen am Text, was man auch in der realen Lebenssituation erfahren kann. – Auf diese und andere Reaktionen auf literarische Texte werden wir später noch genauer eingehen.

Die Tatsache, daß im vorangegangenen Abschnitt eine kleine Erzählung von Kafka dazu gedient hat, unsere Neigung zur Veränderung des konkreten Wortlautes literarischer Werke zu demonstrieren, könnte den Eindruck wecken, nur oder vor allem moderne Texte verlangten eine solche Anstrengung des Lesers. Dem ist jedoch keineswegs so. Die Veränderung des Wortlauts, die auf eine Umdeutung abzielt, gilt im Prinzip für alle Werke, ganz gleich, aus welcher Zeit sie stammen. Moderne Literatur hat gewiß ihre eigenen Schwierigkeiten – auf sie werden wir sogleich zu sprechen kommen –, den Prozeß der Umdeutung muß man jedoch auch an nichtmodernen Werken vornehmen. Natürlich verlangt nicht jeder Text Umdeutungen von gleicher Intensität. Es gibt literarische Werke, die sich in dem, was sie wörtlich sagen, zu erschöpfen scheinen. Das gilt zum Beispiel für das harmlose kleine Gedicht aus dem 18. Jahrhundert von Johann Wilhelm Ludwig Gleim mit dem Titel *Einladung zur Liebe:*

> Mädchen, wollt ihr mich nicht lieben?
> Seht, hier lieg ich in dem Schatten!
> Seht mich nur, ihr müßt mich lieben!
> Rosen blühen auf den Wangen,
> In den Adern glühet Feuer,
> In den Mienen lacht Vergnügen,
> In den Augen locket Liebe,
> Und bewegen sich die Lippen,
> So bewegt sie Scherz und Freude.
> Mädchen, wollt ihr mich nicht lieben?
> Seht, hier lieg ich in dem Schatten!
> Mädchen, seht, wie schön ich liege!

Diese Verse scheinen nichts als einen Scherz zu enthalten, den man als Leser mühelos nachvollziehen kann und der allen besonderen Tiefsinns enträt. Die Gewohnheit, den Wortlaut literarischer Werke umzudeuten, ist allerdings so stark, daß sie auf die Dauer auch vor diesem Gedicht nicht haltmacht. Bei längerer Beschäftigung mit dem Gedicht gibt man sich daher doch nicht mit dem heiteren Ton zufrieden. Man könnte zum Beispiel fragen, ob sich unter der Oberfläche der Verse nicht vielleicht die Einsamkeit eines Menschen verbirgt, eines Menschen, der sich vergeblich nach Liebe gesehnt hat, der seine Schwermut in der Tarnung eines fröhlichen Gedichts ausspricht.

Die Gefahr allerdings ist groß, daß man auf diese Weise das Gedicht überfrachtet und dadurch gerade das zerstört, was seinen Charme ausmacht. Es gibt literarische Werke, die nicht auf eine tiefschürfende Umdeutung angewiesen sind. Und sie haben ihren Wert wie andere Werke auch. In der Regel wollen sie keine großen Probleme des menschlichen Lebens darstellen, begnügen sich vielmehr mit treffenden Beobachtungen oder auch einer originellen Sehweise, in der sie ein Thema ansprechen.

An solche Gedichte allerdings denken wir nicht in erster Linie, wenn wir über Lyrik sprechen. Wenn wir von und über Literatur sprechen, über Gedichte, Romane, Dramen, dann meinen wir Werke, die unsere Umdeutung notwendig machen. Und diese Umdeutung wird, wie gesagt, von Werken aus allen Zeiten verlangt. Auch diese, beinahe jedermann bekannten Verse von Goethe bilden keine Ausnahme:

> Über allen Gipfeln
> Ist Ruh,
> In allen Wipfeln
> Spürest du
> Kaum einen Hauch;
> Die Vögelein schweigen im Walde.
> Warte nur, balde
> Ruhest du auch.

Die acht Verse, die wegen ihrer Musikalität und sprachlichen Vollkommenheit hoch gepriesen wurden, bieten dem Leser auf den ersten Blick keinerlei Schwierigkeiten. Sie sind ohne weiteres verständlich, schmeicheln sich sozusagen natürlich ins Ohr.

Und doch – wer kann sagen, wovon genau diese Verse sprechen? Gewiß, man kann ohne große Mühe feststellen, daß sie von Ruhe sprechen, von einer Ruhe, die zum Teil eingetreten ist, zum Teil bald eintreten wird. Man kann auch erkennen, daß es sich um eine Ruhe handelt, die sich von kosmischer Höhe („Über allen Gipfeln") über das Pflanzenreich („In allen Wipfeln") und über das Tierreich („Die Vögelein schweigen") bis in den Bereich des Menschen („balde/Ruhest du auch") erstreckt. Aber was für eine Ruhe ist es? Ist es die Ruhe der einfallenden Nacht? Ist das Gedicht ein Abendgedicht, vielleicht eine Art Schlaflied? Oder ist es die Ruhe des Lebensendes, die hier gemeint ist? Ist es ein Todesgedicht? Muß man die Ruhe vielleicht noch weiter fassen und an eine allumgreifende Ruhe denken, so daß das Gedicht zu einem Weltuntergangs- oder Weltendegedicht würde? – Und wer ist das „du", das zweimal erscheint? Zeigt es ein tatsächliches Gegenüber an, an das sich das Gedicht wendet? Oder bedeutet „du" hier eigentlich „ich", so daß die Schlußverse gelesen werden müssen als ‚balde/Ruhe ich auch'?

Seit seiner Veröffentlichung im Jahre 1815 (entstanden ist es bereits 1780) sind diesem Gedicht in wissenschaftlichen und nichtwissenschaftlichen Büchern und Zeitschriften mehr als siebzig Interpretationen gewidmet worden. Und von all diesen Deutungen hat es keine dabei belassen, den Zustand der Ruhe als die eigentliche und ausreichende Aussage des Gedichts zu benennen. So hat man etwa gesagt, mit der Ruhe sei das Ende von Goethes Liebe zu Charlotte von Stein gemeint; in den Versen käme das Leiden an einer ichfremden Existenz zum Ausdruck, die überwunden werden solle; andere wollen in dem Werk die Grenzsituation des Todes erkennen, noch andere die Spannung, in der der Mensch als ein von Natur aus unruhiges Wesen, das sich dennoch nach Ruhe und Geborgenheit sehne, leben müsse.

Auch hier geht es nicht um die Frage, welche der angedeuteten Interpretationen „richtig", welche „falsch" ist. Sie werden genannt, um zu zeigen, daß Gedichte und literarische Werke im allgemeinen von ihren Lesern Umdeutungen fordern; daß auch Werke, die nicht modern sind, in diesem Sinne schwierig sind. Die Lesehaltung, die wir gegenüber literarischen Werken einnehmen, bereitet uns darauf vor, daß wir gewissen Schwierigkeiten begegnen.

Wenn von den Schwierigkeiten moderner Literatur die Rede ist, sind jedoch nicht die gemeint, die etwa bei Goethes kurzem Gedicht oder bei der Umdeutung im allgemeinen auftreten. Die Schwierigkeiten der modernen Literatur sind meist wesentlich elementarer. Bei Goethe und anderen Autoren kann man immerhin einen Sinn bereits im konkreten Wortlaut entdecken. In der modernen Literatur scheint selbst das häufig nicht möglich. So zum Beispiel in dem – keineswegs zu den extremsten Fällen gehörenden – Gedicht von Nelly Sachs:

Schon will Äußerstes auswandern

Schon will Äußerstes auswandern
das Herz des Wassers
und des Feuers dämonisch verwundertes Licht
die blühenden Geburten der Erde
und Luft die singend den Atem verläßt

Sehnsucht ist der Herrscher
der unsichtbare Adler
zerreißt seine Beute
trägt sie nach Haus –

Dies ist ein Gedicht, dessen Unterschiede zu Gedichten von Goethe, Mörike oder Byron bereits bei kurzer Betrachtung ins Auge springen. Es ist wahrlich ein modernes Gedicht. Um mit dem Äußerlichsten zu beginnen: Reime fehlen, die einzelnen Verszeilen sind unterschiedlich lang, Zeichensetzung – bis auf den Gedankenstrich am Ende – fehlt gänzlich. Und weil die Interpunktion fehlt, tritt auch der grammatische Satzbau nicht klar hervor. Sind das „Herz des Wassers" und „des Feuers dämonisch verwundertes Licht" mit dem „Äußersten", das „auswandern" will, identisch? Es kostet Anstrengung, um herauszufinden, was zusammengehört und was nicht. Aber das sind nur oberflächliche Schwierigkeiten, die lediglich die Folge anderer sind. Diese betreffen den Inhalt, das, was wirklich in dem Gedicht gesagt wird. Das Thema läßt sich einstweilen nur erraten. Der Titel, der in anderen Fällen einigen Aufschluß über den Inhalt eines Gedichtes gibt, wiederholt nur die erste Zeile. In Goethes *Über allen Gipfeln* mag die Ruhe vieldeutig sein, mag sie Schlaf, Tod oder Weltende bedeuten, der Zustand der Ruhe ist dennoch in jeder Bedeutungsvariante als sicheres Bedeutungsfundament erhalten. Hier ist nicht einmal ein solches Fundament gegeben. Was ist ein „Äußerstes", das „auswandern" will? Und wieso will es „schon" auswandern" Was hat man sich unter einem „dämonisch verwunderten Licht des Feuers" vorzustellen? Wie kann Luft „singend den Atem" verlassen? Was hat der „unsichtbare Adler", der seine Beute zerreißt und nach Hause trägt, mit dem übrigen zu tun?

Das Gedicht scheint in jeder Weise unzugänglich. Es ruft zahlreiche Fragen auf, ohne auch nur eine zu beantworten. Kann von einer Bedeutung, die hinter der des Wortlauts liegt, die Rede sein, da man – einstweilen – nicht einmal die wörtliche versteht? Oder ist es gerade umgekehrt? Gibt es überhaupt nur eine verborgene Bedeutung? Die allerdings wäre nur dann zu erfassen, wenn man annimmt, die Wörter und Sätze bedeuteten grundsätzlich nicht, was sie im „normalen" Sprachgebrauch ausdrücken. Jedes Wort müßte etwas anderes ausdrücken als das, was es sagt. Haben wir es mit einer Art Geheimsprache zu tun? Und wenn das so wäre, müßte man dann nicht von der Autorin fordern, daß sie uns den Schlüssel zu diesem Geheimnis mitlieferte?

Angenommen, es gäbe einen solchen Schlüssel, dann ist es einer, den nur die Autorin kennt, das heißt: man kann ihn in keinem Lexikon, in keinem Wörterbuch, in keinem Nachschlagewerk finden. Es ist kein allgemein bekannter, der lediglich dem einzelnen Leser unbekannt ist, der ihn sich jedoch eben deswegen aneignen könnte. Darin unterscheidet sich das moderne Gedicht von dem früherer Zeiten. Auch dort gab es Gedichte, die dem Leser Verständnisschwierigkeiten an der Oberfläche des Textes aufbürdeten. Das lange Gedicht *Theo-*

dicee von Johann Peter Uz aus dem Jahre 1764 enthält zum Beispiel diese Strophe:

> Es leide mit gepriesnem Mute
> Die Gattin Collatins! Es keimt aus ihrem Blute
> Die Freiheit eines Volks, die einst Catone zeugt,
> Bis kühne Tyrannei, vom Laster groß gesäugt,
> Die spätverlaßne Tugend rächet
> Und Rom durch Rom bestraft und strafend schwächet.

Wer die Gattin Collatins ist, wieso aus ihrem Blut die Freiheit eines Volkes keimt, die wiederum einst die Catone gezeugt hat; welche Tyrannei, von welchem Laster gesäugt, die spätverlaßne Tugend rächt usw. – all das wird dem durchschnittlichen Leser einigermaßen rätselhaft sein, so daß er auch die oberflächliche Textbedeutung nicht verstehen kann. Doch anders als in dem Gedicht von Nelly Sachs sind die Schwierigkeiten hier überwindbar, gibt es gewissermaßen einen jedermann zugänglichen Schlüssel: ein gutes Lexikon, eine Darstellung der römischen Geschichte bringen schnell Aufklärung.

Die Schwierigkeiten, die die Lektüre älterer Literatur bereitet, sind daher (von Ausnahmen abgesehen) prinzipiell anderer Art als die, welche der modernen Literatur eigen sind. Die der älteren Literatur kann man lösen, indem man sich informiert. Das kann mitunter auch in der modernen Literatur der Schlüssel zur Lösung sein. Gottfried Benns Gedichte etwa setzen beim Leser häufig ganz bestimmte Kenntnisse voraus, will er überhaupt in die Verse eindringen. Doch im allgemeinen trifft das nicht für die eigentlichen Schwierigkeiten der modernen Literatur zu. Ein geschichtlich versierter Leser wird in dem Uz-Gedicht auf wenig Verständnishindernisse stoßen, bei dem Gedicht von Nelly Sachs aber hat er mit denselben Schwierigkeiten zu kämpfen wie jeder andere Leser auch. Hier handelt es sich nicht um konkrete inhaltliche Fakten, die man kennen muß, sondern man begegnet einem Sprachgebrauch, der von jedem üblichen abweicht. Das Gedicht besteht aus Wörtern und Wortfolgen, die das, was eigentlich ohne weiteres verständlich sein müßte, in unverständliche Zusammenhänge bringen.

Die Schwierigkeiten, die das Gedicht von Nelly Sachs bereitet, beruhen in erster Linie auf dem fremd und unverständlich
anmutenden Gebrauch der Sprache. Wie der Leser mit derartigen Gedichten umgehen sollte, werden wir später genauer beschreiben, hier können wir es nur kurz andeuten. Im Grunde
wird vom Leser verlangt, daß er die Bedeutung eines solchen
Gedichts selbst schafft, daß er sich von den zunächst rätselhaft erscheinenden Wörtern, Sätzen und Bildern anregen läßt,
selbst Sinngebilde zu entwerfen, indem er seine Phantasie pro-
bierend und kombinierend einsetzt. Im Falle des Gedichts von
Nelly Sachs kann man auf diese Weise zum Beispiel zu dem
Ergebnis kommen, daß das „Äußerste" etwas sehr Kostbares
ist, das Eigentliche, da es mit dem Wesen der vier Elemente
(Wasser, Feuer, Erde, Luft) gleichgesetzt wird. Die Sehnsucht
kann verstanden werden als die treibende Kraft des Ent-
schlusses auszuwandern. Das Auswandern ist jedoch offensichtlich nicht nur ein positives Aufbrechen, sondern zugleich
auch eines, das Leid auslöst, da ja das Kostbare, das Eigentliche
sich zum Verlassen genötigt sieht. Auch das Bild der zerrisse-
nen Beute weist auf Verlust, der allerdings zugleich mit dem
Nach-Hause-Gelangen verbunden ist. Das Gedicht spricht
also von schmerzlichem Aufbruch, vielleicht sogar von Flucht,
die gleichzeitig aber auch Heimkehr bedeutet, nach der man
sich sehnt.

Nicht alle Schwierigkeiten der modernen Literatur haben
ihre Ursache allerdings in einer von der Alltagssprache auffällig abweichenden Sprache. Auch in der Moderne gibt es zahlreiche Gedichte, deren Sprache an sich keinerlei Abweichung
aufweist, die darum einem direkten Verständnis von hier aus
nichts in den Weg legen. Dennoch aber sind es nicht Gedichte,
die man mühelos verstehen könnte. Exemplarisch zeigt dies
das kurze Gedicht des niederländischen Dichters und Malers
Lucebert mit dem Titel *Fischer von Ma Yuan:*

Unter Wolken Vögel fahren
Unter Wellen fliegen Fische
Doch dazwischen ruht der Fischer

Wellen werden hohe Wolken
Wolken werden hohe Wellen
Doch inzwischen ruht der Fischer

Größere Einfachheit – bei höchst kunstvoller Konstruktion des Ganzen – in der Vers- und Satzführung ist kaum denkbar. Das Gedicht kommt mit nur wenigen Wörtern aus, die in den zwei kurzen Strophen in raffinierter Parallelität und Wiederholung erscheinen. Die auffälligste – und möglicherweise auch die bedeutungsmäßig wichtigste – Veränderung ist die Veränderung des „dazwischen" im 3. Vers der 1. Strophe in das „inzwischen" im 3. Vers der 2. Strophe. Doch: Was sagt das Gedicht? Was will oder soll es ausdrücken? Die jeweils ersten zwei Verse der beiden Strophen enthalten ein Bild, das verstandesmäßiger Auslegung relativ schnell zugänglich ist: Wasser (Wellen) und Himmel (Wolken) gehen ineinander über, weil der Blick auf das Wasser gerichtet ist, so daß sich im Wasser der Himmel spiegelt. Beide werden zu einer Einheit, so daß Vögel zu fahren und Fische zu fliegen scheinen. Denkbar ist, daß mit diesem Bild der Blick des Fischers wiedergegeben wird, der auf oder in das Wasser schaut. Zwischen den beiden Strophen ereignet sich offenbar etwas Eingreifendes, so daß das ruhige Bild der ersten zu einem unruhigen in der zweiten Strophe geworden ist. Man kann sich vorstellen, daß etwa ein Sturm sich erhoben hat, der die Ruhe der 1. Strophe zerstört. Nur der Fischer wird von dieser Unruhe nicht ergriffen, er „ruht" in beiden Strophen. Allerdings gibt es die bezeichnende Veränderung der örtlichen („dazwischen") in eine zeitliche („inzwischen").

Es ist ein Zufall, daß es in diesem kleinen Gedicht wie in dem von Goethe um ein Ruhen geht, das Verständnisschwierigkeiten aufwirft. Dieser Zufall bietet jedoch fruchtbare Möglichkeiten zum Vergleich, der wiederum erhellend für den Unterschied zwischen älterer und moderner Literatur sein kann. In Goethes *Über allen Gipfeln* ist der Zustand der Ruhe trotz aller möglichen und denkbaren Deutungen ein Zustand, der als solcher bestehen bleibt, der als Zustand der Ruhe etwas ausdrückt. Bei Lucebert hingegen ist das Ruhen von Beginn an schwierig zu deuten. Ist mit der Ruhe die an sich ruhige Tätigkeit des Fischens gemeint? Oder schläft der Fischer vielleicht? Oder soll die Ruhe nur als Ruhe im Vergleich zur Bewegung von Vögeln und Fischen aufgefaßt werden? Auch in der 2. Strophe „ruht" der Fischer. Ist das jetzt eine andere Ruhe? Oder soll damit ausgedrückt werden, daß der Fischer von der großen Bewegung, die um ihn herum eingetreten ist, unberührt geblieben ist? Schließlich kann man das Ruhen auch als die Ruhe des Todes verstehen: Der Fischer ist „inzwischen" gestorben.

Das alles sind im Grunde jedoch nur Vorfragen, die erst zu den eigentlichen Fragen führen müssen, die dann die Bedeutung des Textes offenbaren. Denn was soll mit dem Vorgang, der von dem einen Zustand der Ruhe in den anderen überleitet, überhaupt ausgedrückt werden? Es ist nur schwer vorstellbar, daß dieser Vorgang als solcher den ganzen Sinngehalt des Gedichts bildet. Man kann sich also eine ganze Weile mit dem Gedicht beschäftigen, ohne daß man etwas über seine Bedeutung erfährt.

Trotz seiner herausfordernden Einfachheit gibt das Gedicht seine Bedeutung nicht preis. Seine Einfachheit täuscht. Es ist keineswegs leicht zugänglich. Die Einfachheit enthüllt sich als scheinbar. Sie verschweigt, was gesagt werden sollte. Jetzt erst kommt dem Leser zum Bewußtsein, daß auch das wahrscheinlich wichtigste Element des Gedichtes verschwiegen wird, nämlich das Ereignis, das zwischen den beiden Strophen die Zustandsveränderung zuwege bringt. Der Leser muß daher nicht nur die Worte des Textes deuten, sondern auch das Weiß des Papiers zwischen den Strophen ‚mitlesen'. Er muß dieses Weiß mit Bedeutung füllen, ohne daß er wissen kann, ob er es auf angemessene Weise tut.

Luceberts kleines Gedicht repräsentiert eine bestimmte Variante der Schwierigkeiten, denen man in der modernen Literatur begegnet. Auch jetzt ist es wieder eine Schwierigkeit, die mit dem Sprachgebrauch zusammenhängt. Nun ist dieser jedoch nicht durch ungebräuchliche Wörter, abweichende grammatische Konstruktionen, geheimnisvolle Bilder charakterisiert, sondern, im Gegenteil, durch äußerst einfache, unauffällige, im Grunde geläufige Formulierungen. Verständnisschwierigkeit entsteht durch die Ordnung der Sprache dieser Versfolge.

Die in diesem Kapitel angeführten Beispiele sollten deutlich gemacht haben: Schwierigkeiten des Verstehens gibt es nicht nur bei moderner Literatur. So gut wie alle literarischen Werke kennen Schwierigkeiten, die man meistern muß, will man sie „verstehen". Das gilt für Shakespeares *Hamlet* ebenso wie für Schillers *Wilhelm Tell* oder Becketts *Warten auf Godot*. Allerdings sind die Schwierigkeiten, die mit moderner Literatur verbunden sind, nicht mit denen älterer Literatur identisch. Sie sind mit Eigenschaften verknüpft, die den Schwierigkeitsgrad der Werke erhöhen. Moderne Literatur, so könnte man etwas salopp sagen, fügt den geläufigen Schwierigkeiten, die allen Werken eingezeichnet sind, neue hinzu. Dabei hat sich gezeigt, daß es vornehmlich der besondere Umgang mit Sprache ist, der die charakteristischen Schwierigkeiten moderner Literatur verursacht. Auf die grundlegende Rolle, die die andere Sprachauffassung und der andere Sprachgebrauch in modernen literarischen Werken spielen, müssen wir daher an späterer Stelle noch ausführlich zurückkommen.

In diesem Kapitel sollte auch deutlich geworden sein, wie stark die Schwierigkeiten, denen der Leser begegnet, in wie hohem Grade das Verstehen, das man anstrebt, von der besonderen Art des Lesens literarischer Werke, von der Lesehaltung mitbestimmt werden. Diese Lesehaltung, die wir als die Lesehaltung des Umdeutens bezeichnet haben, wird nun nicht durch jeden Leser gleichsam selbständig erfunden, spontan und individuell gebildet. Sie ist vielmehr eine Einstellung, die man unter dem Einfluß von Schule, Elternhaus und allgemein herrschenden Auffassungen über Kunst und Literatur angenommen hat. Man hat sie eigentlich gelernt. Die Lesehaltung war darum auch nicht zu allen Zeiten dieselbe. Im Mittelalter las man anders als heute. Lesehaltungen entscheiden in sehr hohem Maße mit darüber, welchen Schwierigkeiten man in der Literatur begegnet, wie man sie zu überwinden trachtet, auf welche Weise man zu „verstehen" versucht. Die Schwierigkeiten, die der moderne Leser hat, sind deshalb – auch wenn das zunächst unsinnig klingen mag – nicht ausschließlich in der modernen Literatur selbst begründet, sondern auch abhängig von der Art, in der wir mit dieser Literatur umgehen oder umgehen zu müssen meinen. So ist es nicht undenkbar, daß manche Schwierigkeiten der modernen Literatur nur deshalb entstehen, weil wir ihr gegenüber nicht die angemessene Lesehaltung einnehmen, weil wir auf eine Art lesen, die zwar früheren Werken, jedoch nicht mehr modernen Werken gerecht wird.

Es besteht kein Zweifel darüber, daß der moderne Leser bestimmte Schwierigkeiten bei den Werken seiner Zeit überwinden muß, die dem Leser früherer Zeiten in den Werken der zeitgenössischen Autoren nicht begegnet sind. Andererseits wird der Leser des 20. Jahrhunderts – das werden wir noch zeigen – dafür mit größerer Lesefreiheit belohnt, ja ermöglicht ihm die moderne Literatur vielleicht sogar größeren Reichtum an Leseerfahrungen und größere Lesefreude.

Das alles soll deutlich machen, daß Lesen eine kompliziertere Tätigkeit ist, als man gewöhnlich annimmt. Darum ist es der Mühe wert, sich Klarheit über den Prozeß und die Prozeduren des Lesens zu verschaffen.

1. Was tut man, wenn man liest?

Sprache und Konventionen im Alltag

Lesen, so haben wir gesagt, ist eine Tätigkeit. Das Bild des behaglich im Sessel zurückgelehnten Lesers täuscht eine Passivität vor, die eine tatsächliche Aktivität verdeckt. Auch Redewendungen wie, jemand „überlasse sich" der Handlung eines Romans, vermitteln einen falschen Eindruck von dem, was wirklich geschieht, wenn man liest. Lesen ist jedoch nicht nur eine sehr aktive Tätigkeit, sondern auch eine äußerst komplizierte. Es sind komplexe und vielgestaltige Vorgänge und Prozesse, die jeder Leser vollbringen muß, bis er etwa aus den rund 800 Seiten des Romans *Buddenbrooks* von Thomas Mann am Ende die über vier Generationen sich erstreckende Geschichte der Degeneration einer Lübecker Kaufmannsfamilie zusammengefügt hat. Nach Abschluß der Lektüre hat sich in der Vorstellung des Lesers eine Fülle von Phänomenen, haben sich Tausende von Einzelheiten, von Personen, Ereignissen, Themen, Handlungen zu einem zusammenhängenden Ganzen gefügt.

Am einfachsten ist der Lesevorgang als Prozeß zu beschreiben, in dessen Verlauf der Leser Buchstaben und Wörter mit Bedeutungen verbindet und diese Bedeutungen miteinander so verknüpft, daß ein sinnvolles Ganzes daraus wird.

Die Buchstaben und Wörter nun, aus denen ein Text besteht, sind nichts anderes als Zeichen. Zeichen sind Erscheinungen, die selbst keine Bedeutung besitzen, sondern auf eine außerhalb ihrer selbst liegende Bedeutung verweisen. Natürlich sind die Zeichen selbst auch etwas, aber das, was sie sind, gehört so gut wie nie zum eigentlichen Charakter des Zeichens. Ein Wegweiser zum Beispiel kann das demonstrieren. Er kann aus Holz, Metall oder Kunststoff sein, er kann groß, klein, dick oder dünn sein, alt oder neu, gut unterhalten oder nicht: All dies ist unwichtig für seine Funktion als Zeichen. Zeichen ist der Wegweiser – und das allein muß man an ihm erkennen –, weil er auf etwas verweist, das mit ihm nicht zusammenhängt, auf ein Ziel. Auch Buchstaben und Wörter sind solche Zeichen. Es sind Sprachzeichen, die auf bestimmte Bedeutungen verweisen. Genaugenommen verweisen sie nicht auf Bedeutungen, sondern auf Laute und Lautkombinationen, mit denen man Bedeutungen verbindet. Korrekt muß man sogar formulieren: mit denen man bestimmte Bedeutungen zu verbinden gewohnt ist. Buchstaben und Wörter sind also eigentlich graphische Wiedergaben von Lauten, aus denen die Sprache besteht und mit denen man sich im mündlichen Gespräch verständigt. Sowenig wie der Wegweiser mit dem Ziel, auf das er weist, Ähnlichkeit hat, sowenig haben Buchstaben und Wörter (bis auf wenige Ausnahmen) Ähnlichkeit mit den Lauten, auf die sie verweisen. Daß man überhaupt eine Verbindung zwischen einem Zeichen und dem, worauf es verweist, erkennen kann, beruht darauf, daß die Menschen miteinander verabredet haben, welche Zeichen welche Bedeutung tragen sollen. So beruht es auch auf einer Verabredung, daß eine rot leuchtende Verkehrsampel „Anhalten" bedeutet; im Prinzip könnte auch das grüne Licht diese Bedeutung haben. Die Europäer haben zum Beispiel auch verabredet, die Sprachlaute im lateinischen Alphabet wiederzugeben. In arabischen und asiatischen Sprachen benutzt man gänzlich andere Zeichen. Zusammenhänge, die zwischen verschiedenen Dingen existieren, gründen mithin auf Konventionen, so auch die Sprachen: Sprachen sind konventionelle Systeme. Konventionen und konventionelle Zusammenhänge muß man lernen, sonst kann man mit ihnen nicht umgehen. Das gilt darum auch für Sprachen. Sprachen, ob es nun eine Fremdsprache oder die eigene Muttersprache ist, muß man lernen. Und man muß darüber hinaus die Bedeutung der Schriftzeichen kennen, wenn man lesen will. In der Regel lernt man die Schriftzeichen und ihre Bedeutungen in der Schule. Dort lernt man auch, die zu Wörtern verbundenen Schriftzeichen so zu beherrschen, daß man sofort entscheiden kann, ob ein Schriftzeichen einen in der eigenen Sprache vorkommenden Laut wiedergibt oder nicht. Das Wort „Zeit" kann jeder Deutsche sofort als ein korrektes deutsches Wort erkennen. Er kann auch erkennen, daß das Wort „Zeitgeber" ein deutsches Wort sein könnte, obwohl es das Wort nicht gibt und es auch keinen Sinn ergibt. Die Wörter „Zwit" und „Zwitgiber" hingegen sind keine, auch keine möglichen deutschen Wörter.

Die erste Handlung, die jeder Leser vollbringt, besteht also aus der Umsetzung der graphischen Zeichen in Sprachzeichen, die wiederum bestimmte Bedeutungen tragen. Für gewöhnlich wird er damit keine großen Schwierigkeiten haben. Natürlich kann man Wörtern begegnen, die man nicht kennt, besser: deren Bedeutung man nicht kennt, doch das kann auch in Texten, auch im mündlichen Gespräch, geschehen, die nicht zur Literatur gehören. In solchen Fällen muß man sich zusätzlich informieren, zum Beispiel mit Hilfe eines Wörterbuchs. In der Literatur gibt es allerdings gewisse Spezialfälle. Dort können Wörter vorkommen, die in keinem Lexikon oder Wörterbuch zu finden sind. So ist etwa das Wort „Godot" in Samuel Becketts Theaterstück ein Wort, das es in dieser Form in keiner Sprache gibt. Prinzipiell hat es darum keine Bedeutung, fungiert in dem Theaterstück auch nur als Name einer bestimmten Person. Weil diese Person aber eine sehr wichtige Rolle in dem Stück spielt, geht man davon aus, daß mit dem Wort, mit diesem Namen doch eine bestimmte Bedeutung verbunden sein müsse. Man hat darum nach einer solchen Bedeutung gesucht, die vom Text des Dramas aus sinnvoll sein könnte. So hat man zum Beispiel gemeint, Godot könne „Gott" bedeuten, da beide Wörter große klangliche Ähnlichkeit besitzen. Allerdings gilt das nur für einige Sprachen (Englisch, Deutsch, Niederländisch).

Die Verknüpfung der Sprachzeichen mit Sprachbedeutungen ist der erste und zugleich leichteste Schritt im Leseprozeß. Der nächste Schritt ist der, mit dem man das Sprachzeichen mit einer bestimmten, konkreten Bedeutung verbindet. Hierbei können die ersten Schwierigkeiten auftreten. Auch jetzt trifft der Leser wieder auf konventionell geregelte Verhältnisse. Denn die einzelnen Formen und Laute der Sprache haben in den weitaus meisten Fällen mit den Gegenständen, auf die sie verweisen, keinerlei Ähnlichkeit. Das Wort „Schrank" zum Beispiel hat mit dem Gegenstand, den es meint, nichts Gemeinsames. Der Gegenstand Schrank hätte darum auch mit einem anderen Wort benannt werden können. Im Englischen heißt ein Schrank bezeichnenderweise „cupboard", im Französischen „armoir", Wörter, die keinerlei Übereinkunft mit der deutschen Bezeichnung erkennen lassen. Hier wird nochmals deutlich, wie sehr Sprache auf Konventionen beruht.

Um überhaupt erfolgreich lesen zu können, muß man in die Konventionen und Regeln der Sprache eingeführt sein, muß man Erfahrung im Umgang mit Sprache besitzen. Diesen Umgang lernt jeder vornehmlich in seinem Alltag. Man verständigt sich im täglichen Leben mit seinen Mitmenschen hauptsächlich mittels der Sprache. Darum haben alle Menschen Erfahrung im Umgang mit Sprache, ehe sie zu Lesern werden. Spracherfahrung, vielfältiger Umgang mit Sprache ist notwendig, damit man nicht unablässig in Mißverständnisse verstrickt wird. Denn zur Sprache gehört es, daß viele Sprachzeichen und Wörter nicht nur eine einzige Bedeutung haben. Abhängig von unterschiedlichen Sprachsituationen können sie jeweils andere Bedeutungen annehmen. Zahlreiche Wörter besitzen grundsätzlich mehrere Bedeutungen. So kann „Pferd" etwa ein Tier meinen, aber auch ein Turngerät; „Bank" eine Sitzgelegenheit, aber auch ein Geldinstitut, in „Sandbank" taucht eine dritte Bedeutung auf. Welche Bedeutung gemeint ist, wenn das Wort erscheint, darüber entscheidet der Zusammenhang, in dem es benutzt wird. Jeder Sprachbenutzer muß darum relativ schnell zu einer Entscheidung gelangen, welche der ihm bekannten Bedeutungen er mit dem Sprachzeichen verbinden muß, wenn es ihm begegnet. Natürlich können hier Mißverständnisse auftreten. Im allgemeinen aber können sie verhältnismäßig leicht vermieden werden.

Doch der Gebrauch der Sprache im Alltag verlangt noch weit wichtigere und folgenreichere Entscheidungen. Wenn man zum Beispiel auf einem Gebäude ein Schild mit der Aufschrift „Rathaus" oder „Polizei" sieht, geht man davon aus, daß sich in dem Gebäude die Gemeindeverwaltung oder ein Polizeirevier befindet. Sieht man hingegen die Aufschrift „Camel", nimmt man keineswegs an, in dem Gebäude befände sich die Fabrik, die die Zigaretten dieses Namens herstellt, obwohl das natürlich nicht gänzlich ausgeschlossen ist. Man interpretiert diese Aufschrift vielmehr als Reklame. Und gar niemand wird glauben, in dem betreffenden Haus könnte man ein Kamel antreffen. Andererseits steht außer Zweifel, daß die Aufschrift „Streusand", die man auf manchen Behältern entlang der Autobahn lesen kann, tatsächlich auf den Inhalt der Behälter verweist.

Im Gebrauch nehmen Sprachzeichen verschiedene Bedeutungen an. Sprache, auch als konventionelles System, ist vieldeutig. Meist hilft die Erfahrung, mit dieser Vieldeutigkeit erfolgreich umgehen zu können und die Orientierung nicht zu verlieren. Sieht man ein Schild mit der Aufschrift „Zum Hauptbahnhof", weiß man, daß es die Richtung zum Hauptbahnhof angibt; das Schild „Zum Goldenen Löwen" identifiziert man hingegen als den Namen einer Gaststätte.

Daß man sich trotz der Vieldeutigkeit der Sprache im Alltag mühelos zurechtfindet, hat mehrere Gründe. Zum einen ist die Mehr- und Vieldeutigkeit im alltäglichen Gebrauch doch weitgehend begrenzt, sie ist, so könnte man sagen, durch eine beschränkte Anzahl von Konventionen charakterisiert. Im Alltagsleben bezeichnet „Rathaus" eine bestimmte politische Einrichtung oder ein Gebäude, nicht aber etwa ein Haus, in dem man raten kann oder muß, was rein von der Sprache her durchaus möglich wäre. (Die ursprüngliche Bedeutung ist die eines Hauses, in dem man sich berät). Es ist überaus unwahrscheinlich, daß „Rathauskeller" tatsächlich den Keller des Rathauses anzeigt; man weiß vielmehr, daß es sich um die Bezeichnung wiederum einer Gaststätte handelt, die sich im übrigen nicht einmal im Gebäude des Rathauses zu befinden braucht. Im alltäglichen Leben, auch in den Texten, die man im Alltag benutzt – in Zeitungen, Gebrauchsanweisungen, Briefen, amtlichen Schreiben usw. –, bedient man sich mehr oder weniger streng festgelegter Bedeutungen der Sprachzeichen. – Zum zweiten hilft bei der Identifizierung der jeweils gemeinten Bedeutung eine Reihe anderer Zeichen, die nichtsprachliche Zeichen sind. Im Alltag ist man fast nie auf Sprachzeichen allein angewiesen (die Ausnahme bilden Telefongespräche). Man sieht die Menschen, mit denen man sich unterhält. Die Gesprächspartner begleiten ihre Worte mit Gesten, mit entsprechender Mimik, sie betonen ihre Sätze auf bestimmte Weise. Man sieht die Gebäude, deren Aufschriften man liest, man kann die Orte wahrnehmen, an denen Richtungsschilder stehen.

Obwohl die alltägliche Kommunikation vornehmlich auf Sprache beruht, reduziert sich die Vieldeutigkeit der Sprache dadurch, daß allerlei sprachliche und nichtsprachliche Zeichen Hilfe bieten. Zeitungen zum Beispiel sind in Rubriken oder Sparten unterteilt, die die Bedeutungsmöglichkeiten der in den Artikeln benutzten Sprache von vornherein weitgehend festlegen. Die unterschiedlichen Situationen, in denen man spricht, beeinflussen unüberhörbar den Sprachgebrauch, den man anwendet. Beim Friseur redet man anders als vor dem Richter, mit Freunden spricht man anders als mit Fremden, mit Kindern anders als mit sogenannten Respektspersonen. Man gerät nicht in Gefahr, die Gebrauchsanweisung für den Staubsauger als Gedicht zu lesen (obwohl man das im Prinzip könnte).

Noch etwas anderes erleichtert die sprachliche Verständigung im täglichen Leben. In der Alltagssprache bedient man sich einer großen Anzahl von Floskeln und festen Formeln, deren Bedeutung fixiert ist. Von der Begrüßung „Guten Tag" bis zu den Reden bei Geburtstags- oder Hochzeitsfeiern, überall werden beinahe erstarrte Formeln und Wendungen benutzt, deren Bedeutung feststeht, so fest, daß sie häufig sogar in Bedeutungslosigkeit umschlägt. Beim Kaufmann, in der Straßenbahn, im Sportverein, bei fast allen Gelegenheiten besteht die Konversation zu einem nicht geringen Teil aus derartigen Formeln und Floskeln, mit denen man sich verständigt. Man weiß um die stabile Bedeutung solcher Formeln und setzt sie dementsprechend ein. Es würde außerordentliches Erstaunen hervorrufen, wenn jemand, dem für seine Unternehmung „Hals- und Beinbruch!" gewünscht wurde, sich beleidigt abwendete.

Die Vieldeutigkeit der Sprache wird im Alltag also auf mehrfache Weise verringert. Die alltägliche Sprachkommunikation beschränkt und reduziert die Mehrdeutigkeit, sie strebt nach Eindeutigkeit.

Sprache und Konventionen in der Literatur

Die Alltagssprache gibt in der Regel wenig Probleme auf, weil sie, wie gesagt, auf Eindeutigkeit ausgerichtet ist und weil zusätzliche, nichtsprachliche Informationen und Zeichen dem Benutzer die Möglichkeit geben, sie weitgehend unzweideutig zu machen, wenn Probleme entstehen. Die Alltagsverständigung gelingt auch deswegen, weil sie – einzelne Ausnahmen außer Betracht gelassen – in bestimmten, den Kommunikationsteilnehmern im allgemeinen bekannten Situationen stattfindet. Gerade diese, sich oft wiederholenden Sprachsituationen tragen wesentlich dazu bei, daß man weiß, welche Bedeutung man im Einzelfall mit den Sprachzeichen verbinden muß.

Für die Literatur gelten andere Bedingungen. Wenn man ein Gedicht oder einen Roman liest, hat man es mit Texten, mit Einheiten von Zeichen zu tun, die mit keiner bestimmten Verständigungssituation verbunden sind. Literarische Werke präsentieren sich unabhängig von festgelegten Kommunikationssituationen. Darum fehlen bei der Lektüre grundsätzlich die Verständnishilfen, wie sie die situationsabhängige alltagssprachliche Mitteilung kennt. Bei literarischen Werken ist man ausschließlich auf die sprachlichen Zeichen angewiesen. Man befindet sich beim Lesen gewissermaßen in einer reinen Sprachsituation. Alle nichtsprachlichen Zeichen, Mimik, Gestik, Betonung usw., fallen jetzt weg. Man muß sich auf die Sprachzeichen selbst einlassen und sich mit ihnen ohne Hilfe irgendeiner Art auseinandersetzen. Die Lesesituation ist noch grundsätzlicher auf die Sprache konzentriert als etwa das Telefongespräch, in dem die fröhliche oder traurige Stimme des Gesprächspartners, sein verlegenes oder munteres Lachen, das seine Worte unterbricht, die Wiederholung bestimmter Wörter Hinweise darauf sind, wie man das, was man hört, verstehen soll. Im Notfall kann man sogar, wie in jeder direkten mündlichen Kommunikationssituation, nachfragen, ob man richtig verstanden hat.

Dergleichen Möglichkeiten gibt es bei der Lektüre literarischer Texte nicht. Wir werden später sehen, auf welche Weise jeder Leser eine Art Ersatzsituation zu schaffen sucht, die der Kommunikationssituation des Alltags in gewisser Weise entspricht und in deren Rahmen er dann die Textbedeutungen leichter und in bestimmter Richtung festlegen kann. Zunächst aber muß daran festgehalten werden, daß literarische Sprachzeichen ohne Hilfe von außen entschlüsselt werden müssen. Nur die jeweils benachbarten Sprachzeichen und in gewisser Weise die Zeichen des gesamten Textes können Hilfe bieten. Man kann von den Bedeutungen des einen Zeichens auf die des und der anderen schließen. Aber auch das heißt, daß der Anfang in einer Art luftleerem Raum gemacht werden muß. Und im Fortgang der Bedeutungszuweisungen entsteht eine gegenseitige Abhängigkeit der Zeichen und ihrer Bedeutungen. Weil man ein Zeichen mit einer bestimmten Bedeutung versehen hat, ergeben sich die Bedeutungen anderer Zeichen aus dieser Entscheidung. Nach einiger Zeit aber kann sich herausstellen, daß der eingeschlagene Weg der Bedeutungszuerkennungen nicht der richtige ist. Man muß dann zurück zum Anfang und andere Bedeutungsmöglichkeiten und andere Anschlüsse an die schon gefundenen suchen. Hier zeigt sich bereits, worauf wir später noch ausführlicher eingehen werden, daß Lesen keineswegs ein nur gradliniger, sich stets vorwärts bewegender Vorgang ist, sondern häufig eine Bewegung, in der Vorwärts und Rückwärts einander abwechseln.

All dies macht deutlich, daß der Gebrauch der literarischen Sprache nicht wie der der Alltagssprache auf Eindeutigkeit hin angelegt ist, sondern die in der Sprache gegebene Möglichkeiten der Mehr- und Vieldeutigkeit bestehen läßt, zum Teil sogar ausdrücklich bekräftigt. Als Leser literarischer Texte wird man eigentlich unaufhörlich mit der Tatsache konfrontiert, daß man zwischen mehreren sich anbietenden Bedeutungen entscheiden muß. Lesen verlangt so vom Leser fortwährend Entscheidungen.

Es gehört zum Wesen der Literatur, daß in sehr vielen Fällen die Mehrdeutigkeit nicht endgültig aufzuheben ist. Jede Entscheidung für eine bestimmte Bedeutung ist darum nur eine vorläufige, eine relative, die durch andere ergänzt oder auch ersetzt werden kann. Das gilt nicht nur für die Bedeutungen einzelner Sprachzeichen, sondern auch für die Bedeutung aller Sprachzeichen zusammen, also für die Bedeutung des ganzen Werkes. Daß man über die Bedeutung eines literarischen Werkes verschiedener Meinung sein kann, ist eben die Folge der in ihm grundsätzlich anwesenden Mehrdeutigkeit. Niemand kann diese Mehrdeutigkeit so verringern, daß sie zur unbezweifelbaren Eindeutigkeit wird.

An Goethes *Über allen Gipfeln* haben wir einige Züge der Mehrdeutigkeit eines einzelnen Wortes kennengelernt. Ein anderes Beispiel soll diese Mehrdeutigkeit nochmals zeigen, zumal es diametral entgegengesetzte, aber dennoch mögliche und sinnvolle Bedeutungen eines einzigen Wortes zeigt. Das Beispiel bildet ein Wort aus einem Gedicht von Eduard Mörike, dessen umstrittene Bedeutung in der deutschen Literaturwissenschaft in den 50er Jahren intensive Diskussionen ausgelöst hat. Es geht um ein Wort im letzten Vers von Mörikes Gedicht *Auf eine Lampe*:

Noch unverrückt, o schöne Lampe, schmückest du,
An leichten Ketten zierlich aufgehangen hier,
Die Decke des nun fast vergeßnen Lustgemachs.
Auf deiner weißen Marmorschale, deren Rand
Der Efeukranz von goldengrünem Erz umflicht,
Schlingt fröhlich eine Kinderschar den Ringelreihn.
Wie reizend alles! lachend, und ein sanfter Geist
Des Ernstes doch ergossen um die ganze Form —
Ein Kunstgebild der echten Art. Wer achtet sein?
Was aber schön ist, selig scheint es in ihm selbst.

Das Gedicht ist die Beschreibung eines Kunstwerks, das jedoch vergessen scheint: „Wer achtet sein?" Der letzte Vers nun suggeriert ein Seligsein, also ein Zufriedensein mit sich selbst, ein Nichtangewiesensein auf Anerkennung oder selbst Erkennen des Schönen: „Was aber schön ist, selig scheint es in ihm selbst". (Das „ihm" ist die altertümliche Form für das rückbezügliche Fürwort; wir würden heute sagen: selig scheint es in *sich* selbst). Anlaß für die literaturwissenschaftliche Kontroverse war das Wort „scheint". Man kann ihm verschiedene, ja gegensätzliche Bedeutungen geben, die ihren Einfluß auf die Bedeutung des ganzen Gedichts ausüben. Einmal kann das „scheint" als leuchten, als erscheinen, als strahlen verstanden werden, ein scheinen, wie es in der Formulierung „die Sonne scheint" auftritt. Das Schöne, die Schönheit, das schöne Kunstwerk erstrahlt in seiner Seligkeit in sich selbst, was so viel heißen würde, als daß es keiner Anerkennung von außen bedarf, daß es sich selbst genügt. „Scheint" kann aber auch verstanden werden als etwas, das nur den Anschein hat, im Sinne eines scheinbar, eines es scheint nur, als ob. Das Schöne ist in diesem Falle nicht wirklich selig in sich selbst, sondern scheint nur selig in sich selbst, scheint nur sich selbst zu genügen, ist in Wirklichkeit nicht unabhängig von Wahrnehmung und Anerkennung von außen.

Die Entscheidung darüber, welche der beiden die „richtige" Bedeutung sein könnte, ist vom Text des Gedichts her allein nicht zu fällen. Will man sich für die eine oder die andere Bedeutung entscheiden, muß man auf Beweisgründe zurückgreifen, die nicht im Gedicht selbst zu finden, sondern außerhalb des Textes zu suchen sind. Etwa in anderen Werken Mörikes, vielleicht auch in seinen Briefen, aus denen hervorgehen könnte, wie der Autor selbst über das Schöne, die Schönheit, über Kunst gedacht hat. Natürlich kann der Leser des Gedichts sich auch aus persönlichen Gründen für eine der beiden Bedeutungen entscheiden, weil sie seiner Weltvorstellung, vielleicht auch seiner Auffassung von Kunst entgegenkommt. Allerdings hat er damit die Doppeldeutigkeit des Wortes „scheint" nur für sich selbst aufgehoben, im Gedicht bleibt sie bestehen. Und andere Leser müssen sich ihr aufs neue stellen. Nach Auffassung vieler Literaturkenner ist es gerade diese nicht prinzipiell zu beseitigende Mehrdeutigkeit, die den besonderen Reiz der Literatur ausmacht. In dieser Mehrdeutigkeit liege der Grund für ihre Wirkungen, denn sie zwinge uns als Leser nicht nur, Entscheidungen zu fällen, sondern untergrabe unser Streben nach Eindeutigkeit und damit auch Einseitigkeit, das unseren Alltag auszeichnet. Wir werden auf diese Wirkung der Literatur an späterer Stelle noch ausführlich zu sprechen kommen.

Vorerst kehren wir zur Lesetätigkeit zurück und zu den Fragen, wie der Leser mit den literarischen Sprachzeichen umgeht und wie er ihnen Bedeutungen zuerkennt. Die Frage ist, wie er überhaupt die Bedeutungszuweisungen in Gang setzen kann. Hier gibt es zunächst zwei Wege. Zum einen nähert man sich dem literarischen Werk von den alltagssprachlichen Erfahrungen her. Die Kenntnisse, die in alltagssprachlichen Situationen erworbene Fähigkeit, Sprachzeichen erfolgreich zu benutzen, formen die allgemeine und grundsätzliche Basis jeder Lektüre. Denn natürlich sind literarische Werke von der sprachlichen Wirklichkeit des Alltags nicht vollständig gelöst. Im Gegenteil. Sie schließen in vieler Hinsicht an die Alltagssprache an, verarbeiten auch alltagssprachliche Konventionen. Vor allem Prosatexte – Romane, Erzählungen – zeigen einen Sprachgebrauch, der relativ dicht beim alltagssprachlichen Gebrauch liegen kann und liegt. Der Leser wird also so lange wie möglich versuchen, von seiner Alltagssprache her die Literatursprache zu lesen. Doch wird er immer wieder auf Textpartien stoßen, bei denen ihn die Kenntnis der Alltagssprache als Schlüssel für die Literatursprache im Stich läßt. Es gibt immer wieder Passagen, Wörter, Sätze, Bilder in der Literatur, die vom alltagssprachlichen Gebrauch abweichen. Bei Gedichten kommt das häufiger vor als etwa bei Romanen. Bereits die Versform stellt ja eine auffällige Abweichung dar, die für die Sprache des ganzen Gedichtes große Konsequenzen hat. Ganz allgemein kann man feststellen, daß Abweichungen von der Alltagssprache in denjenigen Werken am häufigsten auftreten und am größten sind, die man zur sogenannten hohen Literatur zählt. In der sogenannten niederen Literatur, der Trivialliteratur – zu ihr rechnet man Kriminalromane, die in Reihen erscheinenden Liebes- und Abenteuerromane, überhaupt alle am Kiosk erhältliche Heftchenliteratur – ist die Nähe zur Alltagssprache hingegen besonders strikt eingehalten. Das hat auch damit zu tun, daß der Leser in dieser Literatur, die ja massenhaft verkauft werden soll, auf möglichst wenig Schwierigkeiten stoßen darf, die eine schnelle Lektüre beeinträchtigen könnten.

Außer der Anknüpfung an die Alltagssprache gibt es noch einen anderen Zugang zur Erstellung von Bedeutungen in literarischen Werken. Nicht nur in der Alltagssprache treten Konventionen, Floskeln, Formeln, Sprachbildungen ganz allgemein mit stabilen Bedeutungen auf, die man kennt. Auch die Literatur verwendet sie. Sie wiederholen sich sogar in zahllosen Werken. Der Leser kann sie darum lernen. Meist lernt er sie durch die Lektüre vieler Werke. Bei jeder Lektüre eines Werkes kann er darum auf Kenntnisse zurückgreifen, die er früher erworben hat. Er kann die Formeln und Bilder wiedererkennen und richtig bewerten. Am bekanntesten sind wohl die Formeln aus dem Märchen, wie „Es war einmal", die Formel, mit der viele Märchen beginnen, oder „Und wenn sie nicht gestorben sind, so leben sie heute noch", mit der viele schließen. Auch Bilder und ihre Bedeutungen können sich wiederholen. Schlechtes Wetter bedeutet im Roman häufig, daß irgendein Unheil droht. (Es gibt sogar eine Doktorarbeit mit dem Titel „Der Held und sein Wetter").

Die literarischen Konventionen sind allerdings nicht nur sprachlicher Natur. Sie können auch einzelne inhaltliche Geschehnisteile umfassen. Der Leser kann in ihnen gewisse Muster entdecken, Vorgänge und Beschreibungen mit vorhersagbaren Bedeutungen, die ihm einen Blick voraus auf die kommende Entwicklung gestatten. So wie im klassischen Hollywood-Western der Bösewicht einen schwarzen Texashut trägt, kann man zum Beispiel aus der Art, wie zu Beginn eines Romans eine männliche und eine weibliche Figur beschrieben werden, ableiten, daß sie am Ende das glückliche Liebespaar abgeben werden, mag es auch bis dahin noch viele Seiten dauern. Die beiden Figuren werden so geschildert, daß sie auf den Leser einen positiven Eindruck machen, daß er für sie Sympathie empfindet. Dazu heben diese Figuren sich günstig von anderen ab, zum Beispiel von der verführerischen Dame, die dem Helden nachstellt – zeitweilig vielleicht sogar mit Erfolg. Solche und ähnliche Erzählmuster tauchen in vielen Werken auf. Der Leser kennt sie und kann dementsprechend seine Bedeutungszuerkennung vornehmen. Jeder einigermaßen geübte Kriminalromanleser weiß zum Beispiel, daß derjenige, für den auf den ersten fünfzig Seiten die meisten Verdachtsmomente sprechen, der also scheinbar die stärksten Motive für das verübte Verbrechen hat, gewiß nicht der Täter ist. Ein geübter Romanleser weiß zum Beispiel auch, daß der Roman, der die Lebensgeschichte eines Menschen erzählt, gewöhnlich nicht mit der Geburt des Helden beginnt. Meist wird die Handlung mit einem entscheidenden Erlebnis aus der Erwachsenenwelt einsetzen. Manches bleibt dem Leser darum zunächst undeutlich. Doch er braucht sich nicht zu beunruhigen, da er – aufgrund seiner Leseerfahrung zu Recht – vermutet, irgendwann wird die Kindheits- und Jugendgeschichte des Helden nachgetragen, die dann viele offen gebliebene Fragen beantwortet.

Die chronologisch gewissermaßen versetzte Jugendgeschichte eines Romanhelden kann beim Leser noch einen anderen Effekt bewirken, den wir hier nur kurz ansprechen wollen. Bisher haben wir behauptet, der Leser strebe ständig danach, Bedeutungen mit den Sprachzeichen zu verbinden, auch wenn das möglicherweise die Konsequenz habe, daß er einige von ihnen bei fortgeschrittener Lektüre wieder ganz oder teilweise ändern und neuen Textsituationen anpassen müsse. Die vorläufig in einem Roman ausgesparte Jugendgeschichte kann den Leser demgegenüber dazu bringen, Bedeutungsfestlegungen zunächst mit großer Vorsicht vorzunehmen, sie gar zu vermeiden oder nur probehalber zu versuchen. Da er weiß oder vermutet, daß er weitere Informationen erhalten wird, die eine mehr endgültige Bedeutungszuerkennung erleichtern werden, neigt er dazu, die Bedeutung des zunächst Gelesenen „offen" zu halten. Strikte Bedeutungsfestlegung ist daher nicht in allen Abschnitten des Lesens absolut notwendig. Man kann den Sprachzeichen auch gleichsam rückschauend oder rückwirkend Bedeutung geben. Der Leseprozeß ist kein Prozeß, der in allen Phasen gleich ist. So bemüht man sich auch nicht in allen Phasen mit gleicher Intensität um die Erstellung von Bedeutung. –

Die Alltagssprache wie die literarische Sprache kennen zahlreiche sich wiederholende Formen und Strukturen, die ihren Benutzern Hilfe bieten. Die der Literatur sind natürlich nicht überall und immer dieselben, sie haben sich im Laufe der Zeit verändert (wie übrigens auch die der Alltagssprache). Wir werden noch sehen, daß gerade die moderne Literatur mit derartigen Konventionen spielen kann, sie außer Kraft setzen oder auch wörtlich nehmen. Auch daher rühren einige der Schwierigkeiten, vor die diese Literatur den Leser stellt.

Doch wir können konstatieren, daß Lesen dann relativ schnell und sicher zum Erfolg führt, wenn man es mit Werken zu tun hat, bei denen man eine Art Mischform aus alltagssprachlichen und literatursprachlichen Konventionen zu tun hat, wo überdies die Literatursprache dicht bei der Alltagssprache bleibt. Außerdem bedienen sich manche Textsorten, auch manche Autoren, oft derselben oder doch ähnlicher Konventionen, so daß ein Leser sie nach einiger Zeit „beherrscht". Es gibt darum viele Leser, die sich auf bestimmte Arten von Literatur, auch auf bestimmte Autoren konzentrieren: So ist das rasche Verstehen dann weniger schwer zu erreichen als bei anderen Texten oder Autoren. Man liest gewissermaßen Bekanntes und wird darum in seinen Leseerwartungen immer wieder bestätigt.

Lesen heißt konkretisieren

Auf den vorangegangenen Seiten haben wir uns mit den Übereinstimmungen und den Unterschieden beschäftigt, die es zwischen der Sprache des Alltags und der Sprache der Literatur gibt. Dabei haben wir einige Eigenschaften besprochen, durch die sich die Sprache der Literatur von der des Alltags abhebt. Wir haben auch auf die besonderen Anstrengungen hingewiesen, die vom Leser verlangt werden, wenn er sich mit der literarischen Sprache auseinandersetzt. Es gibt nun jedoch noch eine Reihe weiterer Kennzeichen des literarischen Textes, die für das Lesen von ausschlaggebender Bedeutung sind und die über die sprachlichen Aspekte weit hinausreichen.

Bei den Menschen, Gegenständen oder Ereignissen, denen man im Alltag begegnet, handelt es sich in den meisten Fällen um Menschen und Gegenstände, die tatsächlich existieren oder existiert haben, um Ereignisse, die tatsächlich geschehen oder geschehen sind. Grundsätzlich kann man daher kontrollieren, ob wirklich wahr ist, was man über sie erfährt, auch wenn das manchmal sehr schwierig sein kann. In der Literatur ist das dagegen im Prinzip nicht möglich. Denn die Menschen, Gegenstände und Ereignisse, denen man in der Literatur begegnet, sind keine wirklichen Menschen, Gegenstände oder Ereignisse. Sie existieren ausschließlich in dem Text, den man liest. Außerhalb des Textes gibt es sie nicht. Genaugenommen existieren sie nicht einmal im Text, sondern – wie wir noch sehen werden – allein in der Vorstellung und Phantasie des Lesers. Man kann darum nicht wie im wirklichen Leben nachprüfen, ob das, was zum Beispiel in einem Roman über bestimmte Personen gesagt wird, auch tatsächlich „wahr" ist. Allerdings spürt man in der Regel auch kein Bedürfnis, solche Nachprüfung vorzunehmen. Man erwartet im allgemeinen nicht, daß in der Literatur eine Wirklichkeit dargestellt wird, die kontrollierbar ist und die darum in allen Hinsichten der Alltagserfahrung und der Alltagsrealität entsprechen müßte. Das heißt nicht, daß man nicht auch in der Literatur so etwas wie einen Spiegel von Wirklichkeitserfahrung erwartete, aber diese Wirklichkeit ist offenbar von anderer Beschaffenheit und liegt auf einer anderen Ebene als Alltagswirklichkeiten. Auch dort, wo in literarischen Werken Namen, Orte oder Geschehnisse aus der Alltagsrealität erscheinen, kommt es nicht so sehr darauf an, ob sie auch tatsächlich mit der nichtliterarischen Wirklichkeit übereinstimmen, der sie doch entstammen. Solche in die Literatur übernommenen Wirklichkeitselemente haben vor allem die Aufgabe, die Illusion von Realität zu schaffen oder zu unterstützen, den Eindruck von Realismus zu vermitteln. Sie vergrößern möglicherweise die Glaubwürdigkeit der literarischen Darstellung. Mit dieser Glaubwürdigkeit hat es jedoch seine besondere Bewandtnis. Sie ist ein durchaus relativer Maßstab. Die Ansprüche an die Abbildung von Realität in der Literatur sind nämlich geringere als die, die man an die Wirklichkeit stellt, in der man lebt. In der Literatur akzeptiert man als möglich, ja als wirklich, was dort unter bestimmten Umständen geschieht oder geschehen kann; ob es auch tatsächlich geschehen könnte oder geschehen ist, stellt keine Bedingung dar, auf deren Erfüllung man besteht. Nur naive und ungeübte Leser verwechseln die Wirklichkeit eines literarischen Werkes mit der ihrer Erfahrungsrealität, so wie naive Theaterbesucher oder Film- und Fernsehzuschauer den Schauspieler mit seiner Rolle verwechseln. Ein einigermaßen geübter Leser hütet sich, alles wörtlich zu nehmen, was er liest. So wird auch ein erfahrener Leser nicht auf die Idee kommen, der Kommissar Maigret in Georges Simenons Romanen sei ein wirklich existierender Kommissar, obwohl Simenon Straßen- und Platznamen aus Paris in seinen Romanen benutzt, die es tatsächlich gibt. Kein bewanderter Leser wird auch zum Quai des Orfèvres gehen und auf dem dort in der Tat befindlichen Polizeikommissariat nach Maigret fragen, obwohl man bei Simenon lesen kann, daß er dort sein Büro hat.

Während des Lesens verbindet man auf diese Weise Bestandteile aus der realen Welt mit Elementen, die nur im Text existieren, die vom Autor des Textes „erfunden" sind. In den meisten Werken gibt es noch nicht einmal Teile der nachprüfbaren Wirklichkeit, ist alles erfunden. Was man liest, ist darum keine Wirklichkeit, die mit der der nichtliterarischen Wirklichkeit identisch sein könnte. Was man liest, auch was man auf Gemälden erkennt, sind aus Zeichen konstruierte Kombinationen, die Wirklichkeit nur in der Vorstellung des

Betrachters erhalten. Der belgische Maler René Magritte hat diesen Sachverhalt treffend deutlich gemacht, indem er der Abbildung einer Tabakspfeife auf einem seiner Bilder den Titel *Dies ist keine Pfeife* mitgegeben hat.

Die Menschen, Dinge und Ereignisse, die man im Leseakt erkennt, sind nur in der Vorstellung des Lesenden wirklich. Sie bilden eine nur vorgestellte Wirklichkeit, deren besondere Eigentümlichkeiten großenteils von seiner Phantasie abhängig sind. Man spricht darum von der eigenen Wirklichkeit der Literatur und der Kunst überhaupt. Es ist leicht einzusehen, daß diese Vorstellungswirklichkeit, die in der Phantasie entsteht, bei jedem Leser anders aussehen kann. Denn jeder Leser verfügt über seine eigene Phantasie und setzt sie auf seine Weise ein. Wenn wir uns über Bücher unterhalten, sprechen wir darum eigentlich gar nicht über diese Bücher, sondern über die Vorstellungs- und Phantasieprodukte, die wir uns aufgrund der Bücher gebildet haben. Es kann also durchaus sein, daß wir über sehr Verschiedenes sprechen, wenn wir über dasselbe zu sprechen meinen, da wir ja nur immer über unsere eigenen Vorstellungen sprechen können. Daraus können Mißverständnisse entstehen, selbst große Meinungsverschiedenheiten. Wunderlicherweise bemerken wir jedoch häufig nicht einmal, daß wir nicht über dasselbe sprechen.

Doch die Phantasie wird beim Lesen in noch ganz anderer Weise in Anspruch genommen. Die Menschen, Gegenstände, Vorgänge, Ereignisse in einem literarischen Text werden ohne Ausnahme unvollständig beschrieben. Sie werden dem Leser grundsätzlich nur in Teilansichten präsentiert. Es gibt keine noch so ausführliche Landschaftsbeschreibung in einem Roman, die enthalten könnte, was man als Betrachter einer Landschaft sehen kann. Wollte sie genau sein, brauchte der Autor hunderte und aberhunderte von Seiten. Literarische Zeichen, auch die Sätze, zu denen sie zusammengefügt sind, sind immer nur Teilzeichen, die auf ein Ganzes verweisen, das im Text als solches nicht anzutreffen ist. Dieses Ganze kommt nur in der Vorstellung und mit der Phantasie des Lesers zustande. Der Leser muß ständig die literarischen Teilzeichen ergänzen, vervollständigen, zusammenfügen. Theodor Fontanes Roman *Quitt* beginnt mit einer Personenbeschreibung:

Die Kirche war noch nicht aus, aber die alte Frau Menz und ihr Sohn Lehnert – ein schlanker, hübscher Mensch von siebenundzwanzig, dem man, auch ohne seine siebenziger Kriegsdenkmünze (neben der übrigens noch ein anderes Ehrenzeichen hing) den altgedienten Soldaten schon auf weite Entfernung hin angesehen hätte – hatten den Schluß des Gottesdienstes nicht abgewartet...

Die Angaben über Lehnert sind äußerst sparsam. Er ist hübsch und schlank, 27 Jahre alt, ein altgedienter, offenbar auch ausgezeichneter Soldat, was man ihm schon aus der Entfernung ansehen kann. Diese wenigen Angaben müssen das Bild eines ganzen Menschen aufrufen. Lehnert wird also Arme und Beine haben, einen Kopf, seine Augen können blau oder braun sein (irgendeine Augenfarbe hat jeder Mensch), vielleicht trägt er einen Bart. Es liegt an der Einstellung des jeweiligen Lesers, wie weit er Lehnert die von Fontane nicht genannten Eigenschaften zuerteilt. Der eine Leser wird das detailliert tun, der andere beläßt es bei einem relativ vagen Bild. Aber irgendwie muß sich jeder Leser einen Menschen aus den Angaben im Text formen. So muß er sich auch etwas hinsichtlich der Körperhaltung Lehnerts vorstellen, denn sie ist es ja wohl, die diesen schon aus weiter Entfernung als altgedienten Soldaten erkennbar macht. Wie diese Haltung im einzelnen aussieht, bleibt wiederum der Phantasie des Lesers überlassen.

Der Leser muß offen gebliebene Stellen, Aspekte, Ansichten auffüllen. Und das trifft nicht nur auf Personenbeschreibungen zu. Eine Ergänzung wird von ihm im Hinblick auf alles, was in einem Werk erscheint, verlangt. Oft muß man Stellen oder Informationen ergänzen, die noch wesentlich knapper sind als die Beschreibung Lehnerts. Es gibt in Romanen und Erzählungen häufig Sätze wie: „Der Förster ging jeden Morgen in den Wald". Jeder Leser wird irgendeine Vorstellung des Waldes entwickeln. Ob der Wald groß, wild oder kultiviert ist, ob es um einen Tannen-, Buchen-, Kiefern- oder Mischwald geht, der Text läßt es offen, der Leser aber kann sich für eine der Möglichkeiten entscheiden.

Was in einem Text erscheint, sind nur Hinweise auf ein Gemeintes, nicht aber dieses Gemeinte selbst. Eine sinnliche Anschauung muß der Leser sich gleichsam selbst schaffen. Im Text werden ihm nur relativ abstrakte Gegebenheiten angeboten, die er konkretisieren muß. Darum ist die Wirklichkeit, die der Leser in einem Text erlebt und erkennt, zu einem sehr großen Teil sein eigenes Werk. Erst durch die Arbeit des Lesers wird der Text zu einer Darstellung von erkennbarer und erlebbarer Wirklichkeit. Es ist, das kann nicht genug betont werden, eine Wirklichkeit, die nur in der Vorstellung des Lesers existiert, die diesem aber doch realistisch erscheint. Wir werden noch sehen, daß sie ihm vor allem und gerade deswegen realistisch erscheint, weil er sie selbst geschaffen hat.

Es ist ohne weiteres einsichtig, daß die Anzahl der offenen Stellen oder Unbestimmtheiten beinahe unbegrenzt ist. Und doch gehören sie zum wesentlichen Teil des Werkes. Denkt man an Romane wie Goethes *Wilhelm Meister,* Gottfried Kellers *Grünen Heinrich* oder auch Max Frischs *Stiller,* die *Blechtrommel* von Günter Grass, Romane, in deren Mittelpunkt die Lebensgeschichte einer Hauptfigur steht, Romane auch, die sehr umfangreich sind, dann wird deutlich, daß der Umfang der Werke die Zahl der Unbestimmtheits- und Leerstellen nicht ausgleichen kann. Ein Roman, der auf sechshundert Seiten eine Lebensspanne von dreißig Jahren erzählt, hat, rechnerisch gesehen, für jedes Lebensjahr zwanzig Seiten zur Verfügung. Daß hier unendlich viel weggelassen wird, daß auch in dem, was tatsächlich erzählt wird, wiederum vieles offen bleiben muß, gewissermaßen nur andeutend wiedergegeben werden kann, leuchtet sofort ein. Man kann sogar die Behauptung verteidigen, je ausführlicher, je genauer der Text ist, desto mehr Arbeit gibt es für den Leser. Denn – so abwegig dies zunächst auch klingen mag – bei größer werdender Genauigkeit der Beschreibung steigert sich in gleichem Maße das Bedürfnis des Lesers nach noch größerer Genauigkeit. Der oben zitierte Wald, in den der Förster geht, ist ein fast abstraktes Zeichen, das darum auch nur eine vage Ergänzung notwendig macht. In dem Augenblick, da ein Autor von Mischwald spräche, würden auch wieder genauere Konkretisierungen seitens des Lesers nötig. James Joyce hat in seinem *Ulysses* nicht die Lebensgeschichte oder Kapitel aus dem Leben seines Helden Leopold Bloom erzählt, sondern dessen Erlebnisse nur eines einzigen Tages. Und doch enthält der Roman von Joyce mehr zu konkretisierende Unbestimmtheiten als etwa Kellers *Grüner Heinrich*, der den Lebensgang seines Helden erzählt.

Das literarische Werk, das man als Leser genießt, ist also nicht identisch mit der Summe der Sprachzeichen, die sich auf den Seiten gedruckt finden. Das Werk, das man genießt, existiert nur dank der Konkretisierungen des Lesers, ja, es existiert ausschließlich in ihnen. Die Zeichen des Textes bilden lediglich den Hinweis auf dasjenige, was eigentlich gemeint ist und dargestellt werden soll. Die Sprachzeichen, aus denen der Text besteht, sind nur ein Teil des Werkes. Das nicht Geschriebene, das, was gleichsam zwischen den Zeichen, was hinter ihnen steht, gehört ebenso zum Werk. Dieses letzte aber fügt der Leser hinzu. Erst wenn diese Hinzufügungen stattgefunden haben, ist auch das Werk entstanden, das zum Teil der Erfahrung wird und über das man spricht, wenn man über literarische Werke spricht. Man übertreibt nicht, wenn man hieraus folgert, daß ein literarisches Werk zum größten Teil eigentlich aus denjenigen Passagen besteht, die nicht geschrieben sind.

Auch das Bild, das der Leser von Personen in literarischen Werken gewinnt, ist Produkt seiner eigenen Vorstellung. Darum oft das Erstaunen, ja die Befremdung, wenn man die Verfilmung eines Werkes sieht, und die darin auftretenden Personen etwa des Romans, den man gelesen hat, ganz anders sind, als man sie sich „vorgestellt" hatte. Zu solcher Abweichung von der beim Lesen geformten Vorstellung kommt es, weil man im Film mit der Konkretisierung anderer Leser konfrontiert wird. Der Regisseur und die Schauspieler haben den literarischen Text und seine ungeschriebenen Teile auf ihre Weise ergänzt. Und sie müssen das grundsätzlich konsequenter tun als der gewöhnliche Leser. Der Normalleser braucht seine Konkretisierung nur bis zu einem gewissen Grade auszuführen. Die Farbe der Socken von Fontanes Lehnert, ob Lehnert einen Scheitel, und wenn ja, ob links oder rechts trägt – auf derartige konkrete Einzelheiten kann man als Leser im allgemeinen verzichten. Bei einer Verfilmung muß jedoch auch über dergleichen Kleinigkeiten entschieden werden. Die Abweichung der verfilmten Personen von der Lesevorstellung entsteht daher nicht nur aufgrund verschiedenartiger Konkretisierung, sondern auch aufgrund ihrer Vollständigkeit, der man bei einer Verfilmung nicht ausweichen kann.

Noch größer als bei Buchverfilmungen können die Unterschiede zwischen Lese- und Aufführungskonkretisierung bei Inszenierungen von Dramen sein. Bis zum Ende des 19. Jahrhunderts, aber auch noch in späteren Werken, werden die handelnden Personen eines Dramas vom Autor im Text konsequent nur mit ihrem Namen eingeführt, ohne jegliche zusätzliche Beschreibung. Allenfalls aus dem eigentlichen Text können weitere Charakteristika (indirekt) abgeleitet werden. (Eine Person sagt zum Beispiel etwas über das Aussehen einer anderen). Leser wie Regisseur sind darum weitgehend auf ihre eigenen, zum Teil sehr persönlichen konkreten Vorstellungen angewiesen. Allerdings können sich bei Drameninszenierungen sich verselbständigende Traditionen der Konkretisierung bilden. Einzelne Aufführungen geben ein bestimmtes Bild einer Figur vor, das von späteren Inszenierungen übernommen wird. Bisweilen führt das sogar zu recht merkwürdigen Ergebnissen. So ist es zum Beispiel üblich, das Käthchen von Heilbronn in Heinrich von Kleists gleichnamigem Drama als ein Mädchen mit blondem Haar auftreten zu lassen, obwohl der Text des Dramas über Käthchens Haarfarbe nichts sagt.

Erwartungen und Enttäuschungen

Die vom Leser zu vollbringende Ergänzung der offenen und unbestimmten Stellen im Text des literarischen Werkes beschränkt sich keineswegs auf Personenbeschreibungen, Landschaftsschilderungen und die Wiedergabe von Ereignissen, kurz, auf einzelne Aspekte des Werkes. Solche Konkretisierungen formen eigentlich nur Einzelelemente der einen großen und umfassenden Konkretisierung. Denn auch das Gesamtgeschehen etwa eines Romans, wenn man so will, sein Inhalt im ganzen, muß in der Vorstellung des Lesers geschaffen werden. Die einzelnen Episoden, Kapitel und Abschnitte eines Werkes sind ebenso unvollständig wie Personen oder Gegenstände, bedürfen daher ebenso der Vervollständigung. Die Lektüre eines Textes schreitet etwa in der Weise fort, daß man zu jedem Moment das bis dahin Gelesene zusammenhängend konkretisiert hat. Man hat es mit einer bestimmten, obwohl nicht überall ganz präzisen Bedeutung versehen. Mit jeder Seite, die man liest, setzt man die begonnene Konkretisierung fort. Nun kann jedoch jede neue Seite die bis dahin erarbeitete Konkretisierung wieder in Frage stellen oder doch verlangen, daß man sie ändert. Denn auf jeder neuen Seite können Textpartien anfangen, die zu den vorläufigen Konkretisierungen nicht passen. Man könnte sagen, daß man in solchen Fällen das bis dahin Gelesene in gewisser Weise „falsch" erfaßt hat, so daß man im Geiste die schon gelesenen Seiten in einer Art Rückblick neu konkretisieren, auf jeden Fall den sich neu einstellenden Möglichkeiten anpassen muß. Hierdurch entsteht die Bewegung des Hin und Her im Lektüreprozeß, auf die wir schon hingewiesen haben.

Man kann sich diese Vorgänge nochmals sehr gut am Beispiel des Kriminalromans verdeutlichen. Jeder Leser eines Kriminalromans ist wie der Detektiv oder der Kommissar an der Frage interessiert, wer der Täter ist und wie es zu dem Verbrechen kam. Vor allem der Typ des sogenannten klassischen Kriminalromans, dem man die Werke etwa von Conan Doyle und Agatha Christie zurechnet, kann als ein Spiel mit den Konkretisierungen des Lesers verstanden werden. An bestimmten Stellen der Handlung vermutet der Leser, oder ist gar davon überzeugt, einer der Verdächtigen sei auch der Täter. Das heißt nichts anderes, als daß der Leser in einem solchen Moment das Geschehen, das ihm bis dahin bekannt geworden ist, in einer bestimmten Weise konkretisiert hat, nämlich so, daß alles auf diesen angenommenen Täter weist. Dann aber stellt sich plötzlich heraus, daß dieser aus gewissen Gründen nicht der Täter sein kann, weil er zum Beispiel ein Alibi für die Tatzeit hat. Jetzt ist der Leser genötigt, seine Konkretisierung rückwirkend entscheidend zu ändern. Er muß sie mindestens so weit wieder „öffnen", daß die Chance gegeben ist, andere mögliche, vielleicht noch gänzlich unbekannte Täter mit genau den Textpartien sinnvoll zu verbinden, die zunächst auf den inzwischen entlasteten Verdächtigen hin festgelegt waren. Dieser Vorgang kann sich mehrmals wiederholen. Entscheidend für die Konkretisierung des ganzen Romans ist deshalb die letzte Phase der Lektüre. Erst am Ende, nicht nur des Kriminalromans, sondern aller literarischen Werke, ist diejenige Konkretisierung erreichbar, die alle früheren Teilergänzungen rechtfertigt. Leser, die vor Beginn ihrer eigentlichen Lektüre erst einmal nachsehen, wie das Buch „ausgeht", und die Schlußpartie lesen, sind darum Leser, die sichergehen, die das Abenteuer der Konkretisierung reduzieren wollen, die Irrtümer vermeiden möchten. Sie wollen von vornherein eine allgemeine Richtung der Textkonkretisierung herausfinden und so eine ruhige, ungefährdete Lesefreude gewinnen. Daß sie dadurch wesentliche Aspekte des Leseprozesses, vielleicht sogar diejenigen, die die wirkliche Lesefreude ausmachen, ausschließen, steht auf einem anderen Blatt.

Was die relativ einfache Struktur des Kriminalromans illustriert, ist die Tatsache, daß man dieselben Textpassagen auf verschiedene Weise konkretisieren kann. Erst im Laufe des Lesens erarbeitet man sich gleichsam die angemessene Konkretisierung.

Anlage und Konstruktion des Kriminalromans können den Leseprozeß aber noch von einer anderen Seite her beleuchten. Genaugenommen werden in einem Kriminalroman nicht nur eine, sondern zwei Geschichten erzählt. Einmal die Geschichte der Aufklärung eines Mordes oder Verbrechens. In ihrem Mittelpunkt steht gewöhnlich der Kommissar oder der Detektiv, dessen Aufgabe die Aufklärung ist. Die zweite Geschichte ist die des Mordes oder Verbrechens selbst. Sie hat sich in der

Regel vor der ersten Geschichte zugetragen (bisweilen reicht sie noch in die erste Geschichte hinein). Sie wird durch die Ermittlungen des Detektivs rekonstruiert und auf diese Weise indirekter als die erste Geschichte erzählt. Der Detektiv bringt nach und nach die einzelnen Teile dieser Geschichte ans Tageslicht. Seine Aufgabe ist es, diese einzelnen Teile auf die „richtige" Weise zusammenzusetzen, so daß er den Täter überführen kann. Eigentlich konkretisiert er die Einzelelemente. Die erste Geschichte stellt darum sozusagen eine Lektüre der zweiten dar. Der Detektiv ist eine Art Leser. Und mit ihm zusammen liest der eigentliche Leser des Kriminalromans. Meist ist es so, daß dem Leser nichts von dem vorenthalten wird, was der Detektiv herausfindet. Er ist also ebenso informiert wie der Detektiv. Der Detektiv wie der Leser haben so im Prinzip die gleiche Chance, aus der Rekonstruktion der Verbrechensgeschichte die zutreffenden Folgerungen zu ziehen. Vor allem wiederum im klassischen Kriminalroman aber gelingt dem Leser in der Regel nicht, was dem Detektiv gelingt, nämlich die richtigen Schlußfolgerungen zu ziehen. Darum die in diesen Werken stets wiederkehrende Schlußszene, in der der Detektiv seine Deutung, seine Konkretisation der Verbrechensgeschichte vorträgt, einen Zusammenhang des Ganzen präsentiert, der notwendigerweise zur Identifizierung des Täters führt. Der Leser, wie andere Personen im Roman, muß dann jeweils beschämt gestehen, daß er nicht zu denselben, eigentlich logischen Konklusionen gelangt ist, obwohl er nicht weniger gut informiert war als Sherlock Holmes, Hercule Poirot oder Miss Marple.

Im Kriminalroman gibt es logische und richtige Konkretisierungen, sie sind nicht durch andere ersetzbar. Die Möglichkeit, in unterschiedliche Richtungen zu konkretisieren, hat man hier nur vorläufig, solange man das Ende des Romans noch nicht kennt. Am Schluß aber haben sich alle Konkretisierungen, die nicht der Entlarvung des Täters dienen, als eindeutig falsch erwiesen. Einen so eindeutigen Maßstab von Richtig und Falsch gibt es in anderen Werken der Literatur nicht. Logik und Richtigkeit sind dort nur höchst relative Begriffe. Die

„richtige" Konkretisierung eines Romans von Balzac, eines Gedichts von Goethe oder eines Dramas von Shakespeare gibt es nicht. Konkretisieren heißt ja auch, daß man die Textteile, die man liest, deutet. Und über Deutungen kann man sich bekanntlich immer streiten. (Nicht nur in der Literatur). Aber eines lehrt der Kriminalroman wegen seiner vergleichsweise einfachen und eindeutigen Anlage: Man muß während der Lektüre nicht nur überhaupt konkretisieren, sondern kann eben auch verschieden konkretisieren. Das hat die nicht gradlinig nach vorwärts gerichtete Lesearbeit zur Folge.

Mit der Tatsache, daß Konkretisierungen fast immer in verschiedener Form und mit unterschiedlichem Inhalt möglich sind, ist ihre Rolle im Leseprozeß allerdings nicht erschöpft. Jeder Leser, so hatten wir festgestellt, wählt unter möglichen Konkretisierungen aus und gibt damit dem Text oder den Textteilen bis dort, wohin er gelesen hat, eine bestimmte Bedeutung. Von großer Wichtigkeit ist es nun, daß die gewählte Bedeutung (auch die eventuell noch nicht vollzogene Entscheidung zwischen mehreren Möglichkeiten) vorausweisende Kraft besitzt. Mit dem jeweils erreichten Konkretisierungsstand verbindet der Leser eine gezielte Erwartung im Hinblick auf das, was im Text folgen wird. Weil man sich für eine bestimmte Konkretisierung entschieden hat, geht man davon aus, daß das Folgende an diese Konkretisierung anknüpfen wird. Wenn man nach der Lektüre des ersten Kapitels eines Romans davon überzeugt ist, es handele sich um einen Liebesroman, liest man mit der Erwartung weiter, das Geschehen werde auch als eine Liebesgeschichte enden. Jeder etwas erfahrene Leser weiß jedoch, daß literarische Werke keineswegs immer in der erwarteten Weise oder Richtung fortschreiten. Wir haben schon am Beispiel des Kriminalromans gesehen, wie von vollzogenen Konkretisierungen aus geformte Erwartungen oder Vermutungen sich im weiteren Verlauf des Textes nicht zu erfüllen brauchen. Bei vielen literarischen Werken besteht der Reiz des Lesens sogar darin, daß während der Lektüre entstandene Erwartungen enttäuscht werden. Und in der modernen Literatur werden die Enttäuschungen entstandener Erwartungen geradezu zu einem Strukturprinzip gemacht. Das kann so weit reichen, daß förmliche Lesehindernisse aufgeworfen werden. Die Schwierigkeiten, die man mit moderner Literatur hat, beruhen zu einem nicht geringen Teil darauf, daß man als Leser immer aufs neue mit Unerwartetem und nicht Vorhersehbarem konfrontiert wird.

Auf welche Weise die Erwartungen enttäuscht werden, die man als Leser bei einem bestimmten Konkretisierungsstand gebildet hat, ist am leichtesten beim Schnittpunkt zweier Kapitel zu erkennen. Jeder Leser von Romanen kennt diejenigen Werke, in denen im ersten Kapitel vom Leben einer bestimmten Person erzählt wird, von ihren Erlebnissen und Erfahrungen. Häufig endet das Kapitel kurz vor oder auch mitten in einem für die Romanperson sehr wichtigen Ereignis oder Erlebnis. Gerade weil das Kapitel relativ abrupt endet, erwartet man im zweiten eine Fortsetzung, die mehr oder weniger direkt anschließt. Nicht selten jedoch beginnt das zweite Kapitel an völlig anderer Stelle, bringt etwa die Schilderung einer bis dahin noch nicht aufgetretenen Person, geht ausführlich auf deren Erlebnisse und Erfahrungen ein. Der Leser wird also in seiner Erwartung gründlich enttäuscht und muß sich auf etwas Neues einstellen, muß seine Konkretisierungsarbeit auf dieses Neue richten. Trotzdem wird er das zweite Kapitel mit dem ersten im Gedächtnis lesen. Denn er vermutet, daß beide Kapitel doch auf irgendeine Weise zusammenhängen. Die Lektüre wird also trotz der direkten Enttäuschung wenigstens indirekt durch die Konkretisierung des ersten Kapitels gesteuert. Zugleich tritt auch wieder eine rückwärts gerichtete Neuorientierung ein. Die bereits gebildete Konkretisierung des ersten Kapitels muß wieder „geöffnet", verworfene Konkretisierungsmöglichkeiten müssen wieder zurückgerufen werden; das ist nötig, weil man ja noch nicht weiß, wie die zwei Erzählstränge an späterer Stelle zusammengefaßt werden.

Solche Übergänge von Erwartungen in Enttäuschungen ereignen sich nicht nur bei Kapiteln und größeren Abschnitten, sondern auch innerhalb kleiner und kleinster Einheiten. In der Lyrik gibt es solche Zusammenstöße regelmäßig zwischen

Strophen: In der zweiten kommt gänzlich anderes zur Sprache, als von der ersten her erwartet wird. In Gedichten ereignet sich ein solcher Zusammenstoß sogar zwischen Wörtern. Im ersten Vers von Paul Celans berühmter *Todesfuge*

Schwarze Milch der Frühe wir trinken sie abends

erwartet man nach dem Adjektiv „schwarz" gewiß nicht das Wort „Milch", und die folgende Bestimmung „der Frühe" ist wiederum nur schwer mit der über „schwarze Milch" gebildeten Erwartung in Einklang zu bringen.

Aber auch in der Prosa (in Romanen und Erzählungen) gibt es die Zusammenstöße auf kleinem Raume. Im Grunde ereignen sie sich von Satz zu Satz. Dabei muß es natürlich nicht immer um ungewöhnliche oder krasse Enttäuschungen gehen. Aber fast kein einziger Satz, den man in einer Textfolge liest, entspricht den Erwartungen, die man vom vorhergehenden aus entwickelt hat. Jeder Satz, der gesagt oder geschrieben wird, enthält andererseits nicht nur das, was er ausdrückt, sondern weist zugleich über sich selbst hinaus und versetzt den folgenden Satz, der noch nicht zur Kenntnis genommen ist, in eine bestimmte Perspektive, in der man diesen zu konkretisieren sucht. Dieser folgende Satz wiederum, wenn konkretisiert – und dies teilweise in Abweichung von der Konkretisierung des vorausliegenden Satzes aus –, kann wieder die bereits vollzogene Konkretisierung des vorangehenden Satzes verändern. Ein komplizierter Prozeß auf engem Raum, den wir an einem Beispiel verdeutlichen wollen.

Goethes Roman *Wilhelm Meister* beginnt mit diesem Absatz:

Das Schauspiel dauerte sehr lange. Die alte Barbara trat einigemal ans Fenster und horchte, ob die Kutschen nicht rasseln wollten. Sie erwartete Marianen, ihre schöne Gebieterin, die heute im Nachspiele, als junger Offizier gekleidet, das Publikum entzückte, mit größerer Ungeduld als sonst, wenn sie ihr nur ein mäßiges Abendessen vorzusetzen hatte; diesmal sollte sie mit einem Paket überrascht werden, das Norbert, ein junger reicher Kaufmann, mit der Post geschickt hatte, um zu zeigen, daß er auch in der Entfernung seiner Geliebten gedenke.

„Das Schauspiel dauerte sehr lange." Diesen Satz zu konkretisieren ist nicht leicht. Was hat man unter „Schauspiel" zu verstehen? Ist es ein Drama, eine Theateraufführung oder -vorstellung? Oder ist es ein anderes auffälliges Ereignis? Und was heißt „lange"? Ist es eine im Vergleich zu anderen lange Zeitdauer, oder dauerte das Schauspiel länger als sonst? Am wahrscheinlichsten ist, daß jeder Leser den Satz auf die eine oder andere Weise mit Theater in Verbindung bringt. Wie viele Fragen auch offen bleiben mögen: Im nächsten Satz erwartet der Leser Antworten auf wenigstens einige dieser Fragen. Dann erst kann die endgültige Konkretisierung des Eingangssatzes erfolgen. Doch der zweite Satz beantwortet die gehegte Erwartung keineswegs. Da ist von einer alten Barbara die Rede, die ans Fenster tritt und horcht, ob Kutschen rasseln wollen. Vom Schauspiel fällt kein Wort. Wer ist Barbara, und welche Rolle spielen die Kutschen? Der zweite Satz macht den Leser mit einer Situation bekannt, die mit der des ersten nichts zu tun zu haben scheint. Erst langsam, vor allem weil der Leser davon überzeugt bleibt, die zwei Sätze müßten in einer Verbindung miteinander stehen, verknüpft man die alte Barbara mit dem Schauspiel und seiner Länge. Barbara wartet offenbar auf dessen Ende. Und die als solche unverständlichen rasselnden Kutschen erhalten vom ersten Satz her endlich auch eine Bedeutung: Es könnten die Kutschen sein, in denen die Zuschauer nach Ende der Aufführung wegfahren. Immerhin kann auf diese Weise deutlich werden, daß mit dem Schauspiel tatsächlich eine Theateraufführung gemeint ist. Ganz sicher kann man jedoch auch nun noch nicht sein. Andere Möglichkeiten sind nicht definitiv ausgeschlossen. Unklar bleibt auch etwa, ob die alte Barbara etwas mit dem Theater zu tun hat, oder ob sie sich vielleicht in einem nahe beim Theater gelegenen Haus aufhält. Der zweite Satz bringt also nur geringe Aufklärung über offene Fragen des ersten, hinterläßt jedoch seinerseits wieder eine Reihe neuer Fragen. Hierbei ist natürlich die Hauptfrage, wozu diese Sätze überhaupt erzählt werden, welches das Ziel der bis jetzt gegebenen Mitteilungen ist. Der nächste, lange und komplizierte Satz (eigentlich sind es sogar zwei Sätze, anstelle des Semikolon könnte ohne weiteres auch ein Punkt stehen) verschafft dann endlich in mancher Hinsicht Aufschluß. Barbara gehört zu einer Truppe von Schauspielern, sie ist eine Art Angestellte oder Dienerin einer der Schauspielerinnen, die im Nachspiel als junger Offizier gekleidet auftritt. Gleichzeitig überschüttet dieser Satz jedoch den Leser wiederum mit einer großen Anzahl neuer und unerwarteter Informationen. Er enthält beinahe eine kleine Geschichte. Wir schenken es uns, auf all die Denk- und Konkretisierungsbewegungen einzugehen, zu denen er den Leser zwingt. Der dritte Satz weist wie die ersten beiden wiederum auf Künftiges voraus. Wer ist Mariane? Wie ist ihr Verhältnis zu Norbert? Wie wird sie auf das Paket reagieren? Was befindet sich in dem Paket?

Das Spiel des Vorwärts- und Rückwärtsweisens eines jeden Satzes in einem Text kann man an diesem kurzen Abschnitt genau studieren. Jeder Satz weckt Erwartungen hinsichtlich des folgenden, löst einige, aber nicht alle offen gebliebenen Fragen des vorangehenden. In unserem Fall werfen der zweite und dritte Satz übrigens auch noch ein bezeichnendes Licht auf den ersten. Es könnte sein, daß das Schauspiel gar nicht so lange dauert, jedenfalls nicht länger als sonst; es dauert lange, weil Barbara sich sein schnelles Ende herbeiwünscht. Der erste Satz enthält darum vielleicht keine objektive Aussage, sondern eine subjektive Feststellung Barbaras.

Einen Text, ein Werk konkretisieren – und das ist es, was man tut, wenn man liest –, heißt einen langen, komplizierten Weg gehen, der am Ende zur Bedeutung des ganzen Textes führt. Es ist ein Weg, in dessen Verlauf der Leser zahllose Entscheidungen trifft, sie nachträglich wieder revidiert oder neuen Situationen anpaßt. Jede Textstelle, jeder Abschnitt, ja jeder Satz bietet mehrere Möglichkeiten der Konkretisierung. Die am Ende erreichte Gesamtbedeutung eines Werkes beruht darum auf einer langen Kette von Entscheidungen, die bis zu einem gewissen Grade auch anders getroffen sein könnten. Darum gibt es zwischen verschiedenen Lesern regelmäßig die bereits erwähnten Meinungsverschiedenheiten über das Gelesene. Darum aber kann auch eintreten, was fast jeder Leser schon einmal erlebt hat, nämlich daß man wenigstens zum Teil ein anderes Buch gelesen zu haben meint, wenn man es zum zweitenmal gelesen hat. Die unterschiedliche Erfahrung zwischen der Erst- und der Zweitlektüre kann ihre Ursache nur in der Art des Lesens haben. Denn das Buch ist dasselbe geblieben, ist vielleicht gar dasselbe Exemplar. Beim zweiten Lesen konkretisiert man anders als beim ersten. Einer der Gründe hierfür liegt darin, daß die Leser inzwischen andere Menschen geworden sind und deshalb auch anders lesen. Ein anderer Grund liegt darin, daß die Erinnerung an die erste Lektüre die zweite mitprägt. Nicht mehr gebannt durch die Frage: Wie geht es weiter? kann man sich geduldiger den Konkretisationsmöglichkeiten der Sätze, Abschnitte oder Kapitel überlassen, kann auch gleichsam die Wege oder Irrwege, die man an den einzelnen Stellen einzuschlagen geneigt ist, aber doch nicht wählt, als „Reichtum" des Textes mitgenießen. Man behauptet vielfach, der eigentliche ästhetische Reiz eines literarischen Werkes werde erst nach mehrmaliger Lektüre sichtbar und zugänglich. Daran ist gewiß etwas Richtiges. Jeder Text gewinnt gewissermaßen an ästhetischer Qualität aufgrund der Vielzahl und der Mannigfaltigkeit der Konkretisierungen, zu denen der Leser eingeladen wird. Man schätzt an einem Werk die unterschiedlichen Möglichkeiten, die für Konkretisierungen angeboten werden und die man wenigstens zum Teil ausführt. Auch wenn am Ende für die Konkretisierung des Gesamtzusammenhanges viele der im Laufe der Lektüre vorgenommenen Einzelkonkretisierungen wieder verworfen werden müssen, man vergißt diese wieder aufgegebenen Konkretisierungen nicht oder doch nicht gänzlich. Sie bleiben im Gedächtnis. Sie werden sogar zum Beweis für den Wert des Gelesenen. Denn daß die Phantasie in unterschiedlicher Weise gefordert, das Vorstellungsvermögen auf die Probe gestellt wird, daß man Entscheidungen treffen muß und daß man am Schluß Entscheidungen erfolgreich getroffen hat – es ist ja eine Deutung des Ganzen geglückt –, all dies betrachtet der Leser als Gewinn, all das trägt wesentlich zu seinem Lesevergnügen bei, auch wenn er sich dessen nicht bewußt wird. In letzter Instanz ist es darum nicht einmal mehr das literarische Werk selbst, das das Lesevergnügen bewirkt, sondern die Leistung, die man als Leser vollbringt, indem man sich in der verführerischen Vielfalt der Konkretisierungsangebote behauptet hat. Das, was man selbst tut, verschafft die größte Freude.

Lesen und die Sinnordnungen des Lebens

Die Aktivitäten des Lesens – als deren wichtigste sich die Entschlüsselung der Sprachzeichen und die Konkretisierung erwiesen haben – sind darauf ausgerichtet, im literarischen Werk einen umgreifenden Bedeutungszusammenhang zu erkennen. Man will das Werk verstehen. Jeder Leser versucht, ein kohärentes Ganzes aus den unzähligen Einzelteilen, Einzelaspekten und Einzelelementen des Werkes zu bilden. Gelingt ihm ein solches Ganzes, dann hat er das Werk verstanden, er meint wenigstens, es verstanden zu haben. Gelingt es ihm nicht, hat er es nicht verstanden.

Es hat sich gezeigt, daß die Bedeutungskonkretisierungen, die der Leser vornehmen muß, vom Text nicht eindeutig vorgegeben werden, daß der Leser vielmehr sehr häufig zwischen mehreren Möglichkeiten entscheiden muß. Es hängt darum in hohem Grade vom einzelnen Leser ab, welches Bedeutungsganze am Ende entsteht. Dadurch verstehen verschiedene Leser dasselbe Werk verschieden. Hieraus müßte man eigentlich schließen, daß jedes Werk nur individuell verstanden werden könnte. Und die Leseergebnisse spiegelten dann die Persönlichkeiten der individuellen Leser. Eine solche Schlußfolgerung ist richtig und falsch zugleich. Sie veranlaßt uns, etwas näher auf die Prinzipien oder die Regeln einzugehen, die den Leser bei seiner Bedeutungszuerkennung leiten, die er also bei der Konkretisierung anwendet.

In den bisherigen Betrachtungen über das Lesen haben wir die mehr technischen Aspekte hervorgehoben, die damit verbunden sind. Der Akzent lag vor allem auf jenen Fähigkeiten des Lesers, die ihn instand setzen, überhaupt mit Sprach- und

Schriftzeichen umzugehen, sie so zu begreifen und umzusetzen, daß Bedeutung entstehen kann. Neben dieser eher technischen Seite der Erzeugung von Bedeutung steht eine zweite, die nicht nur die praktische Anwendung der Lesefähigkeit umfaßt, sondern die die Erzeugung von Bedeutung auch inhaltlich regelt. Wenn man als Leser Bedeutung erzeugt, erzeugt man nicht irgendwie und irgendeine Bedeutung. Die Erzeugung von Bedeutungen wird auch keineswegs nur durch den Text nahegelegt, obwohl das auf den ersten Blick so scheinen mag. Doch – übertrieben ausgedrückt – der Text erhält, ja enthält lediglich die Bedeutungen, die der Leser ihm gibt. Der Leser erzeugt immer nur die Bedeutungen, die ihm auch außerhalb der Literatur etwas sagen, die er bereits vor der Lektüre kennt. Diese außerhalb der Literatur gelegenen Bedeutungen sind die des Alltags, die der Lebenswelt. Es sind die bekannten und vertrauten Bedeutungen, diejenigen, die im Leben eines jeden eine Rolle spielen. Sie schafft man als Leser aufs neue, man überträgt sie während der Lektüre aus der Lebenswelt in den Text. Das Leseergebnis, also das Ganze der geschaffenen Bedeutung, steht darum immer in einer Beziehung zur Lebenswelt des Lesers. Deshalb hat man ein Werk verstanden, oder glaubt, es verstanden zu haben, wenn man die während des Lesens geschaffene Bedeutung auf irgendeine Weise mit der erfahrbaren und erlebbaren Realität des eigenen Lebens verbinden, sie an ihr messen, sie gar vor ihr rechtfertigen kann. Und das wiederum kann man vor allem deshalb, weil die Lebenswirklichkeit die Erzeugung von literarischer Bedeutung entscheidend mitbestimmt.

Zahlreiche Leser, Kritiker und Literaturwissenschaftler behaupten, in der Literatur könne man Wahrheiten begegnen, die von anderer Art seien als die des täglichen Lebens. Das ist gewißlich nicht falsch. Doch ehe ein Leser diese anderen Wahrheiten wahrnehmen kann, muß er als Leser und als Mensch Besonderes leisten. Dazu muß er nämlich, in einem Wort, seine eigene, seine tägliche Wirklichkeit, wenigstens für eine gewisse Zeitspanne, hinter sich lassen, sich von ihr abkehren. Das fällt niemandem leicht. Unter welchen Bedingungen dies möglich ist und warum es nicht leichtfällt, wollen wir im folgenden zeigen.

Obwohl es so scheinen mag, als ob der Mensch in seinem täglichen Leben beinahe routinemäßig seinen Weg zu finden weiß, wenigstens die meiste Zeit, ist er in Wahrheit unablässig damit beschäftigt, in der ihn umgebenden Wirklichkeit Orientierungen zu suchen und zu finden. Er ist verstrickt in ein unendliches Geflecht von Wirklichkeitsteilen, -bruchstücken und -widerständen, die eigentlich ein unübersehbares Ganzes formen. Er versucht daher, dieses Wirklichkeitschaos nach bestimmten Prinzipien zu ordnen, sich so etwas wie eine Übersicht zu verschaffen, um sich nicht darin zu verlieren. Es wird sich gleich zeigen, daß er diese Aufgabe nicht von Grund auf bewältigen muß, sondern daß er bei der Wirklichkeitsbewältigung auf der Arbeit anderer aufbauen kann. Bis zu einem gewissen Grade jedoch bleibt jeder auf sich selbst angewiesen. Allerdings erleichtern auch die eigenen Erlebnisse und Erfahrungen die Suche nach Ordnung und Orientierung. Man stellt fest, daß sich manches im Leben wiederholt; was beim ersten Mal schwierig, beinahe nicht zu bewältigen war, hat beim nächsten Mal schon einigen Widerstand eingebüßt, und man wird besser damit fertig. Man entwickelt über die Wiederholungen gewisse Taktiken und Strategien des Umgangs mit Wirklichkeit. Und mit ihnen hat man dann mehr und mehr Erfolg. Man lernt dadurch die Wirklichkeit besser kennen, ja kann sie, wenigstens teilweise, beherrschen. Ein Großteil gewonnener Lebenserfahrung besteht darin, daß man sich in neuen und unbekannten Situationen zu orientieren weiß, weil die Orientierungsprinzipien sich in früheren, ähnlichen Situationen bewährt haben. Wie stark man von diesen Orientierungsprinzipien abhängig ist, erweist sich zum Beispiel, wenn man in ein fremdes Land kommt. Dort gelten andere Prinzipien, solche, die man nicht kennt und die darum hilflos machen. Der Fremdenführer oder Reiseleiter ist darum nicht nur jemand, der die Urlauber zu den Kunstschätzen oder anderen Attraktionen des fremden Landes führt, sondern auch jemand, der sie wenigstens bis zu einem gewissen Grade mit den Kategorien der Wirklichkeitsbewältigung der Fremde vertraut macht.

Das Leben verlangt die ständige Anstrengung, sich die Welt, die sich fortwährend verändert und neu darbietet, die darum immer wieder fremd und unvertraut wird, stets aufs neue zu erobern und wieder vertraut zu machen. Eben diesen Prozeß, den man im Leben zur Bewältigung der Wirklichkeit anwendet, der Leben und Wirklichkeit sinnvoll machen muß, eben diesen Prozeß wendet man auch beim Lesen von Literatur an. Man liest wie man lebt. Im Leben und beim Lesen hält man sich an dieselben Kategorien, die das Objekt der Anstrengung sinn- und wertvoll machen sollen. Was einem in der Alltagswirklichkeit sinn- und wertlos erscheint, erscheint einem auch in der Literatur sinn- und wertlos. Was im Alltag unverständlich ist, ist auch in der Literatur unverständlich. Die Überzeugungen, Grundsätze, Standpunkte, die man zur Bewältigung der Lebenswirklichkeit einsetzt, leiten auch die Lektüre. Die Konkretisierung literarischer Werke wird darum von Kategorien gesteuert, die aus der Lebenswelt stammen. Das ist nicht erstaunlich, denn sie bilden die Fundamente des Lebens.

Allerdings kann diese Verknüpfung von Lebenswelt und Literatur dazu führen, daß mancher Leser in literarischen Werken nur im Sinne der Lebenskategorien konkretisiert, nur das konkretisiert, was mit ihnen übereinstimmt. Man kann in der Literatur jedoch Phänomenen begegnen, die mit der Wirklichkeit nicht vereinbar scheinen. Geschieht dies, dann neigen Leser bisweilen dazu, den Text auf ihre eigene Weise zu lesen. Sie finden Mittel und Wege, diese fremdartigen Phänomene so zu deuten, eigentlich umzudeuten, daß am Ende die Übereinstimmung wiederhergestellt ist. Nur bei bestimmten Werken oder bei bestimmten Gattungen ist man von vornherein bereit, auf die „realen" Kategorien als Lesekategorien zu verzichten. Beim Märchen zum Beispiel, in der Science-Fiction-Literatur oder bei sonstiger sogenannter phantastischer Literatur. Ihnen gegenüber nimmt man von Anfang an die Haltung ein, was in solchen Werken dargestellt werde, brauche nicht den Prinzipien der erfahrbaren Realität standzuhalten. Hier befindet man sich sozusagen in einer anderen Welt. Bei allen übrigen Werken hingegen erwartet man, daß sie im großen und ganzen so angelegt sind, daß man in ihrer Wirklichkeit leben könnte. Ihre Wirklichkeit darf schöner oder häßlicher sein, sie darf in bestimmten Hinsichten sogar von der Lebenswirklichkeit abweichen, aber letztlich muß sie doch den Gesetzen der Lebensrealität gehorchen, wenn sie glaubhaft bleiben soll. Darum hat man Mühe mit Romanen, Dramen oder Gedichten, in denen man eine Mischung aus Realem und Unrealem antrifft. Dort nämlich, in einer einerseits geläufigen Welt, die die eigene sein könnte, geschehen andererseits Dinge, die in dieser Wirklichkeit eigentlich unmöglich sind, jedenfalls allen Erfahrungen widersprechen. Doch weiß sich der Leser, wie gesagt, in solchen Fällen häufig zu helfen und vermag das Unverständliche sich doch wieder verständlich zu machen. Man versichert sich selbst zum Beispiel, das Dargestellte müsse nicht wörtlich genommen werden, vielmehr als Gleichnis aufgefaßt oder auch als Satire. Die lebensweltlichen Maßstäbe könnten darum nur teilweise gelten, es ginge in solchen Werken eben um etwas anderes als die alltägliche Realität. Ein gutes und repräsentatives Beispiel für die Vermischung des Realen mit dem Unrealen bilden Kafkas Romane und Erzählungen. Etwa die Erzählung *Die Verwandlung.* Sie erzählt die Geschichte des Handelsvertreters Gregor Samsa, der eines Morgens in einen Käfer verwandelt ist. Das ist bereits ungewöhnlich genug. Noch ungewöhnlicher aber ist es, daß Samsa trotz seiner Verwandlung in ein Ungeziefer seine Fähigkeit, menschlich zu denken und zu fühlen, behalten hat. Alle Elemente des Märchens, die einen solchen Vorgang plausibel machen könnten, fehlen: Hier gibt es keine bösen Feen, die für die Veränderung verantwortlich sein könnten, auch keine guten Feen, die die Verwandlung wieder rückgängig machen könnten. Ohne daß irgendein Grund genannt wird, wird hier ein Mensch in durchaus moderner Zeit in ein Tier verwandelt. Samsa muß sein Schicksal als etwas Unabwendbares hinnehmen und stirbt nach nicht allzu langer Zeit als Käfer. Seine Familie, zunächst natürlich geschockt, nimmt das außergewöhnliche Geschehen relativ gelassen hin, stellt nicht einmal die Frage, wie so etwas überhaupt möglich sein könne. In der ansonsten normalen Welt dieser Erzählung ist die rätselhafte Verwandlung offenbar eine Erscheinung, die man als Möglichkeit nicht ausschließt und mit der man sich ziemlich schnell abfindet. Noch abgesehen von der schwer zu beantwortenden Frage, welche Bedeutung, welchen Sinn man mit einer solchen Geschichte zu verbinden habe, – der Vorgang als solcher, dieser Einbruch des Unrealen in das Reale, entzieht sich gängigen Vorstellungen. Auch der Leser hat darum hiermit Schwierigkeiten. Aber es gibt Auswege, mit denen man den scheinbar unlösbaren Schwierigkeiten entrinnen kann. Denn in dem Moment, da man diese Geschichte als Darstellung und Wiedergabe eines Traumes liest – und viele Interpreten haben das getan –, hat man einen Großteil der Probleme wenigstens halbwegs gelöst. Der Traum ist einerseits durchaus Bestandteil der Lebensrealität, im Traum aber können sich andererseits auch Dinge zutragen, die den üblichen Gesetzen dieser Lebensrealität nicht entsprechen.

Die Bedeutungen, die man als Leser während der Konkretisierung entwirft, entstehen also in Übereinstimmung mit den Auffassungen, die man über seine Lebenswirklichkeit besitzt. Man bindet das Werk an diese Lebenswirklichkeit. Dort, wo man das Außergewöhnliche mit Hilfe der Kategorien Satire oder Traum wieder reduziert, wieder auf das verständliche und akzeptable Maß des Gewöhnlichen zurückbiegt, „normalisiert" man die entworfenen Bedeutungen. Was zunächst nicht in die Dimensionen des Normalen zu gehören scheint, wird so an diese Dimensionen wieder angepaßt. Normalität ist immer plausibel, und normalisierte literarische Werke sind deshalb auch (wieder) plausibel.

Normalisierendes Lesen bedeutet nun nicht, daß man in einem literarischen Werk gar nichts mehr erleben könnte, was über den eigenen und relativ beschränkten Erfahrungshorizont hinausweist. Viele Leser lesen ja gerade darum Bücher, weil sie in ihnen eine andere Welt erleben wollen, weil sie sich nach einer Ausweitung oder Bereicherung ihrer Welt sehnen. Derartige Ausweitungen oder Bereicherungen sind auch möglich innerhalb der Perspektive des Normalen. Die Gesetze, die in der Wirklichkeit herrschen, können in literarischen Werken durchaus ihre Gültigkeit behalten, und doch bieten diese neue, aufregende und unbekannte Erlebnisse. Das tritt dann ein, wenn man zum Beispiel mit Menschen und Dingen konfrontiert wird, die nicht zur direkten und bekannten Lebensumgebung gehören. So kann man sich ohne Schwierigkeit in die Abenteuer der Entdeckungsreisenden mitnehmen lassen, an den Schicksalen großer Ärzte, Künstler oder Staatsmänner teilnehmen, man kann die Tragödien großer Liebesleidenschaften miterleben, man kann sich in die glänzende Welt der Reichen, aber auch in das Elend der Allerärmsten versetzen lassen, man kann fremde Länder, andere Sitten und Gebräuche kennenlernen. Die Literatur enthält ein unendliches Arsenal, das man frei benutzen kann, um das eigene kleine Leben mit Ausblicken in Bereiche zu erweitern, die in der täglichen Realität mehr oder weniger unzugänglich sind. Nicht zu Unrecht haben Buchhandlungen vor einiger Zeit ihre Bücher in Plastikbeutel verpackt, die den Aufdruck trugen: „Bücher: Erfahrungen, die man kaufen kann".

Man kann also die eigene Erfahrungswirklichkeit auf dem Wege über die Literatur durchaus vergrößern. In der Regel aber bleiben all die neuen und fremden Erlebnisse, die man sich über die Lektüre verschafft, doch den Prinzipien der Alltagswelt verbunden. Sie sind anders, aber widersprechen dem üblichen Wirklichkeitsanspruch nicht. Das Angenehme all dieser Erfahrungen besteht außerdem darin, daß man sie ohne alle Gefahr durchleben kann. Man setzt wenig oder nichts aufs Spiel, wenn man liest. Und falls einem nicht gefällt, was man liest, kann man jedes Buch jederzeit zur Seite legen. Man hat den Leser darum mit den Astronauten verglichen, die, ehe sie in den Weltraum starten, die Bedingungen des Weltraums auf der Erde proben, unter genau nachgebildeten Bedingungen die Situation des Universums simulieren. Simulation heißt hier, daß man etwas tut, das der Wirklichkeit entspricht, aber nicht die Wirklichkeit ist. Die Simulation schließt die Gefahr aus, die in der echten Wirklichkeit drohen kann. Literatur kann darum als ein Simulationsraum für normale Menschen gesehen werden; man kann in diesem Simulationsraum ohne Risiko neue Erfahrungen machen.

Gelegentlich allerdings hat man sogar keinerlei Scheu davor, sich durch Bücher faszinieren zu lassen, in denen die Alltagsrealität gänzlich außer Kraft gesetzt wird. Das ist der Fall, wenn man sogenannte exotische Literatur liest, das heißt Literatur, in der völlig andere Regeln und Gesetze herrschen als in dem bekannten Lebensraum. Der Reiz der Lektüre liegt hier gerade in dem ganz anderen, dem man begegnet, in dem in jeder Hinsicht Fremdartigen, in das man geführt wird. Man willigt in dieses Erlebnis jedoch auch nur darum ein, weil es keinerlei Konsequenzen für die eigene Welt hat. Die Unterschiede sind zu groß. Man überläßt sich diesem Erlebnis allein für die Dauer der Lektüre und weiß sehr genau, daß es nur ein Buch war, was einen da überwältigt hat.

Die Lebenswirklichkeit des Lesers spielt also bei der Bildung von Bedeutung eine entscheidende Rolle. So werden auch Urteile über Bücher, ob sie gefallen, ob es schlechte oder gute Bücher sind, durch diese Lebenswirklichkeit mitgeprägt. Kann die Bedeutung eines Werkes nicht aus ihr hervorgebracht werden, neigt man dazu, das Buch abzulehnen. Auch eine nicht geglückte Normalisierung kann zu einem negativen Urteil führen.

Unter Lebenswirklichkeit ist nun jedoch nicht nur die einfache Ansammlung von Fakten zu verstehen, die den einzelnen umgeben, die Menge der Menschen, Dinge, Vorgänge, Ereignisse, auch etwa die Erscheinungen der Natur in ihrer tatsächlichen Gegebenheit. Ihnen tritt man so gut wie nie unmittelbar, spontan oder naiv entgegen. Man erlebt sie vielmehr, setzt sich mit ihnen auseinander in der Sicht bestimmter Deutungen, Ordnungen, Perspektivierungen. Die Lebenswirklichkeit ist eine weitgehend gedeutete und geordnete Realität. Das Chaos der Wirklichkeit, von dem oben die Rede war, in dem der einzelne seine Orientierung suchen muß, ist nur ein relatives Chaos, jedenfalls in entwickelten Gesellschaften. Gesellschaften stützen sich auf eine geordnete Realität. Wie das zu verstehen ist, wird gleich deutlich werden. Natürlich kann es in der geordneten und gedeuteten Realität Störungen geben, so daß man in Schwierigkeiten gerät. Man trachtet diese Schwierigkeiten dann zu überwinden, indem man sich auf den Punkt zu besinnen sucht, von dem aus sie bewältigt werden können. Und dieser Punkt ist die vereinheitlichende Gesamtauffassung, die dem Leben zugrunde liegt. Die Fakten, die Geschehnisse, die Menschen, mit denen man zu tun hat, sind nicht unterschiedslos gleichwertig und gleichartig. Sie haben vielmehr einen bestimmten Platz im Leben, sie sind in einen Sinnzusammenhang aufgenommen, einen Sinnzusammenhang, der dem Leben Halt gibt. Fakten, Geschehnisse, Menschen haben ihren Ort in der Weltanschauung des einzelnen oder in seiner Lebensanschauung. Das Individuelle, das Besondere ist einem Ganzen eingegliedert, so daß man die Wirklichkeit in einem großen Zusammenhang sieht und erlebt. Und dieser Zusammenhang ist ein Produkt des menschlichen Geistes. Wenn wir gesagt haben, die Konkretisierung von Literatur erfolge im Hinblick auf die Wirklichkeit, dann ist das eigentlich nicht genau genug. Man muß genauer sagen, im Hinblick auf die Wirklichkeit, wie sie sich in der Sicht einer Lebens- oder Weltanschauung darstellt. Und man kann darum auch behaupten, daß ein Leser ein literarisches Werk meint verstanden zu haben, wenn die konkretisierte Bedeutung mit seiner Weltanschauung übereinstimmt. Von hier aus wird nochmals deutlich, warum es verschiedene Konkretisierungen ein- und desselben Werkes geben kann, selbst dann, wenn dieselbe Realität der Ausgangspunkt ist. Unterschiedliche Lebens- und Weltanschauungen interpretieren dieselbe Realität verschieden, ebenso wie sie dieselben literarischen Werke verschieden interpretieren. Das zweite ist vom ersten abhängig. Wiederum liegt die Folgerung nahe, verschiedene Konkretisierungen desselben Werkes seien deshalb auf individuelle, auf persönliche Arten des Lesens zurückzuführen, da kaum zwei Menschen eine in allen Hinsichten gleiche Lebens- oder Weltanschauung teilen.

Es wäre jedoch falsch, den individuellen Anteil zu hoch anzuschlagen. Denn so wenig wie man seine Fähig- und Fertigkeiten, mit alltagssprachlichen und mit literarischen Zeichen umzugehen, in nur individueller Situation erwirbt, so wenig entwickelt man seine Weltanschauung nur als individuell begründete Überzeugung. Vermutlich wären die meisten dazu gar nicht in der Lage. Man wird vielmehr in bestehende Gesellschaften und Gemeinschaften hineingeboren, in denen Weltanschauungen bereits etabliert sind. In diese wächst man hinein, übernimmt sie. Der eine kritischer als der andere, gewiß. Doch diese entwickelten, existierenden Weltanschauungen bilden die Basis für allen Umgang mit Realität. Die Gesellschaft, in die man hineinwächst, hat die Wirklichkeit mittels Weltanschauungen bereits geordnet, sie gewissermaßen sinnvoll ausgelegt. Alle Erscheinungen der Realität sind nach allgemein anerkannten Prinzipien eingeteilt, mit Sinn und Bedeutung versehen, sie sind in eine Ordnung oder mehrere Ordnungen aufgenommen. Die Gesellschaften verfügen stets über Sinn- oder Sinngebungsordnungen. Diese regeln das Leben, steuern das Leben all derer, die Mitglied der Gesellschaft sind. Man trachtet danach, alle Phänomene der Wirklichkeit in die Sinnordnungen einzubinden, so daß alles seinen ihm zugehörigen Ort, seine Aufgabe, seinen Wert erhält. Auch etwa die Grenze zwischen dem, was man als alltäglich, und dem, was man als nicht alltäglich anzusehen hat, wird durch sie festgelegt. Gesellschaften unterwerfen die Wirklichkeit auf diese Weise einer umgreifenden Ordnung, die diese Wirklichkeit übersichtlich und beherrschbar macht. Die Sinnordnungen sind natürlich nicht überall dieselben. In einer bäuerlichen Gemeinschaft sind sie von anderer Art als etwa in den modernen westlichen Industriegesellschaften. Sie bleiben auch nicht zu allen Zeiten dieselben. Sie sind Veränderungen unterworfen. Im Mittelalter waren es andere als im 16. oder 19. Jahrhundert.

Die gesellschaftlichen Sinnordnungen sind, wie die Sprache, konventionelle Ordnungen. Sie beruhen auf Verabredungen, auf Übereinkünften unter den Mitgliedern der Gesellschaft. Dies muß man sich nicht so vorstellen, als ob jeder einzelne für sich diese Konventionen mitgeschaffen habe. Das ist nicht nötig, sowenig wie wir als Sprechende jeder einzeln die Regeln der Sprache festgestellt haben. Es gibt vielmehr eine allgemeine Übereinstimmung hinsichtlich der Anerkennung der geltenden Ordnungen. Natürlich gibt es immer Menschen, die die Ordnungen nicht anerkennen, die für eine radikale oder auch gleitende Veränderung des Bestehenden eintreten. Und natürlich kann jeder einzelne in eine Krise geraten, in der er entdeckt, daß die Ordnungen für ihn ihren Wert ganz oder zum Teil verloren haben. Im ganzen aber sind die Ordnungen überindividuell und doch zugleich konventionell. Darum, weil sie konventionell sind, können sie sich verändern. Man kann sich das verdeutlichen, indem man zum Beispiel daran denkt, wie in den (vor allem west-)europäischen Gesellschaften der Einfluß der Religion in den Jahrhunderten nach dem Mittelalter seine ordnungsbestimmende Kraft mehr und mehr eingebüßt hat. Wie in vielen nichteuropäischen Gesellschaften waren auch in Europa die Sinnordnungen über viele Jahrhunderte religiös fundiert. Die Religion legte das Verhalten der Menschen fest, gab den einzelnen Fakten bestimmte Bedeutungen, verlieh dem Leben insgesamt Sinn. Sie richtete alle irdischen Einzelphänomene auf ein großes Gesamtziel aus, an dem das Leben der Gesellschaft wie des einzelnen gemessen wurde. Insbesondere seit dem 18. Jahrhundert hat der Einfluß der Religion stark abgenommen, an ihre Stelle sind andere, meist mehrere miteinander konkurrierende Werte getreten. Religion blieb einer der bestimmenden Faktoren, ist aber nicht mehr der alles beherrschende. Neue Werte, welche die Sinnordnungen mitprägen, sind etwa: Demokratie, Freiheit, Rechtsstaat oder auch Soziale Marktwirtschaft. Daß das in moderner Zeit bestehende Nebeneinander von verschiedenen, teils sich auch ausschließenden Werten oder gar Sinnordnungen nicht ohne weitreichenden Einfluß auf die Literatur, aber auch auf die Art, wie man heute liest, geblieben ist, wird noch zur Sprache kommen.

Die Sinnordnungen tendieren, wie bemerkt, dazu, das ganze Gebiet der menschlichen Wirklichkeit zu interpretieren und entsprechend der erreichten Interpretation zu ordnen. Die Mitglieder der Gesellschaft leben meist in einer selbstverständlichen Übereinstimmung mit den Normen, Werten und Verhaltensrichtlinien, die mit den Ordnungen verbunden sind. Und solange die Ordnungen nicht von der Mehrheit der Mitglieder in Zweifel gezogen werden, ist die Gesellschaft in ihrer Struktur stabil. Auch die sich unablässig und langsam vollziehende Veränderung und Anpassung der Ordnungen an eine sich stets verändernde Realität geschieht unauffällig und wird von den Mitgliedern der Gesellschaft kaum bemerkt. Erst nach längerer Zeit stellt man plötzlich fest, daß die Dinge, daß die Welt sich verändert haben. Manch einer meint dann, „früher" sei alles „besser" gewesen. In einem solchen Moment wird einem deutlich, daß die Regeln des Lebens andere oder teilweise andere geworden sind. Im allgemeinen meint man damit, ohne daß es einem voll bewußt ist, daß die Sinnordnungen, in denen man aufgewachsen ist und lange gelebt hat, sich im Laufe der Jahre gewandelt haben. Daß früher alles „besser" gewesen sei, behaupten vor allem die Älteren. Ob sie damit recht haben, ist nicht sicher. Für sie war es früher „besser", weil sie sich früher „besser" auskannten, weil sie die Regeln, die Werte, die Verhaltensnormen kannten, die das Leben übersichtlich machten. Jetzt, später, sind diese durch andere ersetzt oder haben sich verändert, gemäß den veränderten oder neuen Sinnordnungen, die das Leben organisieren. Deren Regeln und Gebote muß man erst wieder lernen, muß lernen, sie richtig anzuwenden, will man sich im Leben behaupten.

Gewöhnlich verändern sich die Sinnordnungen langsam, fast unbemerkt. Bisweilen aber gibt es auch abrupte, für jedermann erkennbare Veränderungen. Revolutionen zum Beispiel stellen derartige Veränderungen dar, oder wollen vielmehr die Geltung der traditionellen Sinnordnungen aufheben, neue Werte und Normen setzen, neue, andere Sinnordnungen einführen. In der Zeit nach einer erfolgreichen Revolution entsteht darum für viele Menschen eine große Handlungs- und Verhaltensunsicherheit, da die frühere Geborgenheit in einer herrschenden Sinnordnung mit der Revolution verschwunden ist.

Sinnordnungen wollen viel, wollen alles bestimmen. Ihr Wirkungsbereich erstreckt sich darum auch auf die Kunst und die Literatur. Bedeutung und Rolle der Literatur im Ganzen der Lebensrealität werden daher auch durch die Ordnungen definiert. In der einen Gesellschaft kann die Literatur vor allem religiösen Zwecken unterworfen sein, in einer anderen kann sie der sozialen Festigung dienen, in einer dritten kann sie vornehmlich als ein Element der Unterhaltung fungieren. Die Mitglieder der Gesellschaft werden während ihrer Erziehung und Ausbildung auch mit den Auffassungen bekanntgemacht, die in der jeweiligen Ordnung über die Rolle und Aufgabe der Literatur die gängigen sind. Man lernt, direkt (etwa in der Schule) oder indirekt (im Gespräch mit anderen, durch die Kritiken oder literarischen Beilagen in der Zeitung), wie man sich gegenüber Literatur zu verhalten hat, was man von ihr erwarten oder gar fordern darf, man lernt, wo die Grenze liegt zwischen dem, was zur Literatur gerechnet wird und was nicht. Umgekehrt dürfen die Leser davon ausgehen, daß sich auch die Autoren an die in den Sinnordnungen festgelegten Regeln der Literatur halten und ihre Werke innerhalb des abgesteckten Rahmens ansiedeln.

Kollektives Verstehen

Weil die Sinnordnungen den Ort der Literatur in der Lebenswelt bestimmen, weil sie damit die Einstellung der Leser gegenüber literarischen Werken festlegen, beeinflussen sie auch wesentlich die Art und Weise, in der man liest und Bedeutungen konkretisiert. Der Leser, der sein Leben nach den Regeln der Sinnordnung einrichtet, wird darum wie selbstverständlich von diesen Regeln aus literarische Werke lesen. Von der Sinnordnung aus gesehen kann man etwas abstrakt formulieren, daß sie sich im Akt der Lektüre gleichsam aktualisiert, indem der Leser ihren Anweisungen folgt. Dem durchschnittlichen Leser wird diese Tatsache gewöhnlich nicht bewußt werden. Aber daß er die Lektüre eines literarischen Werkes mit bestimmten Erwartungen beginnt, daß er meint, wenigstens ungefähr zu wissen, was ihm in einem Text begegnen wird, hat seinen Grund vor allem in der Übereinstimmung, in der er mit einer Sinnordnung lebt. Die Erwartungen, die man als Leser in solcher Situation an die Werke knüpft, beziehen sich auf Inhalte ebensogut wie auf formale Aspekte. Man glaubt zu wissen, was ein Roman ist, was ein Gedicht, was in einem Drama auf welche Weise dargestellt wird. Ohne sich darüber Rechenschaft abzulegen, geht man von den Konventionen aus, die die Sinnordnung als die angemessenen verbreitet hat.

Eine Befolgung der Konventionen führt in der Regel auch zum Leseerfolg, die Konkretisierung gelingt. Das ist nicht überraschend. Die Sinnordnungen regulieren ja nicht nur den Leseprozeß, die Aufnahme der Literatur beim Publikum, sondern auch die Produktion von Literatur selbst. Sie lassen eine Literatur entstehen, die ebenfalls den Konventionen der Sinnordnung entspricht. Jede Sinnordnung bringt die ihr zugehörigen Kunstwerke hervor. Die Konventionen der Sinnordnung sind also auf beiden Seiten anzutreffen, auf der Seite der Werke ebenso wie auf der Seite der Leser. Wir werden im nächsten Kapitel eine solche Konstellation ausführlich beschreiben und analysieren.

Die Konventionen, die von den Autoren wie von den Lesern befolgt werden, sorgen dafür, daß die literarischen Werke in einer für alle akzeptablen Weise gelesen werden können. Wir haben schon darauf hingewiesen, daß der Leser sich dieser Konventionen nicht oder nur selten bewußt ist (was auch für die meisten Autoren gilt). So weiß man nie wirklich genau, warum etwa ein Roman so geschrieben ist, daß er den geltenden Konventionen genügt. Doch häufig kann man aus den negativen Urteilen von Lesern über Werke ableiten, daß doch eine Vorstellung von demjenigen besteht, was ein Roman zu sein hat. Negative Urteile entstehen, wenn ein Roman den Erwartungen nicht entspricht. Viele Leser kommen dann schnell zu dem Urteil: „Dies ist kein Roman." Was sie eigentlich meinen, ist, daß es kein Roman sei, der ihren Erwartungen entgegenkommt; objektiv kann es sich um einen Roman anderer Art handeln. Man kann also die Abweichung von einer vage gewußten Norm wahrnehmen, nicht aber unbedingt diese Norm selbst positiv definieren.

Über die geltenden Konventionen kann sich auch deshalb eine erfolgreiche Lektüre, eine gelingende Konkretisierung einstellen, weil der Leser mit mehreren Werken bekannt wird, die den Konventionen gehorchen. Die Werke sind miteinander verwandt, sie sind vergleichbar, sie bilden eine literarische Tradition. Die Erwartung, mit der der Leser den Werken entgegentritt, wird daher nicht nur durch die Sinnordnungen geprägt, sondern auch durch die Erfahrungen, die er bei früherer Lektüre gesammelt hat. Umgekehrt werden darum von den Konventionen abweichende Werke als vornehmlich von der literarischen Tradition abweichend begriffen und nicht als Werke, die in einem Spannungsverhältnis zur Sinnordnung stehen.

Wir haben bereits erwähnt, daß die Konventionen, eben weil sie Konventionen sind, sich verändern, daß sie Gültigkeit immer nur für eine bestimmte Dauer besitzen. So könnte man zum Beispiel auch die Geschichte der Literatur als den Wandel der Konventionen im Laufe der Zeit beschreiben. Die verschiedenen Epochen, in die man die Literaturgeschichte einteilt – Romantik, Realismus, Naturalismus usw. –, stellen Perioden dar, in denen jeweils besondere Konventionen die Literatur prägen. Um Werke aus den verschiedenen Perioden angemessen verstehen zu können, muß man deshalb die für sie gültigen Konventionen kennen. Darum werden Werke aus der Vergangenheit, die man heutigen Lesern zugänglich machen will, häufig von Fachleuten mit Einleitungen, Erläuterungen oder Kommentaren versehen. Sie sollen die Leser über die damals herrschenden Konventionen aufklären, sowohl über die eigentlich literarischen Konventionen als auch über die Sinnordnungen, aus denen die Konventionen hervorgegangen sind und auf die die Werke sich beziehen. Um ein Liebesgedicht aus dem Mittelalter, etwa von Walther von der Vogelweide, begreifen zu können, benötigt man Informationen über die Liebesordnung der Zeit, muß man zum Beispiel den Unterschied zwischen hoher und niederer Minne kennen.

Hat man die Bedeutung der gesellschaftlich-literarischen Konventionen einmal erkannt, wird auch verständlich, warum manche Leser mit ihrer zeitgenössischen Kunst und Literatur Schwierigkeiten haben können. Häufig nämlich nimmt man diese Kunst und Literatur noch in der Verlängerung derjenigen Konventionen wahr, die einmal gegolten haben, welche die neu erschienenen Werke jedoch ganz oder teilweise hinter sich gelassen haben, die sie jedenfalls nicht länger als zentrale Orientierung benutzen. Dadurch entsteht eine Diskrepanz zwischen den Konventionen, die die Werke befolgen, und den Konventionen, denen der Leser folgt, wenn er sich mit den Werken auseinandersetzt. Insbesondere in Zeiten, in denen gesellschaftliche und/oder literarische Veränderungen einander schnell folgen, kann das zu Problemen zwischen Literatur und Leserschaft führen. Eine solche Zeit ist gewiß das 20. Jahrhundert. Wir werden darum später die „Schwierigkeiten mit moderner Literatur" auch unter diesem Aspekt behandeln.

Und noch etwas können die gesellschaftlich-literarischen Konventionen verdeutlichen. Sie zeigen nämlich, daß die Lektüre literarischer Werke, die Betrachtung von Werken der bildenden Kunst und das Hören von Musik nie unter gänzlich „offenen" Bedingungen stattfinden. Es ist ein – leider weitverbreitetes – Mißverständnis, man könne Kunst am besten verstehen, wenn man sich ihr gänzlich unbefangen, gewissermaßen naiv nähere, unbeschwert von aller Bildung oder aller Gelehrsamkeit. Das unmittelbare Kunsterlebnis ist ein – im besten Falle – unvollständiges Erlebnis, das der Bedeutung des Kunstwerkes nicht gerecht werden kann. Kunstwerke sind immer unter bestimmten Regeln geschaffen, eben den Konventionen. Sie muß man auch als Betrachter der Kunst wenigstens unbewußt kennen, will man mit den Werken sinnvoll umgehen können. Läßt man sie außer acht, gibt es nur oberflächliche Zugänge zur Kunst. Man kann auf einem Bild vielleicht bestimmte Gegenstände erkennen, aber was sie bedeuten, warum sie in gewissen Formen, in bestimmten Anordnungen usw. erscheinen, entgeht dem Betrachter, wenn er nicht einige Kenntnisse besitzt. Das fängt bei ganz einfachen und scheinbar unbedeutenden Einzelheiten an. Auf Albrecht Dürers Kupferstich *Ritter, Tod und Teufel* ist der Tod in der Gestalt eines menschlichen Gerippes dargestellt. Daß dieses Gerippe den Tod darstellt, muß man als Bedeutungskonvention wissen, sonst sieht man eben nur ein Gerippe. Für das eigentliche Verständnis des Bildes braucht man noch weit hierüber hinausgehende Information und Kenntnis. Kunstwerke bieten sich als Kunstwerke dar, sind darum von der Natur und unserer nichtkünstlerischen Umwelt aufgrund ihrer eigenen Gesetze zu unterscheiden. Sieht man zum Beispiel auf einer Abbildung vor einem landschaftlichen Hintergrund zwei nackte oder fast nackte menschliche Gestalten, von denen die weibliche einen Apfel in der Hand hält, dann kann es ein Obst essendes Nudistenpaar an der Adriaküste sein, es kann aber auch die Darstellung des biblischen Sündenfalls sein. Aus der Haltung der beiden Gestalten, der Farbgebung, der kompositorischen Anlage und anderem muß man ableiten, ob es sich um ein Kunstwerk mit dem biblischen Motiv oder um einen zufälligen Ferienschnappschuß handelt. Um den Unterschied erkennen zu können, bedarf es jedoch wenigstens unbewußter Kenntnis einiger elementarer Kunstregeln. Um mit Kunst auf angemessene Weise umgehen zu können, muß man Erfahrung mit Kunst haben.

In der Literatur gelten ähnliche Gesetze. Die Romane zum Beispiel, die im 19. Jahrhundert verfaßt wurden, haben ihr gehaltliches und formales Zentrum darin, daß in ihnen vollständige Geschichten erzählt werden, Geschichten mit einem Anfang, einem Höhepunkt und einem Ende. Im 20. Jahrhundert ist das nicht mehr der Fall. Der Leser im 19. Jahrhundert las die Romane darum von vornherein mit der Erwartung, sie würden derartige Geschichten enthalten. Und die beim Leser wie im Werk anwesende Konvention der abgerundeten Geschichte lenkte die Lektüre, ja hatte von Anfang an ihre Auswirkung auf die Lesehaltung, von der wir oben gesprochen haben. Die persönliche Lesehaltung, die Leser gegenüber literarischen Werken einnehmen, ist daher in mehrfacher Hinsicht durch Faktoren beeinflußt, die nicht individuell sind, sondern in einer Lese- und Lebensgemeinschaft für die Dauer einer bestimmten Zeit für alle Leser gelten.

Wenn literarische Werke auf geltende Sinnordnungen Bezug nehmen, dann ist dies nicht so zu verstehen, als müßten sie die Ordnungen in ihrer Gesamtheit widerspiegeln. Das Werk verweist vielmehr auf die Ordnung im allgemeinen, in der der Leser den Schlüssel für seine Konkretisierungen finden kann. Das Werk ist so angelegt, daß man es von der bekannten Ordnung her mit Erfolg lesen kann. Werk und Leser treffen sich auf halbem Wege. Im Grunde bringt der Leser durch seine Lektüre eine bereits bestehende Beziehung zwischen Werk und Sinnordnung ans Licht. Er ist eigentlich jemand, der nochmals aktualisiert, was ohnehin vorhanden ist. Bei solcher Konstellation zwischen Literatur und Sinnordnung bedarf es kaum besonderer, individueller Anstrengungen seitens des Lesers. Wie er lesen viele andere. Daher gibt es in solchen Situationen eine weitreichende Übereinstimmung unter vielen über die Literatur und ihre einzelnen Werke. Weil ein Konsensus besteht, werden die Werke von vielen akzeptiert. Und die Literatur kann auf diese Weise zu einem festen Bestandteil des gesellschaftlichen Lebens werden. Sie erhält darin eine von der Gemeinschaft anerkannte Rolle. Die Gemeinschaft, das gesellschaftliche Kollektiv steht der Literatur als Ganzes gegenüber. Literatur wird daher gemeinsam kollektiv als Bereicherung, Erweiterung, Vervollkommnung, vor allem aber als Bestätigung der Normen und Werte erfahren, die von der Lebensgemeinschaft vertreten werden. Man könnte beinahe von einer Art kollektiver Ratifizierung der Literatur sprechen. Aufgrund der Übereinstimmung zwischen Lebensform und -inhalt auf der einen und Literaturform und -inhalt auf der anderen Seite wird Literatur in solchen Situationen kollektiv „verstanden", sie ist in die gesellschaftliche Wirklichkeit integriert. Sie wirft keine grundsätzlichen Verständnisschwierigkeiten auf, da sie und der Alltag sich gegenseitig bestätigen und die Leser diese Bestätigung als positiven Wert erleben.

Die gegenseitige Bestätigung von Literatur und Sinnordnung braucht nun allerdings nicht vollständig zu sein. Das einzelne literarische Werk braucht die Ordnung auch nicht ausschließlich positiv aufzurufen und seine Geltung und Richtigkeit in jeder Hinsicht unangetastet zu lassen. Das einzelne Werk kann durchaus kritische Momente enthalten. Es kann gewisse Aspekte der Sinnordnung als unvollständig oder gar falsch darstellen, als unzureichend, schädlich, verbesserungswürdig. Dadurch entsteht ein Widerspruch zwischen der erwarteten Bedeutung und der tatsächlich konkret sichtbar werdenden Bedeutung des Werkes. Diese Art Widerspruch aber muß nicht dazu führen, daß der Leser das Werk ablehnt, obwohl einzelne Leser dazu natürlich neigen werden. Man lehnt das Werk nicht ab, weil eine mögliche kritische Auseinandersetzung, die in einem literarischen Werk mit anerkannten Sinn- und Wertvorstellungen stattfindet, mit der Rolle verbunden ist, die man der Literatur innerhalb der Sinnordnung zuerteilt hat. Ein gewisser Spielraum der Abweichung, der zwischen den gesellschaftlich anerkannten und geltenden Normen und deren Wiedergabe in der Literatur auftritt, kann sogar ausdrücklich zum Charakter, ja zur Aufgabe der Kunst gehören. In vielen Gesellschaften ist es üblich, der Kunst, vor allem auch der Literatur, Distanz dem gegenüber zuzubilligen, was außerhalb von Kunst und Literatur unnachsichtig verteidigt wird. Die sogenannte künstlerische Freiheit, die man Kunstwerken gewährt und die Lebenswerte kritisch darstellt, beunruhigt nicht in jedem Falle. In Sachen Kunst und Literatur gestatten es sich viele Gesellschaften, wenigstens ein gewisses Maß an Toleranz zu zeigen, so daß im Kunstwerk erlaubt, was sonst so gut wie unmöglich ist. Eine nicht allzu große Unruhe, ein nicht allzu großes Nichteinverstandensein darf von Kunst und Literatur ausgehen. In der Regel findet die Gesellschaft auf die denkbaren Gefahren, die von dieser Unruhe ausgehen könnten, passende Antworten. Es gehöre nun einmal zum Charakter von Kunst und Künstlern, so heißt es dann zum Beispiel, die Welt etwas anders zu sehen als der durchschnittliche Bürger. Das sei durchaus nützlich und fruchtbar. Ein bißchen Risiko könne sich jede Gesellschaft leisten. Und bisweilen beschwichtigt man die für die Stabilität drohende Gefahr durch großzügige Staatspreise, die schwierige und aufsässige Künstler wieder zu honorablen Mitbürgern machen.

Andererseits liegen eben in dem zugestandenen kritischen Spielraum, der als der Literatur zugehörig angesehen wird, mögliche Keime für eine mißlingende Konkretisierung oder eine verweigerte Konkretisierung. Die Kritik des Werkes, seine Abweichung von der Sinnordnung kann so weit gehen, daß für den Leser unverletzbare Grenzen überschritten werden. So kann es geschehen, daß der Leser in dem Werk einen zu weit reichenden Angriff auf seine Sinnordnung erkennt und seine Lektüre aus Unwillen abbricht. Eigentlich bricht er die Lektüre ab, weil er über das Werk zur Konkretisierung einer Bedeutung gezwungen wird, die ihm nicht willkommen ist. In Fällen von Zensur, von Verboten von Literatur, ist häufig eine solche Situation der Ausgangspunkt. Zensoren halten für unzulässig, was Leser als Bedeutung konkretisieren könnten. Beim Einzelleser führt dies natürlich nicht zum Verbot, sondern allenfalls zur persönlichen Verurteilung. Hier kommt im übrigen zum erstenmal die Individualität des Lesers ins Spiel oder kann ins Spiel kommen. Die Konkretisierung innerhalb einer Sinnordnung, so haben wir gesehen, vollzieht sich zunächst unter kollektiv anerkannten Rahmenbedingungen. In dem Moment, da ein Werk von den vom Kollektiv konzedierten Freiheiten des kritischen Spielraums Gebrauch macht, wird es jedoch auch Sache des einzelnen Lesers, hierauf zu reagieren. Das Werk appelliert an seine persönliche Flexibilität hinsichtlich der dargestellten Gegebenheiten. Denn darin werden ja Aspekte der lebensweltlichen Ordnung des Lesers in Frage gestellt. Ist er bereit und in der Lage, darauf einzugehen? Will er das Werk verstehen und genießen, muß er bereit sein, Teile seiner Sinnordnung wenigstens zeitweise aus einiger Distanz zu betrachten. Er muß eine gewisse relativierende Einstellung gegenüber seiner Ordnung aufbringen. Das Werk fordert daher eine individuelle Lektüre. Und die ist wiederum nur möglich, wenn der Leser der festen Überzeugung ist – die in der Regel schon vor dem Beginn der Lektüre vorhanden sein muß –, herrschende Wirklichkeitsbilder und -modelle seien nicht in jeder Hinsicht definitiv, schlössen andere Perspektiven auf die Wirklichkeit nicht aus. Individuelle Konkretisierung verlangt daher einerseits literarische Werke, die mehr enthalten als die ausschließlich positive Nachbildung oder Darstellung des in den Sinnordnungen Enthaltenen. Sie verlangt andererseits auch ein individuelles Verhältnis des Lesers zu den Sinnordnungen.

Leser, die ein solches distanziertes Verhältnis zur Sinnordnung nicht haben, können gleichwohl zu einem positiven Leseresultat gelangen. Man kann über das kritische Potential eines Werkes „hinweglesen". Man kann ein Werk auch gegen dessen innere Tendenz konkretisieren. Man läßt zum Beispiel wesentliche Aspekte außer acht oder deutet sie so um, daß am Ende doch wieder eine Bedeutung entsteht, die den Erwartungen entspricht und die von der Sinnordnung gedeckt wird. Wir haben bereits am Beispiel von Kafkas *Verwandlung* gesehen, wie solche Methoden funktionieren. Auch die Beibehaltung einer eigentlich schon veralteten Konvention als Grundlage der Konkretisierung kann zu „Normalisierungen" führen. Bis heute gibt es zum Beispiel zahlreiche Leser und Zuschauer, die die Hauptgestalt in Bertolt Brechts Drama *Mutter Courage* als bemitleidenswertes Opfer des Dreißigjährigen Krieges sehen, nicht aber als eine Figur, die durch ihr Handeln und Denken zum kritischen Urteil an ihr selbst und an der Gesellschaft anleiten soll. Der Grund hierfür liegt sicher auch darin, daß man gewohnt ist, eine Frau, die sich mit dem Einsatz ihres Lebens in den Kriegsgreueln zu behaupten trachtet, in denen sie ihre drei Kinder verliert, nicht als schuldigen, sondern als unglücklichen Menschen zu begreifen. Eine derartige „Normalisierung", die eigentlich eine Verharmlosung oder Entschärfung ist, haben übrigens gerade Brechts Dramen wiederholt erleben müssen, und nicht nur durch Leser und Zuschauer. So ist auch die berühmte Verfilmung der *Dreigroschenoper* durch G. W. Pabst – gegen die Brecht zunächst sogar gerichtlich vorgegangen ist – eine solche Verharmlosung im gängigen Operettenstil, die dem Stück seinen kritischen Kern genommen hat, den Angriff auf bürgerliche Werte und Lebensideale.

Der relative kritische Spielraum, den manche literarische Werke hinsichtlich der Sinnordnungen ausnutzen, kann für einzelne Leser zur Ursache einer scheiternden, einer verfälschend-normalisierenden, auch einer verweigerten Konkretisierung werden. Im allgemeinen jedoch gefährdet dieser kritische Spielraum die Lektüre nicht grundsätzlich, da – wie gesagt – eine gewisse kritische Einstellung der Literatur gegenüber der Lebenswirklichkeit toleriert wird. Sie wird in der Regel als Bestandteil der fruchtbaren Rolle gesehen, die Kunst und Literatur zugeschrieben wird. Man kann darum mit derartigen Werken im Kollektiv der Gesellschaft durchaus sinnvoll und erfolgreich umgehen.

Anders verhält es sich, wenn der Angriff eines Werkes auf die Sinnordnung grundsätzlicher Art ist, wenn der Angriff gewissermaßen total wird. Es bedarf keiner ausführlichen Beweisführung, um zu verstehen, warum in solchen Fällen nicht nur das Kollektiv, sondern auch der Einzelleser mit Protest, Ablehnung und Unverständnis auf ein derartiges Werk reagiert.

Ähnlich und doch wieder anders ist die Situation, wenn im literarischen Werk Themen, Motive, Inhalte, Formen erscheinen, die nicht in früheren Werken anzutreffen sind, also nicht zur bekannten literarischen Tradition gehören, die aber auch nicht in den Sinnordnungen zu finden sind. Sie scheinen plötzlich aufzutauchen, gleichsam aus dem Nichts. Und doch scheint dem nur so. Das Paradoxe ist nämlich, daß solche Themen, Motive und Inhalte (häufig mit mehr oder weniger neuen und ungebräuchlichen Formen verbunden) in der Lebenswirklichkeit, im täglichen Leben durchaus existieren und darum Teil der praktischen Erfahrung des Lesers sein können. Sie sind ihm daher nicht prinzipiell unbekannt. Sie sind lediglich bis dahin nicht in der Literatur vorgekommen und auch nicht in die Sinnordnung integriert. Der Leser kann sie daher prinzipiell in den neuen Werken wiedererkennen.

Um diese auf den ersten Blick widersprüchliche und undurchsichtige Situation verstehen zu können, müssen wir nochmals auf die Sinnordnungen und ihre Rolle zurückkommen. Die Sinnordnungen haben wir als Modelle definiert, mit denen Gesellschaften ihre Wirklichkeit übersichtlich machen. Es sind Interpretationen der Wirklichkeit, die dieser Sinn verleihen. Die Realität wird dadurch beherrschbar. Und das wiederum bewirkt, daß die Mitglieder der Gesellschaft sich in ihrer Lebenswelt orientieren können. Das schließlich macht ein sinnvolles Funktionieren der Gesellschaft als Ganzes möglich.

Obwohl die Sinnordnungen beanspruchen, die gesamte Lebenswirklichkeit abzudecken, gelingt ihnen dies doch immer nur zum Teil. Es bleibt immer etwas, das ihnen unerreichbar ist. Darum gibt es auch immer Teile der Wirklichkeit, gelebte Realität, die von den Ordnungen nicht erfaßt werden. Und diese können natürlich durch die Literatur aufgegriffen, ja zur Basis der Werke gemacht werden. Dadurch entstehen Konflikte zwischen Literatur und Sinnordnung. Größere Konflikte entstehen allerdings dadurch, daß es zum Wesen der Sinnordnungen gehört, zu veralten. Auch sie sind ja Konventionen und damit historischer Veränderung unterworfen.

Wirklichkeit, Realität, in der man lebt, verändert sich fortwährend, das Leben gewinnt unablässig andere Werte und andere Gestalt. Zur bestehenden Wirklichkeit kommen stets neue Dimensionen hinzu. Diese neuen Dimensionen müssen in die herrschenden Sinnordnungen eingebracht werden, beziehungsweise die Ordnungen müssen sich verändern oder sich ihnen anpassen. Das geschieht im besten Fall mit gewisser Verspätung, häufig aber auch nur zum Teil oder gar nicht. Sinnordnungen neigen zunächst dazu, das Neue, das in ihnen nicht oder noch nicht Aufgenommene abzuwehren, zu leugnen. Es ist daher eine vollkommen normale Situation, daß es zwischen herrschenden Sinnordnungen, nach denen das Leben geregelt wird, und der tatsächlich erlebten Realität Lücken gibt, Widersprüche und Gegensätze. Die Sinnordnungen hinken eigentlich immer hinter der tatsächlichen Wirklichkeit her. Die Regeln, *nach* denen wir leben, entsprechen nur zum Teil der Wirklichkeit, *in* der wir leben. Zu einer ausgearbeiteten Sinnordnung gehört zum Beispiel auch ein ausformuliertes und festgelegtes Rechtssystem, das eine anwendbare Rechtsprechung garantiert. Jeder aber weiß, daß viele Gesetze, die der konkreten Rechtsprechung zugrundeliegen, veraltet sein können, darum der Wirklichkeit nicht mehr gerecht werden und daher auch die Konflikte, die sie lösen oder gar verhindern sollen, nicht lösen oder verhindern können. So hat etwa auch die heute in vielen Ländern geführte schwierige und zum Teil heftige Diskussion über die Zulässigkeit von Sterbehilfe ihre Ursache darin, daß durch die Fortschritte der Medizin eine genaue Festlegung des Zeitpunktes des eingetretenen Todes problematisch geworden ist. Die Todesdefinition, wie sie in den überlieferten Sinnordnungen gegeben ist, erscheint der tatsächlichen Wirklichkeit gegenüber als unangemessen. Auf diese Weise ist die praktisch gelebte Wirklichkeit immer eine mindestens graduell andere als die von den Sinnordnungen festgelegte und anerkannte. Im Leben ereignet sich darum vieles, was eigentlich – ginge es ausschließlich nach den Sinnordnungen – nicht geschehen dürfte. Sinnordnungen enthalten immer Defizite.

Es macht den Charakter literarischer Werke in allen Zeiten aus, in besonders hohem Grade jedoch in moderner Zeit, solche Defizite aufzugreifen und dadurch ausdrücklich auf die Widersprüche zwischen Sinnordnung und tatsächlicher Realität einzugehen. Sie bringen zur Darstellung, was von den Sinnordnungen ausgeschlossen wird.

Nicht immer ist klar zu entscheiden, ob zur Darstellung gebracht wird, was verkannt oder ausgeschlossen wird oder was nur nicht akzeptiert ist. Im letzten Fall gibt es ebenfalls Widersprüche zwischen Sinnordnung und Literatur. Doch handelt es sich hierbei um bekannte Widersprüche, die beinahe noch in den oben beschriebenen kritischen Spielraum der Literatur gehören können. Derartige Widersprüche und ihre Darstellung in der Literatur brauchen nicht notwendigerweise zu Schwierigkeiten bei der Konkretisierung zu führen. Sie können sogar noch ein kollektives Verstehen möglich machen. Shakespeares Liebestragödie *Romeo und Julia* kann das zeigen. Im Zeitalter Shakespeares, zur Zeit der Regierung der Königin Elisabeth,

enthielt die allgemein anerkannte, christlich fundierte Sinnordnung strenge Strafen für die außer- oder voreheliche Liebe.
Man bestrafte sie nicht nur, sondern behauptete auch, daß diejenigen, die den Geboten der ehelichen Liebe zuwiderhandel-
ten, unglücklich werden müßten. Diese Auffassung hat auch
die literarische Gestaltung des Romeo und Julia-Stoffes mitgeprägt. Einer von Shakespeares Vorgängern, Arthur Brooke,
behandelte den Stoff in diesem Sinne in einem Versepos. Er
stellte dem eigentlichen Werk sogar ein Vorwort voran, in dem
er jungen Leuten das Schicksal der beiden Liebenden als war-
nendes Beispiel vor Augen hielt: Ihr Tod sei die notwendige
Folge der unerlaubten Liebe. Auch Shakespeare genügt formal
in seiner Tragödie den offiziellen Moralforderungen seiner
Zeit, auch bei ihm müssen Romeo und Julia sterben. Zugleich
jedoch wird die strenge Moralauffassung durch die Art der
Darstellung untergraben. Denn im Zentrum des Dramas steht
die Verherrlichung der Liebe. Sie erscheint als reine und
schöne Leidenschaft. Die Liebenden werden der scheinbar vernünftigen, aber lieblosen Umwelt als die eigentlich Begnadeten
und Beschenkten gegenübergestellt, die in der Liebe die
wesentliche Beglückung des Lebens erfahren. Die positive
Kraft dieser Liebe reicht sogar über den Tod hinaus: Über den
Leichnamen Romeos und Julias versöhnen sich ihre lange ver-
feindeten Familien.

In Shakespeares Drama wird ein Widerspruch thematisiert,
den jeder der Zeitgenossen kennen konnte. Die Tragödie relativiert die Einseitigkeit moralischer Urteile, ohne die grundsätzliche Geltung der herrschenden Sinnordnung zu bestreiten.
Darum konnte das Werk sogar die Zustimmung des Kollektivs
finden. Die Tragödie ist von der Sinnordnung her zugänglich,
auch wenn sie an deren Dogmatismus rüttelt.

Schwieriger wird es für den Leser, ja es entstehen für ihn
scheinbar unüberwindliche Schwierigkeiten, wenn Literatur
auf Widersprüche und Abweichungen eingeht, die keine kollektive Basis wie bei Shakespeare besitzen: wenn Literatur
nicht nur die Normenwelt einer Sinnordnung angreift, sondern
zur Darstellung bringt, was außerhalb der Ordnung liegt;

wenn Literatur den Wert der Sinnordnungen überhaupt verwirft. Literarische Werke, die so verfahren, brechen in der Regel überdies resolut mit der literarischen Tradition, so daß der Leser sich sowohl rätselhaften Formen als auch ungeläufigen Inhalten gegenübersieht. Die Werke rufen etwas auf, richten sich auf etwas, das jenseits der Sinnordnung und der Leseerfahrung liegt. Sie behandeln Fremdes, werden selbst gewissermaßen fremd und entziehen sich so dem Zugriff von der Sinnordnung her. Sie fordern vom Leser andere als die gewohnten und bewährten Konkretisierungsmethoden. Er muß sich in Unbekanntes vorwagen, die erprobten, kollektiv fundierten Konkretisierungswege verlassen. Sie nämlich reichen nicht mehr zu, das Neue, das Fremde zu erfassen. Die vertrauten Zeichen und Formen können nicht länger mit erwartbaren Bedeutungen verbunden werden, und das Ganze der Bedeutungen läßt sich nicht mit den früheren Leseerfahrungen in Einklang bringen.

Der Leser kann auf solche Werke unterschiedlich reagieren. Er kann sie ablehnen, weil sie den Erwartungen nicht entsprechen, mit denen er Literatur entgegentritt. Eine derartige Reaktion verbindet sich häufig mit dem Urteil, die betreffenden Werke seien keine Kunstwerke. Der Leser kann auch bei seinem Konkretisierungsversuch scheitern. Seine Lektüre mißlingt, weil er keinen Weg findet, das Fremde, das Unvertraute zu meistern. In diesem Falle hat er das Werk nicht verstanden. Auch jetzt wird die mißglückte Konkretisierung nicht selten mit einem negativen Urteil über den Kunstwert des Werkes verknüpft.

Natürlich aber ist auch eine erfolgreiche Konkretisierung möglich. Sie allerdings kann nur als eine ausschließlich individuelle gelingen. Denn auf die vom Kollektiv vertretenen Verfahren und Methoden kann man nicht mehr zurückgreifen, sie werden ja gerade vom Werk negiert. Der Leser muß vielmehr bereit sein, sich auf die Unsicherheiten einzulassen, denen er während der Konkretisierung begegnet. Und das wiederum kann er nur, wenn er auch bereit ist, die Normen und Werte seiner Sinnordnung als Richtschnur außer Kraft zu setzen, wenigstens für die Dauer seiner Lektüre. Er muß sich freimachen von seinen lebensweltlichen Überzeugungen. Er muß das Abenteuer des Unbekannten, das Abenteuer der Ungewißheit auf sich nehmen wollen.

Unter diesen Bedingungen führt die Konkretisierung nicht mehr zu einem kritischen oder bestätigenden Ausgleich zwischen Sinnordnung und konkretisierter Bedeutung des Werkes. Die Tätigkeit des Lesens büßt ihre frühere Zielrichtung ein, nämlich das literarische Werk als Beitrag zur Erhellung des Bekannten zu verstehen, in ihm sozusagen gespeichertes kollektives Wissen (wieder) zu erkennen. Das Werk nötigt den Leser vielmehr, den Blick vom Werk geradezu wegzulenken und auf die Wirklichkeit, auf die Lebenswirklichkeit und die mit ihr verbundenen Überzeugungen hinzulenken. Die bewährten Verfahren der Konkretisierung, die ja aus der Lebenswirklichkeit abgeleitet sind, versagen. Will der Leser seine Lektüre nicht aufgeben, dann sieht er sich gezwungen, eben diese Verfahren kritisch zu prüfen, sich zu fragen, warum sie versagen. Er gerät so in einen Zustand der Sinnsuche, die nicht mehr nur dem Werk gilt, sondern eben auch seiner lebensweltlichen Realität. Was bislang selbstverständliche Gewißheit verbürgte, wird nun problematisch. Was der Ausgangspunkt aller Konkretisierung war, muß nun erst geschaffen werden. Der Leser muß eigentlich seine eigene Sinnordnung entwerfen, die ihm die Möglichkeit zur literarischen Konkretisierung eröffnen kann. Was bislang vor der Lektüre gegeben war, muß jetzt erst begründet werden.

Lesen wird auf diese Weise zu einer einsamen Entdeckungsreise, auf der man sich selbst und seine Gewißheiten aufs Spiel setzt. Und dies ist die Lesesituation vor allem des Lesers im 20. Jahrhundert. Literatur und Kunst der Moderne haben hinter sich gelassen, was früher ihre fraglose Funktion war: den Leser zu vergnügen und in seiner Lebenswelt sicherer zu machen. Die moderne Literatur verfolgt geradezu gegensätzliche Ziele. Sie will den Leser verunsichern. Dort, wo der Leser dennoch eine erfolgreiche Konkretisierung vollbringt, vollbringt er eine eigene, eine persönliche und individuelle Leistung, man könnte auch sagen, eine private Leistung. Wenn früher der Konkretisierungsakt und sein Ergebnis in ein kollektiv anerkanntes und gerechtfertigtes Verstehen von Wirklichkeit und Literatur eingebettet werden konnte, so gibt es nun ein Aufgehobensein in einer sozialen Gemeinsamkeit des Lesens nicht mehr. An die Stelle des kollektiven Lesens ist das streng individuelle getreten.

Eine individuelle Reaktion auf Kunst und Literatur wird vom Leser des 20. Jahrhunderts auch noch in anderer Hinsicht verlangt. Nicht nur die Literatur hat sich ihrem Wesen nach, in dem, was sie darstellt und als Thema behandelt, gegenüber früheren Zeiten grundlegend verändert. Auch die Lebenswelt des Lesers ist eine gänzlich andere geworden. Damit meinen wir nicht nur die Veränderungen, die durch Wissenschaft und Technik hervorgerufen wurden. Damit ist in erster Linie der Verlust an Macht und Geltung gemeint, den die Sinnordnungen als umfassende Wirklichkeitsmodelle erlitten haben. Vor wenigen Jahren war die ganze Welt Zeuge, wie eine der letzten großen Sinnordnungen, der Marxismus-Leninismus, zusammengebrochen ist. Nicht alle Sinnordnungen sind auf diese dramatische Weise untergegangen. Viele existieren noch, aber ausnahmslos alle haben ihre dominierende Geltung eingebüßt. Die Zeitalter der großen Ideologien sind vorbei. Auch etwa der Glaube an die Segnungen von Wissenschaft und Technik, der Glaube an den unendlichen Fortschritt, der das Lebensgefühl zahlloser Menschen des 20. Jahrhunderts bestimmt hat, ist zweifelhaft geworden. Der Mensch des 20. Jahrhunderts wird nicht mehr in überpersönliche, von allen oder vielen anerkannte und in der Lebenspraxis wie selbstverständlich angewandte Sinnordnungen geboren, die ihm Orientierung, ja Geborgenheit bieten. Der Mensch des 20. Jahrhunderts lebt vielmehr in einer Art Durcheinander von sich anbietenden alten (geschwächten) Sinnordnungen und zugleich zahlreichen neuen, die sämtlich miteinander konkurrieren. Man wächst nicht mehr in ein oder zwei Ordnungen hinein, denen man sich anvertrauen kann. Man muß vielmehr in dem Wirrwarr verschiedener Ordnungen wählen. Keine von ihnen kann einen

Alleinanspruch auf Gültigkeit erheben, keine allein struktu-
riert unsere Wirklichkeit. Von jedem Menschen wird verlangt,
daß er sich entscheidet, sich für eine Ordnung entscheidet.
Auch hier, jenseits der Kunst und Literatur, wird von jedem
einzelnen eine individuelle Leistung gefordert.

Der Leser befindet sich in einer doppelt schwierigen Lage.
Die Literatur ist verändert, die Wirklichkeit ist es nicht weniger. Man kann kaum noch entscheiden, an welche Ordnung
die Werke appellieren könnten, und man weiß nicht, von welchem Wirklichkeitsmodell aus die Konkretisierung einzuset-
zen hat. Der Leser muß eine Verbindung zwischen Literatur
und Wirklichkeit selbst herstellen, er muß sie schaffen. Eine
kollektive Konkretisierung ist so gut wie unmöglich geworden.

Die erschwerte Lesesituation hat auch zur Folge, daß eine
Verständigung über das Gelesene immer schwieriger geworden
ist. Was der einzelne Leser „verstanden" hat, was alle einzelnen Leser jeweils „verstanden" haben, bleibt immer das Verständnis der einzelnen, kann nicht mehr in ein gemeinsames
Verstehen überführt werden. Kollektiv bleiben die Werke
„unverstanden". Lesen ist nicht mehr die Suche nach einer
Werkbedeutung, einer Bedeutung, die im Werk gewissermaßen
„verborgen" ist, einer Bedeutung darüber hinaus, die auch für
andere akzeptabel sein muß. Das Suchen nach Bedeutung muß
durch das Schaffen von Bedeutung ersetzt werden. Und die
Aufgabe des „unverstandenen" Kunstwerks ist es nicht mehr,
die Art und Weise des Schaffens von Bedeutung durch die Bedeutung, die im Werk erkannt wird, zu rechtfertigen. Es gibt
keine Bedeutung mehr, die zum gemeinschaftlichen, zum kollektiven Besitz werden könnte. Die Funktion des „unverstandenen" Kunstwerks besteht darin, den Leser zu stets neuen
Sinn- und Bedeutungssetzungen anzuspornen und ihm die
Befriedigung über erreichte Bedeutungen vorzuenthalten. Das
„unverstandene" Kunstwerk fordert den Leser auf, sich seiner
Sinn- und Bedeutungssetzungen bewußt zu werden, sowohl
derer, die er im Umgang mit Literatur vornimmt, als auch
derer, die er in seinem täglichen Leben anwendet. Geht er auf
die Forderungen ein, die die Literatur an ihn richtet, muß er

über seine Sinnordnung kritisch reflektieren. Er muß nachdenken über deren Notwendigkeit (niemand kann ohne irgendeine Sinnordnung leben), über deren Stärken und Schwächen, vor allem aber über deren Vorläufigkeit.

Hierdurch sollte allerdings nicht der Eindruck entstehen, als ob Lesen heute ausschließlich Mühe und Anstrengung kostete, als ob moderne Literatur von ihrem Leser nur noch kritischen und selbstkritischen Einsatz verlangte, der keine rechte Lesefreude mehr aufkommen ließe. Dem von der modernen Literatur zweifellos geforderten intellektuellen Einsatz stehen die große Freiheit und Selbständigkeit gegenüber, die diese Literatur gewährt. Die moderne Literatur wendet sich an einen mündigen Leser, der sich nicht mehr vorgezeichneten Bahnen anpassen muß. Er darf, kann und soll seiner eigenen Individualität folgen. Er darf sich Kunst und Literatur auf seine persönliche Weise zueignen. Er braucht seine Leseresultate nicht an gegebenen gesellschaftlichen oder kulturellen Normen zu messen. Die Mühe, die er aufbringen muß, wird durch den Gewinn des selbständigen Umgangs mit Werken der Kunst reichlich kompensiert.

Hiermit ist – wenngleich zugespitzt – die Situation des Lesers moderner Literatur beschrieben. Wenigstens in Umrissen wird daraus ersichtlich geworden sein, warum dieser Leser Schwierigkeiten mit dieser Literatur haben kann und haben muß, warum er meint, viele Werke nicht „verstehen" zu können. Bis es zu dieser Situation kam, bedurfte es jedoch langfristiger Entwicklungen und eingreifender Veränderungen sowohl in der Literatur als auch in der Gesellschaft. Sie sollen in den nächsten Kapiteln in einigen ihrer Grundlinien skizziert werden.

2. Wie es früher war

Von der Gleichzeitigkeit des Ungleichzeitigen

Wenn man, wie wir es in den folgenden zwei Kapiteln vorhaben, geschichtliche Entwicklungen und Veränderungen beschreiben will, dann gerät man leicht in Gefahr, diese Entwicklungen und Veränderungen in bestimmter Perspektive darzustellen. Man neigt dazu, sie als zweckgerichtete Bewegungen zu verstehen, so, als strebten sie von vornherein auf bestimmte Ziele zu. Man darf jedoch geschichtlichen Wandel nie so begreifen, als vollzöge er sich mit dem Blick auf das Spätere, auf das erst Zukünftige. Das Neue, das durch geschichtlichen Wandel eingeleitet wird, löst das Alte nie in gradliniger Folge oder gar abrupt ab. Jeder einzelne Zeitpunkt in der Geschichte ist dadurch gekennzeichnet, daß in ihm Altes neben Neuem weiterexistiert, daß es vom Alten zum Neuen verschiedenartige Übergänge gibt, daß beide sich vielfältig überschneiden. Schon die Tatsache, daß zu jedem Zeitpunkt gleichzeitig mehrere Menschengenerationen leben, gibt an, daß Altes neben Neuem steht. Die verschiedenen Generationen orientieren sich in der Regel an unterschiedlich alten Sinnordnungen, so daß auch diese nebeneinander bestehenbleiben. In jeder Zeit lebt weiter, was aus früheren Epochen stammt. Dieses aus vergangenen Zeiten überlieferte ist darum gleichzeitig mit dem, was in einer Gegenwart neu entsteht. Es ist mit diesem jedoch auch ungleichzeitig, weil seine Herkunft in der Vergangenheit liegt. Man spricht darum von der Gleichzeitigkeit des Ungleichzeitigen, die jeden historischen Zeitpunkt und jede historische Epoche prägt.

Diese Gleichzeitigkeit des Ungleichzeitigen charakterisiert auch nachhaltig die Situation der Literatur und die Lesegewohnheiten im 20. Jahrhundert. Neben den modernen Werken, die in ihrer eigenen Zeit und nach den Prinzipien ihrer eigenen Zeit entstehen, gibt es andere, die zwar gleichzeitig entstehen, die aber noch den Prinzipien früherer Epochen folgen. Und es gibt Leser, die traditionelle (kollektive) Lesehaltungen einnehmen, mit denen sie auch die eigentlich modernen Werke zu lesen versuchen, während andere Leser ihre Lesetechniken den modernen Erfordernissen angepaßt haben. So wenig wie literarische Traditionen zu bestimmten Zeitpunkten plötzlich und gänzlich verschwinden, so wenig werden einmal praktizierte Leseformen schlagartig aufgegeben. Gerade für das 20. Jahrhundert kann man wie für kein anderes ein buntes Neben- und Durcheinander von literarischen Formen und Formen des Lesens feststellen.

Was für jede einzelne historische Periode gilt, gilt auch für die geschichtlichen Veränderungen selbst. Auch sie vollziehen sich selten oder nie sprunghaft, nicht so, daß das Frühere plötzlich und vollständig durch das Neue abgelöst wird. Darum auch ist es unmöglich, ein Datum zu nennen, an dem genau etwa die moderne Literatur entstanden ist. Auch ihre Entstehung ist ein langwieriger Prozeß, der keineswegs gradlinig verläuft. Er stellt eher ein Bündel verschiedener Entwicklungsstränge dar, die sich überlagern, manchmal sogar widersprechen. Aus diesem Bündel kristallisiert sich langsam das Phänomen der modernen Literatur heraus. Deshalb aber kann der Blick auf diesen Prozeß das Verständnis der modernen Literatur fördern. Denn man kann dasjenige nun einmal besser begreifen, dessen Entstehungsgeschichte man kennt.

Wir wollen uns in diesem Kapitel mit einer bestimmten Periode aus der Geschichte und Kulturgeschichte näher beschäftigen. Es ist eine Epoche, in welcher Literatur und Lesen noch gemeinsam von einer bestimmten Sinnordnung ausgehen, die in dieser Zeit deutlich dominiert. Damit wollen wir ein Gegenbild zum 20. Jahrhundert zeichnen, in dem es die Vorherrschaft einer einzigen Sinnordnung nicht mehr gibt. Wir werden dann im nächsten Kapitel in groben Zügen den Weg beschreiben, der von dieser noch einheitlichen Epoche zur verwirrenden Situation in unserem Jahrhundert geführt hat.

Die Periode, die wir als Gegenbild der modernen Zeit betrachten wollen, ist das 18. Jahrhundert, genauer: derjenige Abschnitt des 18. Jahrhunderts, der mit dem Namen *Aufklärung* bezeichnet wird.

Wir haben gesagt, in jeder Periode der Geschichte ist die Situation der Gleichzeitigkeit des Ungleichzeitigen gegeben. Das trifft natürlich auch auf das 18. Jahrhundert zu, und auch auf die Phase der Aufklärung. Auch hier gibt es verschiedene und verschiedenartige Strömungen und Entwicklungen nebeneinander. Im Zusammenhang unserer Darlegungen können wir nicht auf alle diese Strömungen und Entwicklungen im einzelnen eingehen. Es geht uns ja auch nicht darum, ein Bild der Epoche wiederzugeben, das historisch in jeder Hinsicht exakt ist. Wir müssen daher in Kauf nehmen, nur bestimmte Akzente zu setzen, bis zu einem gewissen Grade unvollständig zu sein und manches zu stilisieren. Auch daß wir die Aufklärung als eine gesamteuropäische Erscheinung behandeln, ohne Unterschiede zwischen den verschiedenen europäischen Nationen zu machen, schließt eine gewisse Vereinfachung ein. Denn in Deutschland, England und Frankreich hat sich die Aufklärung nicht überall in gleicher Form und gleicher Intensität manifestiert, trotz aller Übereinstimmungen, die ganz ohne Zweifel bestehen. Und wenn wir später zeigen werden, wie gegen Ende des 18. Jahrhunderts die dominierende Sinnordnung der Aufklärung ihre Geltung verliert, dann ist auch das wiederum ein Wandel, der nicht plötzlich und jäh eintritt. Auch er wird langsam vorbereitet. Wie selbstverständlich auch vorher die Herrschaft der einen Sinnordnung nicht absolut ist. Neben ihr gibt es andere, sie bekämpfende oder doch mindestens von ihr abweichende.

Dennoch, in der Zeit der Aufklärung, also ungefähr zwischen 1700 und 1750, ist es eine bestimmte Sinnordnung, die alle anderen an Einfluß unmißkennbar überragt. Sie konturiert deutlich die Literatur, aber auch die Weise, in der Leser mit Literatur umzugehen haben. Darum haben wir diese Periode für unsere Demonstration gewählt. Wir haben sie außerdem gewählt, weil sie die letzte in der Geschichte ist, in der eine einzelne Sinnordnung eine derartige Macht besitzt. Die Aufklärung ist die letzte Epoche, in der man eine Literatur antrifft, die kollektiv begründet und akzeptiert wird. Hier kann man beobachten, wie Literatur und Gesellschaft durch eine einzige Sinnordnung verbunden sind, wie man zumindest versucht hat, Literatur und Gesellschaft mit Hilfe dieser einen Sinnordnung miteinander in Übereinstimmung zu bringen. Die Literatur wird auf die Sinnordnung hin ausgerichtet, erhält von ihr ihre Rechtfertigung, und ebenso erfolgt die Aufnahme der einzelnen Werke von dieser Sinnordnung aus. Beides wird als aktiver Beitrag zur Profilierung einer gewünschten gesellschaftlichen Realität verstanden.

Mit dem Ende der Aufklärung ist dann auch das Ende der letzten kollektiven Situation des literarischen Lebens eingetreten. Mit dem Ende der Aufklärung wird der Weg frei, der vom verstandenen zum unverstandenen Kunstwerk führen wird.

Die Sinnordnung des 18. Jahrhunderts

Die Grundlagen der im 18. Jahrhundert vorherrschenden Sinnordnung werden bereits im 17. Jahrhundert gelegt. Es sind vor allem die naturwissenschaftlich-mathematischen Erkenntnismethoden, wie sie in den Werken von Isaac Newton und René Descartes ihren deutlichsten Ausdruck gefunden haben, die ihren Einfluß bis weit in das folgende Jahrhundert behalten. Sowohl für den englischen Naturwissenschaftler und Mathematiker Newton als auch für den französischen Philosophen Descartes verbürgt die Vernunft, deren richtiger und systematischer Einsatz, die Zuverlässigkeit gewonnener Erkenntnisse. Die Vernunft ermöglicht Zergliederungen und Klassifizierungen und von diesen aus wiederum neue Zusammensetzungen. Mit solchem logischen Vorgehen glaubt man dem Wesen der Dinge näherzukommen. Über die Vernunft kann man zur Erkenntnis einer übergreifenden Ordnung gelangen, die in allen Dingen und Erscheinungen anwesend ist und die einen verborgenen oder offensichtlichen Sinn besitzt.

Berühmt ist Descartes' vom logischen Denken her erfolgter Beweis dafür, daß er überhaupt existiere: cogito, ergo sum (ich denke, also bin ich).

Die logisch-naturwissenschaftliche Erkenntnismethode führt zu einer Faszination durch Zahlen, durch Quantifizierungen, durch die Logik der Mathematik. Sie greift im Laufe der ersten Hälfte des 18. Jahrhunderts auf alle Lebensbereiche über. Ihr verfallen Theologen, Philosophen, Literaten, aber auch Staats- und Volkswirtschaftler, Pädagogen und Juristen. Entscheidend für die wachsende Macht der Rationalität ist nicht nur die durch sie gebotene Möglichkeit, die Lebensrealität und -erfahrung auf mathematisch-naturwissenschaftlichem Wege adäquat zu erfassen, entscheidend ist darüber hinaus die damit verknüpfte Erkenntnis und Überzeugung, daß die so verfahrende Welterfassung vom Wesen der Welt gerechtfertigt, ja gefordert werde. Je konsequenter und systematischer man die eingeschlagene Richtung verfolge, desto deutlicher werde sich die Welt als eine einzige große Ordnung zu erkennen geben. Denn sie ist nach festen Regeln und Gesetzen eingerichtet, die bis in die kleinsten Einzelheiten reichen. Diese Ordnung, die überall verwirklicht ist, verweist zudem notwendig auf einen Schöpfer, auf Gott, der allein für eine derartige ausgewogene Harmonie des Weltganzen verantwortlich sein könne. Der große Newton selbst hatte in seinen *Mathematischen Prinzipien natürlicher Philosophie* aus dem Jahre 1687 behauptet, das „unglaublich schöne System der Sonne, Planeten und Kometen" könne nur das Werk eines „intelligenten und mächtigen Wesens" sein.

In diesen und anderen, ähnlichen, Worten Newtons wird der Grundstein für die sogenannte Physiko-Theologie geschaffen, einer besonders in England blühenden Richtung der Theologie, nach der das Dasein Gottes aus der Zweckmäßigkeit der Natur bewiesen werden könne. Gegen Ende des Jahrhunderts ist es dann Immanuel Kant, der sich anschickt, diesen Gottesbeweis zu widerlegen. Doch daß die Ordnung und Zweckmäßigkeit der Natur zum Beweise der Existenz Gottes dient, ist keineswegs die einzige positive Folgerung. Ihre eigentliche Kraft und umfassende Bedeutung gewinnen Ordnung, Zweckmäßigkeit und Harmonie erst dadurch, daß sie gleichsam zu jeder Zeit, weil mit Hilfe der untrüglichen Vernunft, wahrnehmbar sind und daß diese Ordnung selbst ein Hort des Sinns und der Bedeutung ist, die Quelle des Sinns des Lebens und der Welt überhaupt. Die Erkenntnis vorhandener, die Beschreibung zu entdeckender und die Erfahrung gestifteter Ordnung werden zu den Bausteinen eines großen Sinngebäudes, in dem alles zusammenzufassen ist. Sie garantieren Wahrheit und Qualität einer guten, aus der Sicht des Menschen stets zu verbessernden Welt. Die zahllosen Klassifizierungen, die man jetzt auf allen Wissensgebieten vornimmt – berühmt werden vor allem die systematischen Klassifizierungen in Botanik und Zoologie von Karl von Linné –, entspringen der Überzeugung, in derartigen systematischen Inventarisierungen spiegele sich der eigentliche Weltzusammenhang. Sie sind nicht als bloße Aufzählungen und Bestandsaufnahmen dessen gemeint, was vorhanden ist, sondern immer auch als Enthüllungen der überall herrschenden Regelmäßigkeiten, der alles tragenden gesetzmäßigen Verbindungen. Man gerät dadurch in eine Art Rausch über die zunehmend größer werdende Durchsichtigkeit der Weltstrukturen, die endgültig und für immer zu entdecken man nun sicher ist.

Gesteigert wird der Enthusiasmus über die wahrgenommene Ordnung, die allen Erscheinungen zugrundeliegt, durch die Fähigkeit der Vernunft, diese Ordnung nicht nur zu erkennen, sondern auch selbst zu ihrer Schaffung und Festigung beitragen zu können.

Erst nach 1750 verliert die Vernunft als „erleuchtende", als „aufklärende" Kraft ihre Vormachtstellung und muß mit anderen menschlichen Erkenntniskräften konkurrieren. Bis dahin aber ist ihre Autorität so gut wie unangefochten. „Vernunft", „raison", „reason" sind und bleiben Schlüsselbegriffe in der Philosophie, in der Theologie, in der Kunstlehre, aber auch in allen praktischen Wissenschaften.

Ihren höchsten Wert erhält die Vernunft in der Philosophie von Gottfried Wilhelm Leibniz (1646–1716), dessen Schriften den stärksten Einfluß auf das Denken des Jahrhunderts ausüben. Für Leibniz ist die Vernunft mehr als ein nur menschliches Erkenntnisinstrument. Gott selbst ist die oberste und höchste, die vollkommene Vernunft. Alle mit der Vernunft verknüpften Eigenschaften bilden daher die wirklichen Grundlagen für alles, was ist. Der menschlichen Vernunft ist es aufgegeben, sich so weit wie möglich zu vervollkommnen und sich dadurch der göttlichen anzunähern. Wenn sich der Mensch hierum bemüht, wird er mit der wachsenden Einsicht in die durch Gottes Vernunft geschaffene Ordnung belohnt werden. Weil Gottes schöpferische Vernunft hinter allen Dingen steht, braucht sich der Mensch durch Widersprüche und Dunkelheiten, denen er im Leben begegnet, nicht irritieren zu lassen. Solche Widersprüche und Dunkelheiten sind lediglich Oberflächenerscheinungen, nicht repräsentativ für den wahren Zustand der Welt, denn „was wir davon sehen können, ist kein genügend großes Stück, als daß wir die Schönheit und Ordnung des Ganzen daraus erkennen könnten", wie es in einer von Leibniz' Schriften heißt. Leibniz unterscheidet darum die Wahrheiten der Vernunft von den Wahrheiten der Tatsachen. Die Vernunftwahrheiten sind ewige Wahrheiten, weil sie aufgrund unveränderbarer Gesetze zustandekommen. Sie sind notwendig. Die Wahrheiten der Tatsachen werden hingegen aus Erfahrungen gewonnen, aus dem Umgang mit der gebrechlichen Wirklichkeit. Sie sind deshalb unzuverlässig, sie könnten auch anders sein und sind darum zufällig. Den Vernunftwahrheiten gebührt darum der unbedingte Vorrang vor den Tatsachenwahrheiten. Man könnte auch sagen, daß das, was tatsächlich geschieht, nie ein Argument gegen die gute Einrichtung der Welt sein kann. Gott hat in seiner Allgüte und Allweisheit die beste aller möglichen Welten geschaffen.

Der Glaube an die Vernunft ist unbegrenzt. Nach 1750 wird sich gerade diese vorbehaltlose Vorrangstellung einer überzeitlich gedachten Vernunftordnung als die schwache Stelle in der Sinnordnung erweisen. Die Erfahrung des alltäglichen Lebens, die Erfahrung geschichtlicher Wirklichkeit, in der der Mensch in Leid und Schmerz leben muß, einer Wirklichkeit, die weit

entfernt von der besten aller möglichen Welten ist, untermi-
niert die optimistische Überzeugung von der fraglos gut eingerichteten Welt. Auf die Dauer kann man sich nicht damit
abfinden, daß Leid und Unglück lediglich vordergründige Erscheinungen sein sollen, die der Mensch standhaft zu ignorie-
ren habe oder tapfer und unentmutigt zu überwinden sich an-
strengen müsse.

Zunächst aber bleiben Vernunft und Ordnung die herrschenden Kategorien, die als die wesentlichen Fundamente der
Natur und des Lebens betrachtet werden. Die Ordnung, die man
überall erkennt, ist nun nicht nur vernünftig und zweckmäßig,
sie ist zudem schön. Schönheit ist die Folge und zugleich die
Eigenschaft des Ordnungsgefüges. Sie offenbart sich als Sym-
metrie und Harmonie, als Regelmäßigkeit, in Korrespondenzen
und Proportionen, in Zusammenhängen und Abhängigkeiten,
sie bekundet sich in Zahlen- und Maßverhältnissen, sie ist
Ausdruck der überall vorhandenen Regeln und Gesetze. Diese
wirken auch dort, wo eine scheinbar unzusammenhängende
Vielfalt anzutreffen ist. Auch hinter solcher Vielfalt verbirgt
sich das Einheit stiftende Prinzip der schönen Ordnung.

Die Schönheit der Ordnung ist im übrigen dem menschlichen Geist als Idee und Vorstellung eingeboren, so daß der
Mensch ein natürliches Verlangen nach dieser Schönheit besitzt. Er kann deshalb auch auf angemessene Weise die harmonische Weltschöpfung bewundern, in der alles und jedes
seinen ihm zukommenden Platz einnimmt und die ihm zuge-
dachte Aufgabe erfüllt. Nichts in diesem perfekten System ist
überflüssig. Der deutsche Philosoph Christian Wolff (1679–
1754), der die Ideen von Leibniz popularisiert, kann daher das
Universum als eine große Weltmaschine beschreiben, „weil die
Vollkommenheit der Welt aus der Übereinstimmung aller
Dinge, von dem größten bis zu dem kleinsten, sie mögen ent-
weder zugleich sein oder aufeinander folgen, beurteilt werden
muß". Sein Schüler Johann Christoph Gottsched (1700–1766)
nimmt in seinem philosophischen Werk *Weltweisheit* das Bild
von der Weltmaschine wieder auf und spitzt es zugleich auf
das rein mechanische Bild eines Uhrwerks zu.

Weil die Welt eine Maschine ist; so hat sie soweit mit einer Uhr eine Ähnlichkeit: Und wir können uns daher zur Erläuterung hier im kleinen dasjenige deutlicher vorstellen, was dort im großen stattfindet. Die Räder der Uhr stellen die Teile der Welt vor, die Bewegungen des Zeigers aber die Begebenheiten und Veränderungen in der Welt. Wie nun in der Uhr alle Stellungen der Räder und des Zeigers von der innern Einrichtung, Figur, Größe und Zusammensetzung aller ihrer Teile nach den Regeln der Bewegung erfolgen: So tragen sich auch in der Welt alle Begebenheiten zu.

Die Folgerung aus dem allem lautet, daß der Mensch dann seine irdische Bestimmung erreicht und ihr genügt, wenn er seiner eigenen inneren Ordnungskraft und Schönheitsfähigkeit inne wird. Aufklärung heißt darum wesentlich Aufklärung über dieses innere Prinzip, das den Menschen wie die Welt regiert. Aufklärung bedeutet, den Menschen zur Erkenntnis der Ordnung führen. Durch Erkenntnis und Erlebnis der zweckmäßigen und darum schönen Ordnung in der Welt kann der Mensch zur notwendigen Entscheidung zur Ordnung innerhalb seines Lebens und seiner Überzeugungen gebracht werden. Exemplarisches Vorbild für die Ordnung ist die Natur, die das anschaulichste Beispiel der vollkommenen, nach ewigen Gesetzen eingerichteten und schönen Harmonien ist. Der Natur folgen, ihre Organisation zum Leitfaden wählen, ist darum der am nächsten liegende Weg, der in die richtige Richtung weist.

Der Natur folgen, ihr nacheifern, sie imitieren: das wird zur Losung der Zeit. Sie gilt für jedes Verhalten des Menschen, für alle seine Tätigkeiten. Auch die Einrichtung der Gesellschaft hat darum dem Vorbild der Natur zu folgen. So will Christian Wolff die bürgerlichen Gesetze aus denen der Natur ableiten: „Wenn man nun im gemeinen Wesen [gemeint ist die Gesellschaft] durch eine besondere Art die Untertanen zu dem verbindet, was das Gesetz der Natur erfordert, so wird das natürliche Gesetze zu einem bürgerlichen Gesetze." Nur weil die natürlichen Gesetze sich nicht überall und jederzeit erkennen und anwenden ließen, dürfe es einzelne zusätzliche bürgerliche Gesetze geben, die von den natürlichen abweichen.

Doch haben nicht allein Staatsgesetzgebung und die Regelung des gesellschaftlichen Gemeinwesens ihre Grundlage in den Gesetzen der Natur. Auch Ethik, Moral und Tugend sind in der Natur und ihrer Zweckmäßigkeit fundiert. Ethisch handeln heißt darum in erster Linie, den Anweisungen der Natur folgen. Moral wird als ein direkter Ausfluß der natürlichen Zweckmäßigkeit begriffen. Glück und Glückseligkeit, deren Erreichen das erklärte Ziel menschlicher Existenz im 18. Jahrhundert ist, können mit Gewißheit erlangt werden, wenn man tugendhaft ist. Wolff kann bündig formulieren:

Die Beobachtung des Gesetzes der Natur ist es, so den Menschen glückselig machet. Da nun die Fertigkeit, dem Gesetze der Natur gemäß zu leben, die Tugend ist, so machet die Tugend den Menschen glückselig. Und demnach kann man niemanden ohne Tugend glückselig nennen.

Ähnlich wie Wolff sehen andere Moralphilosophen eine unleugbare Beziehung zwischen menschlicher Ethik und der Schönheit der Natur. Der englische Dramatiker und Kritiker John Dennis (1657–1734) etwa schreibt:

Die Aufgabe der Moralphilosophie ist es, die Unordnung in unseren Leidenschaften zu heilen, von der all unser Unglück und alle unsere Laster stammen, so wie aus der richtigen Ordnung, die man in ihnen erkennen kann, unsere ganze Tugend und unser ganzes Vergnügen stammt.

Die Vernunft befähigt den Menschen, sich von Vorurteilen und autoritären Lehrmeinungen zu befreien. Er kann kraft seines kritischen Verstandes Traditionen auf ihren Wert prüfen und so zu eigenen Urteilen gelangen. Er wird zum selbstverantwortlichen Individuum. Als Einzelwesen wie als Gesellschaftswesen aber bleibt der Mensch auf die Ideale von Ethos und Moral verpflichtet, die für alle Menschen gelten. Das wiederum verlangt von ihm eine Einstellung der Toleranz und Humanität, da man die frei gewonnene Meinung des anderen respektieren muß, wie man seine eigene respektiert sehen will. Die Aufklärer vertreten daher das große Ideal einer allgemeinen Menschlichkeit, in deren Namen und zu deren Gunsten sie zu sprechen berechtigt zu sein glauben.

Vernunft, Natur, Ordnung – die Kette der Autoren und Schriften, die diese als die Grundsteine der Welteinrichtung, der Gesellschaft, der Moral, der Schönheit, des Glücks, der Humanität ausgeben, ist unendlich. Es gibt im 18. Jahrhundert praktisch kein einziges Gebiet menschlicher Wirklichkeit, auf dem sie nicht zum Prüfstein sinnvollen Handelns gemacht werden. Der Pädagoge Johann Heinrich Pestalozzi (1746–1827) wiederholt immer wieder, daß Erziehung, die auf Entfaltung der Ordnung bestehe, die beste Erziehung sei: „Aber Unordnung und Unruhe verhüte, Vater und Lehrer. Das meiste deiner Übung sei Ordnung." Der Staatswirtschaftler Heinrich Gottlob von Justi, einflußreich durch seine zahlreichen Schriften zur Staatsverwaltung, verficht Ordnung unnachsichtig als den einzigen angemessenen Ausgangspunkt aller Verwaltungseinrichtungen, sie mögen den Staat im ganzen, die Finanzen oder das Polizeiwesen betreffen. Und in seiner Lehre zur Agrarwirtschaft stellt er lapidar fest: „Ordnung ist die Seele der Landwirtschaft."

Wir fassen zusammen. Die vorherrschende Sinnordnung des 18. Jahrhunderts, der Zeit der Aufklärung, hat ihren Kernpunkt in der Überzeugung, daß die Welt ein sinnvoll eingerichtetes Ganzes sei. Gott als das höchste Vernunftwesen hat dafür gesorgt. Die Vernunft des Menschen, die nach dem Muster der göttlichen geschaffen wurde, versetzt diesen in die Lage, das nach festen Regeln und Gesetzen funktionierende Weltganze zu erkennen, die darin anwesende allgegenwärtige Ordnung wahrzunehmen, sowie die damit verbundene Schönheit und Harmonie zu erleben. Auch Ethik und Moral, die „Tugend", sind direkt von dieser Ordnung abhängig. Das große Beispiel, an dem dies alles am besten zu studieren ist, ist die Natur. Ihrem Vorbild zu folgen, ist darum Aufgabe des Menschen. Und die wiederum kann er am besten erfüllen, wenn er richtigen Gebrauch von seiner Vernunft macht und auch in seinem eigenen Leben vernünftig handelt. Zum vernünftigen Handeln muß der Mensch darum erzogen werden. Gelingt diese Erziehung, dann ist Glück auf Erden (die Aufklärer sprechen von „Glückseligkeit") gesichert. Die Gebrechen und Schwächen dieser Welt stellen sich in dieser Sicht als nur vorläufige, oberflächliche und überwindbare Gebrechen und Schwächen dar, die vornehmlich das Ergebnis menschlichen Fehlverhaltens sind. Das gilt auch für alle gesellschaftlichen Unvollkommenheiten, sie mögen privater oder öffentlicher Art sein (darum müssen zum Beispiel auch die Könige und Fürsten zu einer vernünftigen Regierung erzogen werden). Die Erziehung zur Vernunft, inspiriert durch die Kraft eines optimistischen Glaubens an ihre Möglichkeit, wird auf diese Weise zur Grundlage, von der aus eine bessere, eine stets zu verbessernde Welt und Wirklichkeit als das eigentliche Ziel anvisiert wird.

Der Ort der Literatur

Es kann kaum erstaunen, wenn angesichts der alle Lebensbereiche durchdringenden Vorstellungen von Ordnung, Regelmaß und Harmonie auch Kunst und Literatur in diesem Rahmen bestimmt, hervorgebracht und aufgenommen werden. Die in der Natur, im Bau der Welt sich manifestierenden Regeln und Gesetze sind daher auch die Regeln und Gesetze, denen die Kunst gehorchen muß. Ob es sich um Malerei, Musik, Gartenkunst oder Literatur handelt, sie alle stehen gleichsam unter dem Auftrag, Spiegel der allumfassenden Ordnung zu sein, ja, der Sinn der Kunst liegt eben darin, ein solcher Spiegel zu sein. Überall gilt das Gebot der Nachahmung der Natur als oberster Grundsatz. Damit ist nicht, wie manche späteren Betrachter geglaubt haben, Realismus gemeint, der das wiedergibt, was man in der Außenwelt beobachten kann. Nachahmung der Natur bedeutet vielmehr Befolgung der inneren Gesetze der Natur, die in der Wirklichkeit keineswegs immer einfach zu erkennen sind. Als Spiegel der Natur- und Weltordnung erst erhalten Kunst und Literatur ihren gebührenden Ort im Gesamtzusammenhang der universalen Ordnung, sie werden dadurch überhaupt erst als ernstzunehmende und sinnvolle menschliche Tätigkeit gerechtfertigt. Gäbe es das Ziel der Naturnachahmung nicht, bliebe Kunst bloße Spielerei, die der Unterhaltung und dem Amüsement dienen könnte, die aber jeglichen moralischen Zweckes entbehrte.

Eine der Konsequenzen dieser Auffassung über Sinn und Aufgabe der Kunst besteht darin, daß ihre Regeln und Gesetze für alle Werke gelten, ganz gleich, aus welcher Zeit sie stammen. Die Regeln sind zeitlos. Man verfügt auf diese Weise über deutliche Beurteilungsmaßstäbe und kann deshalb relativ schnell und direkt entscheiden, ob ein literarisches Werk gut oder schlecht sei. Man muß dazu nur die Frage beantworten, ob es den vorgeschriebenen Regeln entspricht. Ein im Vergleich zu unseren Zeiten geradezu paradiesischer Zustand. Denn wir leben in einer Zeit, in der es schon sehr lange keine untrüglichen Kunstmaßstäbe mehr gibt, nach denen eindeutige Kunsturteile gefällt werden könnten. Und ganz gewiß haben wir keine überzeitlich gültigen mehr.

So wie Newton, Descartes und Leibniz die wissenschaftlichen und philosophischen Grundlagen der Sinnordnung der Aufklärung geschaffen haben, so haben die antiken Schriftsteller Aristoteles und Horaz die Fundamente der Literaturauffassung geschaffen, die auch jetzt noch volle Geltung beanspruchen dürfen. Sie hatten in ihren Schriften als erste den Grundsatz der Naturnachahmung als verbindliche Regel verkündet. Diese Schriften sind darum auch nun noch der Ausgangspunkt für alle Überlegungen über Wesen und Aufgabe der Literatur. Jeder Autor, jeder Kritiker wird darum aufgefordert, diese Autoritäten zu studieren. Im Grunde wird das auch jedem gebildeten Leser geraten. Hier nämlich findet man bereits die überzeitlichen Kunstgesetze formuliert.

Die Nachahmung der Natur garantiert der Literatur nun nicht allein Wahrheitsgehalt, sondern sie garantiert ihr auch Schönheit. Einfach darum, weil die gespiegelte Ordnung schön ist. Und Schönheit wiederum löst beim Leser Freude und Wohlgefallen aus, „Vergnügen", „pleasure", „plaisir", wie man überall in Europa die Lesefreude nennt.

In Deutschland ist es vor allem der Leipziger Professor Johann Christoph Gottsched, der die Regeln und Gesetze der

Literatur ausführlich erklärt und beschreibt. In seiner 1732 erschienenen *Critischen Dichtkunst* entfaltet er eine Art System der Dichtkunst. Bezeichnenderweise ist seinem Werk eine Übersetzung der *Dichtkunst* von Horaz vorangestellt. Und selbstverständlich stellt auch Gottsched die Verflechtung von Natur, Kunst, Ordnung, Schönheit und zahlenmäßigem Regelmaß heraus:

Die Schönheit eines künstlichen Werkes beruht nicht auf einem leeren Dünkel, sondern sie hat ihren ersten und notwendigen Grund in der Natur der Dinge. Gott hat alles nach Zahl, Maß und Gewicht geschaffen. Die natürlichen Dinge sind an sich selber schön: und wenn also die Kunst auch was Schönes hervorbringen will, so muß sie dem Muster der Natur nachahmen. Das genaue Verhältnis, die Ordnung und das richtige Ebenmaß aller Teile, daraus ein Ding besteht, ist die Quelle aller Schönheit. Die Nachahmung der vollkommenen Natur kann also einem künstlichen Werke die Vollkommenheit geben, dadurch es dem Verstande gefällig und angenehm wird, und die Abweichung von ihrem Muster, wird allemal etwas Ungestaltes und Abgeschmacktes zuwegebringen.

Eine schier unendliche Reihe gleichartiger Aussagen durchzieht das Schrifttum des Jahrhunderts. Gottscheds Schüler Johann Elias Schlegel etwa ruft bündig aus: „Wenn ich Ordnung sehe, so empfinde ich ein Vergnügen." Und noch Lessing fordert in seiner *Hamburgischen Dramaturgie* vom Dramatiker, daß sein Werk ein „Schattenriß vom Ganzen des ewigen Schöpfers sein" solle. Auch in den literarischen Werken selbst weist man auf das Ordnungsprinzip hin. Aus der Fülle möglicher Beispiele greifen wir nur eines heraus. Es steht in Henry Fieldings Roman *Tom Jones* aus dem Jahre 1749. Zu Beginn des zehnten Buches wendet der Autor sich an den Leser. Er warnt ihn, nicht voreilig Schlüsse über den Roman zu ziehen, solange er das Ganze des Werkes nicht kenne. Fieldings Worte erinnern deutlich an Leibniz' Darlegungen über den Zusammenhang zwischen einzelnen Wirklichkeitsteilen und Gottes verborgenem Plan:

Zuerst also warnen wir dich, keine der Begebenheiten in dieser Geschichte zu voreilig als unwesentlich und nicht zum großen Plan gehörend zu verdammen, weil du nicht sofort begreifen kannst, auf welche

Art eine solche Begebenheit zu jenem Plane beiträgt. Man kann dieses Werk in der Tat als eine große Schöpfung nach unserem eigenen Plan betrachten.

Allerdings mußte nach Gottsched und seinen Mitstreitern auch der Schriftsteller selbst alles tun, um möglichen Fehlschlüssen des Lesers zuvorzukommen. Eine für alle Dichtung verbindliche Forderung war die, daß in einem literarischen Werk alles gewissermaßen logisch ablaufen müsse. Man nennt diese Logik der Kunst Wahrscheinlichkeit. Schon Aristoteles hatte die Wahrscheinlichkeit als eine der grundlegenden Eigenschaften der Literatur beschrieben. Der Gegensatz des Wahrscheinlichen ist das Wunderbare. Darunter versteht man Ereignisse, Vorfälle, Entwicklungen in einem Werk, die nicht kausal erklärbar sind. Gottsched will alles Wunderbare kompromißlos verbannen. Andere sind weniger dogmatisch. Doch im ganzen ist die Wahrscheinlichkeit ein überall anerkanntes Prinzip.

So stark der Akzent auch auf die Abbildung der Ordnung der Natur im einzelnen Kunstwerk fällt, gänzlich ist die Aufgabe der Kunst damit noch nicht erfüllt. Das durch die Kunst vermittelte Vergnügen darf kein Vergnügen um seiner selbst willen bleiben. Das Vergnügen soll den Betrachter vielmehr dazu anregen, der Vergnügen bereitenden Ordnung auch in seinem eigenen Leben nachzustreben. Kunst soll erziehen. Kunst und Literatur sind für die Aufklärer im Grunde nichts anderes als Bestandteile eines großen Erziehungsprogramms. Der Mensch soll zur Mündigkeit erzogen werden, zum vernünftigen Handeln. Darum soll die Begegnung mit der Kunst sich nicht im ästhetischen Genuß erschöpfen, sondern Impulse zur Gestaltung, zur Verbesserung des eigenen Lebens geben. Getreu dem Wort von Horaz, daß die Kunst vergnügen, zugleich aber auch nützen solle, hat auch im 18. Jahrhundert Literatur einen praktischen Nutzen, ist die Literatur nur eines unter vielen Erziehungsmitteln. Grundsätzlich kann man die Einsicht in die vernünftige Weltordnung ohne und außerhalb der Kunst gewinnen. Naturwissenschaft und Philosophie sind direktere Wege. Um sie erfolgreich gehen zu können, bedarf es allerdings philosophischen oder wissenschaftlichen Geschultseins. Die meisten Menschen jedoch, so argumentiert mit anderen zum Beispiel wiederum Gottsched, verfügen über ein solches Geschultsein nicht; die Philosophie ist „für den großen Haufen der Menschen zu mager und zu trocken. Die nackte Wahrheit gefällt ihnen nicht: es müssen schon philosophische Köpfe sein, die sich daran vergnügen" können. Die nackte philosophische Wahrheit kann man nun jedoch in der Kunst, vor allem auch in der Literatur so vermitteln, daß sie auch die Ungebildeten und Ungeschulten anspricht. Die Erzählungen und Geschichten, die Tragödien und Komödien, die Gedichte, sie wenden sich an das Vorstellungsvermögen eines jeden und machen die philosophische Botschaft anschaulich und erlebbar. Literatur bedient sich auf diese Weise einer Methode, die unter dem Namen des Prinzips der „verzuckerten Pille" seit langem bekannt war.

Bei allem Gewicht, das man auf die Nachahmung der Natur, auf die Übereinstimmung zwischen Natur und Kunst legt, ist man sich aber selbstverständlich darüber im klaren, daß Natur und Kunst nie identisch werden. Einerseits kann die Kunst nie die Vollkommenheit der Natur erreichen. Schon deswegen nicht, weil viele Kunstwerke darauf angewiesen sind, Unvollkommenheiten darzustellen. Diese werden zwar mindestens ideell noch im Kunstwerk selbst als Verirrungen und überwindbare Schwächen wiedergegeben, aber sie erscheinen doch zunächst als Unvollkommenheiten. In der Tragödie zum Beispiel muß irgendeine Abweichung von der Ordnung gegeben sein, wenn überhaupt eine Tragödie zustande kommen soll. Denn Tragik wird ja nur dadurch möglich, daß Widersprüche auftreten, daß die Harmonie gestört ist, daß Konflikte entstehen. Dieser „Mangel" der Kunst hat im Hinblick auf ihre erzieherischen Aufgaben jedoch nicht unbedingt nur nachteilige Folgen. Denn über die Darstellung des Unvollkommenen kann das Bild des Vollkommenen desto strahlender erscheinen. Zumal, wenn sich herausstellt, was unablässig demonstriert wird, daß alle Schwächen nur zeitweilige Störungen der Ordnung sind.

In mancher Hinsicht muß die Kunst also hinter der Natur zurückbleiben. Andererseits aber besitzt sie auch den Vorteil, die Prinzipien der Ordnung und Schönheit besser zur Anschauung bringen zu können als die Natur. In der Natur nämlich liegt die Ordnung unter einer verwirrenden und komplexen Vielfalt verborgen. Um sie zu erkennen, bedarf es genauer Untersuchung. Das Kunstwerk hingegen kann die Ordnung in ausgewählter, übersichtlicher, in vergleichsweise gereinigter und konzentrierter Form, in einer Art Stilisierung darbieten, so daß sie unmittelbar sichtbar wird. Dadurch kann die Kunst die Schönheit in manchen Fällen sogar besser erstrahlen lassen als die Natur.

Von hier aus ergeben sich für die Kunst besondere Eigenschaften, die sie in gewisser Weise sogar von der Natur unabhängig machen. Weil die Kunst die Natur in der Darstellung der Ordnung und Schönheit in bestimmter Hinsicht übertrifft, bleibt sie nicht nur Nachahmerin und Nachfolgerin der Natur – die Natur vollendet sich gewissermaßen in der Kunst. Die Kunst macht „vollkommenere Bilder" als die Natur, wie einer der Kritiker sagt. Sie folgt den Gesetzen der Natur, zugleich aber auch ihren eigenen, den ästhetischen. Die Natur erscheint so in gereinigter Form, die Natur in der Kunst ist immer noch „Natur, aber methodisch gereinigte Natur", wie das berühmte Wort von Alexander Pope in seinem *Essay über die Kritik* lautet. Der Unterschied zwischen Natur und Kunst bleibt auf diese Weise bestehen, wird jedoch gleichzeitig verwischt, er wird betont und aufgehoben zugleich. Das Verhältnis zwischen Natur und Kunst wird beinahe umgekehrt: „Alle Natur ist nichts als Kunst", wie wiederum Pope in seinem *Essay über den Menschen* formuliert. Der Effekt solcher Umkehrung liegt darin, daß die Natur nicht nur (in der Nachfolge Newtons) als eine bewunderungswürdige Schöpfung betrachtet wird, sondern sogar als ein Kunstwerk in mehr speziellem Sinn. Der Philosoph Immanuel Kant kann darum feststellen: „Die Kunst, welche wie Natur, und die Natur, welche wie Kunst aussieht, gefallen auf gleiche Weise." Und der Popularphilosoph Christian Garve geht noch einen Schritt weiter: „. . . daß ein jedes Naturprodukt uns desto mehr Vergnügen macht, je mehr es das Ansehen hat, von Künstlerhänden ausgearbeitet zu sein".

Wir sind auf diese Zuspitzung des Prinzips der Naturnachahmung eingegangen, weil in dieser Entwicklung die Keime für die Überwindung der aufklärerischen Sinnordnung liegen. Mit Kant und Garve befinden wir uns bereits am Ende des 18. Jahrhunderts. Dann hat eine andere Kunstauffassung sich schon weitgehend durchgesetzt. Sie ist jedoch noch immer aus dem Prinzip der Naturnachahmung abzuleiten. Die Gleichsetzung des Weltschöpfers mit einem Künstler hat gerade für die Kunst weitreichende Folgen. Denn sie führt dazu, daß der irdische Künstler gewissermaßen aufgewertet werden kann, daß er in den Rang eines Schöpfers erhoben wird. Und dieser Künstler kann dann ähnlich wie der Weltschöpfer seine eigene Welt schaffen, die am Ende nicht mehr durch die Übereinstimmung mit der Natur gerechtfertigt werden muß. Der Künstler wird zu einem zweiten Gott, der nur sich selbst und seinem Werk gegenüber verantwortlich ist. Kunst wird so zum Ausdruck des Denkens und Fühlens des Künstlers und ist darum nicht länger in einem allgemeinen, überindividuellen Rahmen festgelegt.

Die Botschaft der Literatur

Im Gegensatz zu späteren Zeiten unterliegt die Literatur der Aufklärung vielerlei Regeln und Vorschriften. Jeder Autor muß ihnen genügen, wenn er bei Kritikern und Lesern Erfolg haben will. In unseren heutigen Augen sind viele dieser Regeln nur äußerlich, manche wollen gar als Pedanterie erscheinen. Doch verstünde man die Autoren falsch, wenn man in ihrer Bereitschaft, die zum Teil starren Regelvorschriften zu befolgen, nur die geduldige Willfährigkeit schwacher Persönlichkeiten sähe. Was für uns heute außer Frage zu stehen scheint, nämlich daß die Regeln die dichterische Phantasie eigentlich nur einengen können, hat für die Aufklärer eine gänzlich andere Bedeutung. Die Regeln sollen den richtigen Gebrauch der dichterischen Phantasie dirigieren, sie sollen poetische Willkür und Ausschweifung verhindern. Erst die Befolgung der Regeln verleiht der Literatur den Charakter, den sie besitzen muß, wenn sie ihrer Aufgabe gerecht werden will. Sie soll die Ordnung der Schöpfung abbilden, diese dem Leser verdeutlichen und die Ausstrahlung der Kraft der Ordnung bis in das Alltagsleben sicherstellen. Und bereits in der äußeren, in der formalen Organisation der Werke kann diese Ordnung gespiegelt werden. Darin finden die zahllosen Detailvorschriften über Vers- und Strophenform ihre Berechtigung, über die Akteinteilung im Drama, aber auch die Anlage einer Geschichte, die Figurendarstellung und vieles mehr.

Selbstverständlich aber beschränkt sich die Wiedergabe der natürlichen Ordnung keineswegs auf die äußerliche Anlage. Auch inhaltlich werden das Ordnungs- und das Optimismusprinzip zum Angelpunkt der Werke. Beispielhaft geschieht das in der sogenannten Lehrdichtung, die in dieser Epoche wahre Triumphe feiert. Bei dieser Lehrdichtung handelt es sich um Werke, in denen philosophische, moralische, aber auch andere nützliche Wahrheiten in literarischer Form verkündet und erläutert werden. Wir neigen heute dazu, in solcher Literatur keine „echte" Dichtung zu erkennen, da das Literarische daran nur äußerliche Einkleidung zu sein scheint. Im 18. Jahrhundert, wie in den Jahrhunderten davor, wird die Lehrdichtung jedoch als eine durchaus gleichwertige Literaturgattung geschätzt. Wir haben überdies bereits erwähnt, daß in der Aufklärung alle Literatur unmißverständlich lehrhafte Züge hat, so daß die Grenzen zwischen wirklicher Lehrdichtung und anderer Literatur fließend sind. Der klare Auftrag, der der Literatur durch die aufklärerische Sinnordnung mitgegeben ist, macht es den Dichtern so gut wie unmöglich, didaktische Komponenten nicht in ihre Werke aufzunehmen.

Wir wollen jetzt anhand einiger Beispiele die inhaltliche und formale Organisation der Literatur der Aufklärung näher betrachten. Zunächst wenden wir uns der Naturdichtung zu.

Die Tendenz zur Lehrdichtung ist besonders ausgeprägt in der Naturlyrik. In dieser Gattung wird die Natur zum Hauptthema. Und dieses Thema dient immer wieder der Demonstration der universalen Harmonie, die der Mensch in der Natur erkennen kann. Der Hamburger Lyriker Barthold Hinrich

Brockes zum Beispiel füllt in seiner neun Bände umfassenden Sammlung mit dem sprechenden Titel *Irdisches Vergnügen in Gott* (1721–1748) Hunderte von Seiten mit Versen, in denen er Gottes Schöpfung als eine harmonische, vernünftige, in jeder Hinsicht sinnvolle Schöpfung besingt. Die Welt ist nach Brockes voll der vielfältigsten Beweise für Gottes Herrlichkeit, Allmacht, Güte und Weisheit. Auch das kleinste Detail offenbart den sinnvollen und zweckmäßigen Zusammenhang zwischen Makro- und Mikrokosmos. Vernunft, Religion, Zahlenvorstellungen, das Vergnügen, das die Einsicht in die vorbildlich geordnete Naturwelt gewährt, alles gehört bei Brockes zusammen und ergibt ein Ganzes, das den Menschen zum rechten Gebrauch der von Gott so exemplarisch eingerichteten Welt auffordert. Dabei werden dem Leser zudem auch konkret die Wege gewiesen, wie man zum richtigen irdischen Genuß der göttlichen Vollkommenheit gelangen kann. Wir greifen ein Gedicht heraus.

Vermehrung vergnügter Tage

Bei aufgeklärter Luft, im warmen Sonnen-Strahl,
Spricht mancher Mensch noch wohl einmal:
Heut ist das Wetter schön!
Kaum aber hat er dies gesprochen
5 (Als wäre GOTT nun Ehre gnug geschehn),
Wird seine Red' und Lust gleich abgebrochen.
Er läßt den ganzen Tag vergehn,
Ohn' an desselben Pracht und an der Sonnen Schätzen
Sich im geringsten zu ergetzen
10 Und sie gerühret anzusehn;
Da, wenn wir recht vernünftig handeln wollten,
Wir billig überlegen sollten,
Daß ja ein schöner Tag aus vielen Viertel-Stunden,
Noch mehr Minuten und Sekunden,
15 In seiner Pracht, besteht,
Daß jeder Augenblick, wenn man es nur bedenkt,
Uns eine neue Lust und solche Freude schenkt,
Die uns ein ganzer Tag,

Der ungefühlt verstreichet, zu geben nicht vermag.
20 Wir teilen sonst die Zeit
Durch Uhren ein:
Warum wird doch der Anmut Flüchtigkeit
Durch Teile nicht gehemmt? Ach! würde, GOTT zu
Ehren,
Auch unsre Lust zugleich dadurch zu mehren,
25 Bei schönem Wetter, doch zum öftern überdacht:
Aufs neu hab ich ein Teil von meinem Leben,
Das mir der Schöpfer hat gegeben,
Im schönen Sonnen-Licht, GOTT Lob! vergnügt
verbracht.
Hierdurch kann uns ein schöner Tag auf Erden,
30 Den wir, da man an ihn so kurze Zeit gedacht,
Fast zur Minute nur bisher gemacht,
Zu vielen schönen Tagen werden.
Weil eigentlich, durchs Denken bloß allein,
Wir im Besitz des Guten sein.

In diesem Gedicht, das nicht gerade den höchsten Qualitätsan-
sprüchen der Lyrik genügt, wird dem Leser eine ganze Reihe
der Elemente der aufklärerischen Sinnordnung nahegebracht.
Vorausgesetzt wird, daß die Welt in all ihrer Pracht und
Schönheit ein Werk Gottes ist, den man dafür loben und preisen muß. Ein Tag mit schönem Wetter gibt dazu besonderen
Anlaß. Ein solcher Tag aber ist auch Anlaß, Gottes Schöpfung
zu genießen. Diesen Genuß nun kann man erst so recht hervorrufen und intensivieren, wenn man die Einheit der Dauer
eines Tages in viele kleinere Einheiten unterteilt, in Viertel-
stunden, ja Minuten und Sekunden. In jeder dieser kleinen
Zeiteinheiten kann man sich die Schönheit und die Freude ver-
gegenwärtigen. Die Freude, die der Tag auf diese Weise zu
schenken vermag, wird so vervielfacht. Ein Tag, den man sonst
nur einmal als schön erfährt, kann so gewissermaßen zu einer
Reihe von schönen Tagen werden. Hier zeigt sich, wie man in
der Aufklärung durch mathematisch-zahlenmäßige Zergliede-
rung das Vergnügen erhöhen und zugleich die Erkenntnis der

Harmonie vergrößern kann. Erreicht wird dies auf charakteristische Weise, durch „überlegen" (Vers 12), durch „überdenken" (V. 25) und „durchs Denken bloß allein" (V. 30). Das Ganze wird dann wiederum zum Ausdruck für „vernünftig handeln" (V. 11) und kulminiert in den zwei Schlußversen, die eine Kurzfassung des aufklärerischen Zusammenhangs zwischen Vernunft und Moral darstellen:

> Weil eigentlich, durchs Denken bloß allein,
> Wir im Besitz des Guten sein.

Ähnliche Gedanken wie in Brockes' Gedichten finden sich in vielen anderen, wenngleich nicht überall der gleiche naive Ton angeschlagen wird. Berühmt wird unter anderen Albrecht von Hallers langes Gedicht *Die Alpen* aus dem Jahre 1732, in dem nicht nur der verderblichen Zivilisation der Stadt die natürliche Lebensweise der Bergbewohner gegenübergestellt wird, sondern in dem auch wiederum die Natur als eine von vornherein gute und nützliche Wirklichkeit beschrieben ist; die Gletscher etwa dienen der Bewässerung, die grünen Almen sind für die Kühe geschaffen, die den Menschen wiederum Milch geben.

Nicht nur in Deutschland wird das Thema der großen Naturschöpfung in der Literatur behandelt. In England veröffentlicht James Thomson 1725–1730 ein langes Gedicht unter dem Titel *Die Jahreszeiten*. Es beschreibt ausführlich das Verhältnis zwischen Gott, Natur und Mensch, dazu in deutlicher Verwendung naturwissenschaftlicher Erkenntnisse. Eine der bekanntesten Passagen schildert das Aufkommen eines Morgens am Ende des Winters, ein Vorgang, der den Vorgang der Schöpfung aufs neue vergegenwärtigt:

> Er ist gekommen, der wunderbare Morgen!
>   Die zweite Geburt
> von Himmel und Erde! Die erwachende Natur hört
> das neu-schaffende Wort und beginnt zu leben
> in jeder erhöhten Form, von Tod und Schmerz
> für immer frei. Der große ewige Entwurf,
> alles umfassend und in einem perfekten Ganzen

vereinigend, hellt sich schnell für das
gereinigte Auge des Verstandes auf, da die
Dunkelheit sich hebt.

Was hier bei Thomson als Nachhall der Newtonschen Weltsicht anklingt, wird in anderen Gedichten zum Hauptthema,
wie etwa in Joseph Addisons (1672–1719) *Hymne*:

Das weite Firmament in der Höhe
mit dem ganzen blauen ätherischen All
und den gestirnten Himmeln, ein strahlendes Gewölbe,
sie alle verkünden ihren großen Ursprung.
Die unermüdliche Sonne zeugt Tag für Tag
von der Kraft ihres Schöpfers
und tut jedem Land
das Werk einer allmächtigen Hand kund.

Sobald die Abendschatten herrschen,
nimmt der Mond seine wundersame Fabel auf
und wiederholt nächtens der lauschenden Erde
die Geschichte ihrer Geburt:
Während alle Sterne, die um ihn herum leuchten,
und all die Planeten in ihren Bahnen
sich bewegend die Nachrichten bestätigen
und die Wahrheit von Pol zu Pol verbreiten.

Was aber, wenn alle in feierlichem Schweigen
sich um den Erdball bewegten;
was aber, wenn keine wirkliche Stimme und kein
                              wirklicher Ton
in ihren leuchtenden Himmelskörpern gefunden würde?
In des Verstandes Ohr erfreuen sich alle
einer herrlichen Stimme, die sie weitertragen;
ewig singen indem sie strahlen
‚Die Hand, die uns erschuf, ist göttlich‘.

Wie stark in dieser Zeit der immer wieder thematisierte Zusammenhang zwischen Gottes Schöpfung und dem Auftrag
des Menschen ist, diesen Zusammenhang zu sehen und zu le-

ben, dokumentiert sich auch noch in einer Lyrik, die den naiven Enthusiasmus der frühen Aufklärung bereits hinter sich gelassen hat und neben der Vernunft auch andere Kräfte des Menschen besingt. Klopstocks Ode *Der Zürchersee* beginnt mit dieser Strophe:

> Schön ist, Mutter Natur, deiner Erfindung Pracht,
> Auf die Fluren verstreut, schöner ein froh Gesicht,
> Das den großen Gedanken
> Deiner Schöpfung noch einmal denkt.

Nicht nur in den gleichsam programmatischen Worten der Naturdichtung manifestiert sich die allgewaltige Vorstellung und Überzeugung von Vernunft und Ordnung. So wie sie außerhalb der Literatur die Einrichtung von Staat und Gesellschaft, Handeln und Moral bestimmt oder bestimmen soll, so reicht sie weit in den alltäglichen, in den gänzlich unheiligen Handlungsraum der literarischen Figuren. Sie haben die Maximen der Vernunft und Ordnung so weit verinnerlicht, daß ihr Handeln und Verhalten beinahe automatisch dadurch gesteuert wird. Selbst in völlig fremder, in total ungewohnter Umgebung und unter vollständig ungeläufigen Bedingungen wendet man sie an. So kann zum Beispiel der Titelheld in Daniel Defoes 1719 erschienenem Roman *Robinson Crusoe* (der keineswegs nur ein Buch für Kinder ist) sich in der Wildnis einer einsamen Insel, auf die er als einziger Überlebender eines Schiffbruchs verschlagen wird, eine menschliche Welt im buchstäblichen Sinne „bauen", weil er sich auf die Kraft – man ist versucht zu sagen: auf die Inspiration – der Vernunft verlassen kann. Auch die für seinen Lebensunterhalt nötigen Werkzeuge vermag er anzufertigen, weil er sich von den Geboten der mathematischen Vernunft leiten läßt:

So ging ich an die Arbeit; und hier muß ich bemerken, wie Vernunft die Grundlage und der Ursprung der Mathematik ist, so kann jeder nach einiger Zeit jede Mechanik beherrschen, wenn er alles mit dem Verstand ausrechnet und mißt und rational beurteilt.

Von der Vernunft führt dann ein gerader Weg zur Ordnung und zu dem damit notwendigerweise verbundenen Vergnügen.

Das Einrichten der Insel zur Wohnlichkeit erfolgt im großen nach den Regelprinzipien der Ordnung, aber auch jedes Arrangement im kleinen ist ihnen unterworfen. Die „ordentliche" Einrichtung der Höhle, in der jeder Gegenstand „seinen" Platz hat, erfüllt Crusoe mit Vergnügen:

> Wenn man meine Höhle sah, dann sah sie wie ein allgemeines Vorratslager der nötigen Dinge aus, und alles lag so bereit, daß es für mich ein großes Vergnügen war, alle meine Besitztümer in einer derartigen Ordnung zu erblicken.

Crusoes zielgerichtetes Verhalten auf der menschenleeren Insel übt auf seine Zeitgenossen große Faszination aus. Denn seine vernünftigen und bedachtsamen Handlungen, die zudem durch ein unerschütterliches Vertrauen in eine verläßliche Vorsehung unterstützt werden, demonstrieren die Kraft und die Effektivität der Ordnungs- und Vernunftregeln. Der zunächst hilflose Schiffbrüchige vermag mit ihrer Hilfe nicht nur seine anfangs aussichtslos scheinende Situation zu verbessern und erträglich zu gestalten, ihm gelingt es vielmehr – und das in relativ kurzer Zeit –, die unbewohnte Wildnis mit Hilfe der Anwendung seiner Handlungsmaximen, in denen Vernunft und Natur miteinander kombiniert sind, in eine Stätte menschlicher, ja geradezu gesellschaftlicher Vollkommenheit zu verwandeln. Und der Erfolg ist ausschließlich den Regeln des rationalen Abwägens und Entscheidens zu verdanken. Aus Momenten der Krise rettet Crusoe sich darum auch regelmäßig, indem er sich, ganz im Sinne der Philosophie von Descartes, auf logische, zergliedernde und inventarisierende Analysen der Situation verläßt.

Die in Defoes Roman konsequent im Sinne der aufklärerischen Vernunft- und Gottesgläubigkeit entstehende menschliche Kultur und – in verkleinertem Format – menschliche Gesellschaft wird zum Vorbild für die existierende zivilisierte Welt. Crusoes Welt ist sogar die bessere, denn sie kennt einen absoluten Anfang, sie braucht also nicht erst die Last der Vergangenheit zu überwinden, die den richtigen Gebrauch der Vernunft in den bestehenden Gesellschaften behindert. Der Roman findet daher sehr schnell zahlreiche Nachahmungen.

Sie speisen sich unter anderem gerade aus diesem Vorbildcharakter, der als didaktisches Stimulanz wirkt. Auch in Deutschland finden die „Robinsonaden" großen Anklang. Zu den meist gelesenen zählt Johann Gottfried Schnabels *Insel Felsenburg* (1731–1743), auf der es tatsächlich zur Gründung eines regelrechten Idealstaates kommt. Er wird der europäischen Realität bewußt gegenübergestellt. Auf Schnabels Insel gerät man nicht nur als Schiffbrüchiger, sondern bricht dahin als Einwanderer auf.

Soweit wir bisher auf die Verbindungen zwischen der Sinnordnung der Aufklärung und der Literatur eingegangen sind, haben wir es hauptsächlich mit solchen Zitaten getan, die diese Verbindungen mehr oder weniger direkt aussprechen. Im folgenden wollen wir anhand eines Beispiels zeigen, daß der Zusammenhang zwischen Sinnordnung und Literatur allgemeiner sein kann, nicht nur punktuell, sondern umfassend und nuanciert zugleich. Die Abhängigkeit von der Sinnordnung kommt nicht nur durch einzelne Worte und Abschnitte in einem Werk zum Ausdruck, sondern durch seine inhaltliche, thematische und formale Gestaltung im ganzen.

Als Beispiel wählen wir (es hätte auch ein anderes sein können) das Drama *Zaïre* des französischen Aufklärers Voltaire (eigentlich François-Marie Arouet, 1694–1778), das zuerst 1732 aufgeführt wurde. *Zaïre* ist eine Tragödie. Um dieses Drama als eine Tragödie aus der Zeit der Aufklärung einigermaßen angemessen verstehen zu können, müssen wir einen Augenblick näher auf das Problem von Tragik und Tragödie in dieser Epoche eingehen.

Die Tragödie genießt im 18. Jahrhundert besonders hohes Ansehen. Das hat mit ihrer glorreichen Tradition zu tun, die eine lange Reihe berühmter Autorennamen kennt: Aischylos, Sophokles, Euripides, Seneca, Corneille, Racine. Ihnen nachzueifern, ihren Werken gleichwertige zu schaffen, ist eines der ehrgeizigen Ideale der Zeit. Weil die Tragödie eine altehrwürdige Gattung ist, gelten für sie extrem genau ausgearbeitete Regeln, die zum großen Teil aus der Antike stammen (Aristoteles). Eine dieser Regeln ist die sogenannte Einheitenregel.

Danach darf die Tragödie nur *eine* Haupthandlung haben; sie darf nur an einem Orte und innerhalb eines bestimmten Zeitraums stattfinden (im 18. Jahrhundert meist 24 Stunden). Eine andere Regel verlangt, daß nur Personen von Stand in ihr auftreten dürfen. Bürger dürfen in ihr nicht erscheinen, ihnen ist die Komödie vorbehalten. Diese Regel verliert übrigens im Laufe des 18. Jahrhunderts ihre Geltung, so daß es um 1750 in ganz Europa sogenannte „bürgerliche Trauerspiele" gibt, in denen Bürger ein tragisches Schicksal erleiden. Die Tragödie ist außerdem an eine genaue Akt- und Szeneneinteilung gebunden, sie muß schließlich auch in Versen geschrieben sein, in Alexandrinern.

Obwohl die Tragödie für die Aufklärer eine der höchsten und wichtigsten Gattungen in der Literatur ist, bereitet sie ihnen doch gleichzeitig nicht geringe, vor allem inhaltliche Schwierigkeiten. Die Diskussion über diese Gattung reißt denn auch während des ganzen Jahrhunderts nicht ab. Das Problem liegt darin, daß in der Tragödie menschliche Ausweglosigkeit zur Darstellung kommen muß, Verzweiflung und Resignation, daß sie mit Tod und Untergang endet. Ohne den Tod wenigstens einer der Hauptgestalten gibt es keine Tragödie. Die Sinnordnung der Aufklärung, der auch die Tragödie gehorchen muß, verlangt nun jedoch gleichzeitig, daß auch in der Tragödie das vernünftig-positive Weltbild nicht in Gefahr kommt. Auch eine tragische Handlung darf die Voraussetzungen der optimistischen Grundeinstellung nicht erschüttern. Auch die Tragödie muß die Lehre der guten Ordnung austragen.

Im Grunde verstricken sich die Aufklärer mit ihrer Vorliebe für die Tragödie in einen Widerspruch. Denn die Tragödie paßt eigentlich gar nicht in ihre Sinnordnung. Man hat darum auch nach einem Ausweg aus diesem Widerspruch gesucht. Und man findet die folgende Lösung. Die Tragödie muß, um zur Tragödie werden zu können, zwar einen Verstoß gegen die Ordnung zeigen, der Verstoß muß sogar so stark sein, daß er Menschen in den Tod führt. Erträglich aber wird dieser Verstoß gegen die Ordnung dann, wenn er grundsätzlich als die Folge menschlichen Versagens und Versehens definiert wird.

Es sind menschliche Fehlhandlungen, die sich gegen die Ordnung richten. Tragische Entwicklungen ergeben sich daher nicht aus dem Gegensatz, aus dem Konflikt zweier unversöhnlicher, aber gleichberechtigter Werte, Standpunkte oder Überzeugungen. Dadurch würde ein „Fehler" in der Ordnung angezeigt werden. Die tragische Entwicklung ergibt sich vielmehr ausschließlich aus Fehlern von Menschen, aus Mißverständnissen, Zufällen, Vorurteilen, kurzum, aus mangelnder Einsicht in die positiven Kräfte von Vernunft und Ordnung (Vorurteile haben nach Auffassung der Zeit immer nur unvernünftige Menschen). Heute, in unseren Augen, erscheinen diese Dramen deshalb nicht mehr als echte Tragödien; es sind eigentlich sogar untragische Dramen. In ihnen geschieht Trauriges, aber nichts wirklich Tragisches. Sie tragen ihren Namen zu Unrecht. Das, was die Tragik im formalen Sinne verursacht, ist prinzipiell vermeidbar, ist sogar korrigierbar. Der Tod als notwendige Konsequenz und noch deutlicher der Selbstmord als Ausdruck unvermeidbarer Ausweglosigkeit würden das positive Weltbild widerrufen. Darum treten in den Tragödien häufig Bösewichte auf, deren Opfer die guten Gestalten werden. Die Taten der Bösewichte sind wiederum nur Ausdruck mangelnder Vernunft oder Moral, sind ebenfalls nichts als Fehlhandlungen, die bei besserer Einsicht unnötig gewesen wären. Den Bösewichten ist darum auch der Selbstmord zugestanden. Mit ihm distanzieren sie sich von ihrem vorangehenden schlechten Verhalten, sterben einen Reue- oder Sühnetod. So können auch sie schließlich doch wieder, sei es auch nur im Tode, Teil der guten Weltordnung werden. Am Ende einer jeden Tragödie ist auf diese Weise jegliche Unauflösbarkeit möglicher tragischer Konflikte überwunden und alle Werke können als Spiegel einer Ordnung fungieren, einer Ordnung, die höchstens vorübergehend getrübt wurde.

In Voltaires *Zaïre* finden sich alle diese Regeln auf vorbildliche Weise angewandt. Und auch die philosophisch-didaktische Botschaft ist gut erkennbar verwirklicht. Sie insbesondere liegt unmißverständlich in der Verlängerung der aufklärerischen Sinnordnung und gibt auch der Liebeshandlung, die man oft als das eigentliche Herzstück des Dramas interpretiert hat, ihren spezifischen Wert.

Auf den ersten Blick scheint die Liebeshandlung in der Tat das eigentliche Thema des Stückes zu bilden. Die Titelheldin Zaïre, die, ohne es zu wissen, christlicher Herkunft ist, lebt seit ihrer Kindheit als Gefangene am mohammedanischen Hof in Jerusalem. Sie ist überzeugte Mohammedanerin. Mit ihr leben der junge Nerestan und andere französische Ritter in Gefangenschaft. Zaïre verliebt sich in den Sultan Orosmane, der ihre Liebe erwidert. Beide wollen heiraten. In diesem Moment kehrt Nerestan von einer Reise nach Europa zurück, wo er Lösegeld erworben hat, um Zaïre und zehn andere Gefangene loszukaufen. Unter diesen ist auch Lusignan, ein fast blinder Greis. Der entdeckt kurz vor seinem Tode, daß Zaïre und Nerestan seine längst tot geglaubten Kinder sind. An seinem Totenbett verspricht Zaïre ihm, sich taufen zu lassen und so zum christlichen Glauben zurückzukehren. Sie schiebt ihre Heirat mit Orosmane auf, weil sie durch die neuen Ereignisse in einen inneren Konflikt gerät. Orosmane, der über die neuen Entwicklungen später aufgeklärt werden soll, wird durch Zaïres abweisende Haltung verunsichert und argwöhnisch. Ihm fällt außerdem ein Brief Nerestans in die Hände, der seinen Argwohn bestätigt und vergrößert. In einem Anfall von Eifersucht und Mißtrauen tötet er Zaïre. Wenig später erkennt er seinen Irrtum und tötet sich selbst. Sterbend gewährt er allen Christen die Freiheit.

Bereits aus dieser knappen Inhaltsangabe geht hervor, daß Voltaire, im Gegensatz zu vielen anderen Tragödiendichtern unter seinen Vorgängern und Zeitgenossen, darauf verzichtet hat, die dramatische Handlung durch die Taten eines Bösewichts zu begründen. Alle in diesem Drama auftretenden Personen sind gute Menschen, niemand ist egoistisch, machtlüstern oder wird durch unlautere Absichten motiviert. Selbst Nerestan, der relativ fanatische Glaubensüberzeugungen austrägt, kann auf Verständnis rechnen vor dem Hintergrund seiner Erziehung und angesichts der Situation, in der er seine Schwester antrifft. Am Schluß zollt übrigens auch er Orosmane

Achtung und Respekt. Das tragische Ende ist darum das Ergebnis ausschließlich von Mißverständnissen, von Unkenntnis, von Irrtümern und Fehlentscheidungen gutwilliger Menschen.

Orosmane muß seine Tat zwar in guter Tragödientradition mit dem Sühnetod büßen. Aber sein Selbstmord wird doch zugleich über eine bloß formale Sühnetat hinausgehoben. Er ist in vollkommener Übereinstimmung mit dem Charakter dieses Herrschers und durch die Art und Weise verständlich, in der er zu seiner schrecklichen Mordtat gelangt. Sein Handeln ist die verzweifelte Reaktion eines aufrechten und guten Menschen, der glaubt, nicht weiterleben zu dürfen. Auch hier gibt Voltaire also eine bessere Begründung als viele seiner Kollegen, ohne daß er die aufklärerisch-philosophische Rechtfertigung aufgibt.

Auch als türkischer Herrscher erweist sich Orosmane keineswegs – wiederum im Gegensatz zu den meisten seiner dramatischen Vorgänger – als der sprichwörtliche orientalische Tyrann. Er übt weise Toleranz, gegen die der Eifer des jungen Christen Nerestan weniger günstig absticht. (Eine Konstellation, die später in Lessings *Nathan* zurückkehren wird.) Das Bild des Herrschers wird noch positiver durch die Tatsache, daß die reine Zaïre ihn liebt. Ihre bedingungslose Liebe adelt ihn gewissermaßen nochmals.

Die Liebe zwischen Zaïre und Orosmane ist ein direktes Zeugnis freier Menschlichkeit. Sie entsteht über alle gesellschaftlichen Konventionen hinweg. In ihr drückt sich der Glaube der Aufklärung an die Humanität unmittelbar aus. Sie überragt alle durch Tradition und Gesellschaft dem Menschen zufällig auferlegten Verpflichtungen. Die Liebe, wie sie hier gezeigt wird, hat etwas Utopisches, etwas, das eigentlich nicht verwirklicht werden kann. Genau deswegen auch muß sie scheitern. Denn die Gesellschaft, aber auch die Umwelt der Familie und der Freunde, ist dem Anspruch dieser Liebe nicht gewachsen. Das Leid, das hierdurch entsteht, entsteht aus Vorurteilen, aus menschlichen Schwächen, aus gesellschaftlichen Voreingenommenheiten. Das Leid, das über die Menschen in dieser Tragödie hereinbricht, ist darum ein überflüssiges, ein unnötiges Leid. Der Gegensatz zwischen Islam und Christentum ist ein konventionelles Hindernis, das der Liebe, aber auch der Verständigung der Menschen im allgemeinen, im Wege steht. Zaïre stirbt nicht für ihre Religion. Das taten zahlreiche Heldinnen in vorangehenden Dramen, die in die Hände orientalischer Tyrannen geraten waren. Sie stirbt nicht, weil sie gezwungen werden könnte, ihren Glauben gegen ihren Willen aufgeben zu müssen. Zaïre stirbt wegen des Gegensatzes der Religionen, ihrer gegenseitigen Intoleranz. Die eigentliche Tragödie liegt darin, daß dieser aus Vorurteilen herrührende Gegensatz und die religiöse Intoleranz Zaïre wie Orosmane in ihre verhängnisvolle Lage treiben. Die Tragödie ist die Tragödie des unnötigen Todes der beiden Hauptgestalten. Sie werden die Opfer jener, die die Relativität der Religionen und ihrer Gegensätze nicht erkannt haben. Zaïre ist es, die – gewiß in Übereinstimmung mit dem Autor – die humane, die vernünftige und aus Vorurteilen erlösende Sicht auf die Rolle der Religionen im menschlichen Leben formulieren darf, daß nämlich Religionszugehörigkeit von Geburtsort und Erziehung abhängig sei:

Der Brauch, das Gesetz band meine ersten Jahre an die Religion der glücklichen Muselmanen. Ich erkenne nur allzu gut: Die Pflege, die sich unserer Kindheit annimmt, bestimmt unsere Gefühle, unsere Sitten, unseren Glauben. Am Ganges wäre ich Sklave falscher Götter, in Paris Christin, hier bin ich Muselmanin. Die Erziehung tut alles. Und die Hand unserer Väter schreibt die ersten Zeichen in unsere schwachen Herzen ein, die Vorbild und Zeit vertiefen und die vielleicht nur Gott allein in uns löschen kann.

Das sind Worte, die vorausweisen auf einen Weltzustand, in dem aufklärerische Vernunft, Humanität und optimistische Fortschrittsgläubigkeit gesiegt haben. Und ähnliche Auffassungen wie über die Religion, die nicht mehr Gott, sondern den Menschen für sein Verhalten verantwortlich machen, finden sich über Kultur, Gesellschaft und Politik. Der Hof zu Jerusalem steht dem zu Paris an Zivilisation, an Großmut und Menschlichkeit in nichts nach. Am Horizont der Tragödie taucht das Zukunftsbild einer möglichen konfliktfreien menschlichen Gesellschaft auf, die Abend- und Morgenland umfaßt. Auch dies ist eine aufklärerische Utopie. Die Kunst Voltaires besteht darin, diese Utopie in einer Tragödie sichtbar zu machen. Die Aussicht auf die verheißungsvolle Zukunft wird dadurch nur in negativer Form präsentiert, das positive Versprechen gelingt lediglich in der Umkehrung. Im Werk selbst mißlingt die Utopie, muß sie mißlingen. Die Personen des Dramas können ihren eigenen inneren humanen Orientierungen im praktischen Handeln (noch) nicht folgen. Die Botschaft der guten Welt ist unmißverständlich hörbar, aber sie verweist in die Zukunft. Der tragische Ausgang tut dem Wert der optimistischen Utopie jedoch keinen Abbruch. Die Utopie gewinnt dadurch eher an Überzeugungskraft. Das Drama suggeriert nicht, sie sei bereits Wirklichkeit. Aber es spricht auch deutlich aus, warum sie noch keine Wirklichkeit sein kann: Menschliche Schwächen, Vorurteile müssen erst noch überwunden werden. Voltaires Utopie ist realistisch relativiert. Das verleiht der Vision von der guten Welt mehr Substanz, als es eine untragische Gestaltung zu tun vermöchte. Die bei Voltaire erscheinende Utopie nicht als Utopie darzustellen, sondern als bereits eingetretene Wirklichkeit zu präsentieren, hätte leicht zum Akt der Propaganda verwässern können. Ein ähnliches Drama, in dem eine mögliche human-tolerante Welt dargestellt wird, die sogar als existierende Realität erlebt werden kann, gelingt erst Lessing in seinem *Nathan*, rund fünfzig Jahre nach Voltaires *Zaïre*.

Kollektives Lesen

Eine Sinnordnung wie die der Aufklärung, die bis in kleinste Einzelheiten ausgearbeitet ist, macht Lesen, macht überhaupt den Umgang mit Kunst und Literatur vergleichsweise leicht. Der Leser, der Betrachter von Kunstwerken braucht im Grunde bei seinen Konkretisierungen nur den Konventionen der Sinnordnung zu folgen, die sein Leben ebenso bestimmen sollen, wie sie den Charakter von Kunst und Literatur definieren.

Um Konventionen handelt es sich auch nun. Sowohl die Fundamente der weltanschaulichen Sinnordnung, ja diese selbst, als auch etwa die genauen Regeln, die der Literatur vorgeschrieben sind, sind Konventionen. Beides wird von einer Gruppe von Menschen für die Dauer einer gewissen Zeit als verbindlich akzeptiert. Es sind wiederum Absprachen und Verabredungen, die durch andere ersetzt werden können und auch noch im Laufe des 18. Jahrhunderts ersetzt werden. Die Aufklärer selbst glauben zwar, sie hätten ewig gültige Gesetze der Literatur gefunden. Damit täuschen sie sich jedoch über die wahre Art ihrer Überzeugungen. Die ewigen Gesetze der Literatur erweisen sich als ebenso vorläufig, als ebenso konventionell, wie alle Regeln und Gesetze vor oder nach der Aufklärung.

Während der Epoche selbst aber ermöglichen die anerkannten Konventionen eine sehr weitreichende Verständigung zwischen den Autoren und ihrem Publikum. Jeder Leser weiß, wie er und mit welchem Ziel er lesen muß, in welche Richtung er seine Konkretisierungen zu lenken hat. Natürlich gibt es auch jetzt einen kleinen Spielraum für die Nuancen der Einzelkonkretisierung. Wie genau und bis in welche Details man sich Figuren wie Robinson Crusoe oder Zaïre vorstellt, bleibt auch nun dem einzelnen Leser überlassen. Im großen aber ist die Bedeutung eines Werkes vorgezeichnet. Man darf sicher sein, daß die Leserichtung, die von der Sinnordnung ausgeht, nicht ins Ungewisse oder Unbekannte führt. Selbstverständlich muß man hierbei bedenken, daß die Verheißungen der Sinnordnung eben nur Verheißungen sind, daß sie im Alltagsleben noch keineswegs eine auch nur annähernd entsprechende Verwirklichung gefunden haben. Die gute, sinnvolle und zweckmäßig eingerichtete Welt, in der das Gute stets über das Böse siegt, in der die Vernunft regelmäßig für die Verdrängung des Unglücks durch das Glück sorgt, in der die Humanität Basis des Einzelschicksals wie der Gesellschaft ist, diese gute Welt liegt noch in weiter Ferne.

Die Sinnordnung ist ein Entwurf, der auf eine Zukunft vorausweist, die zu erreichen die Pflicht eines jeden ist. Und daß sie immer Entwurf geblieben ist, verursacht schließlich auch ihren Zusammenbruch. Die Realität des Alltags widerlegt am Ende den Optimismus der Sinnordnung. Und wie die Sinnordnung verweist auch die auf sie eingeschworene Literatur auf die Zukunft, auf Kommendes, auf noch zu Schaffendes. Während der Lektüre entfernt sich der Leser also grundsätzlich aus der Wirklichkeit seiner Lebenswelt, die erst noch verändert werden muß. Über die Literatur begibt man sich darum in eine Art Zwischenreich. Von diesem Zwischenreich führt nur ein indirekter Weg zurück in die Realitäten des eigenen Lebens. Die Literatur ist deshalb ihrem Wesen nach nichts anderes als ein Appell, ein Appell an den Glauben des einzelnen, daß die Wirklichkeit eines Tages so sein werde, wie Sinnordnung und Kunst es versprechen. Was man liest, kann die Schrecken der Welt lindern, kann sie erträglich machen. Darum kann man als Leser nur über Entsprechungen, über Vergleiche und Analogien Nutzen für das eigene Leben aus der Literatur gewinnen. Gottsched meint, daß zum Beispiel das tragische Schicksal der Großen dieser Erde, das man in der Tragödie gestaltet sieht, auf die weniger schweren „Trübsale" vorbereitet, die der kleine Mann erlebt und die er darum besser ertragen könne. Andere Gattungen zeigen eine weniger indirekte Beziehung zwischen Kunst und Leben an. In der Komödie etwa werden Menschen lächerlich gemacht, die an bestimmten Fehlern, Schwächen, Vorurteilen oder Lastern leiden. Der Geizige, der Mißtrauische, der Scheingläubige, der Freidenker – sie repräsentieren Typen von Menschen, die sich abweichend von der Sinnordnung der Vernunft verhalten und die darum in eine gesellschaftliche Isolation geraten. Sie müssen geheilt oder aus der Gesellschaft ausgestoßen werden. Der Zuschauer darf sich zugleich über diese „Abweichler" und ihr unvernünftiges Betragen amüsieren. Die Komödie warnt als ein gesellschaftliches Regelbuch vor unvernünftigem Denken und Handeln.

Man kann sich leicht vorstellen, daß es unter den zur Zeit der Aufklärung geltenden Regeln so etwas wie ein Nichtverstehen eines Kunstwerkes nicht geben kann, daß auch eine scheiternde Lektüre ausgeschlossen ist. Ein Werk, das man nicht versteht, ist einfach ein Werk, das mißlungen ist, weil es den Regeln nicht genügt. Nicht verstehen deutet in keinem Fall eine Unfähigkeit des Lesers an. Ein Werk ist unverständlich, weil es in sich widersprüchlich ist. Da braucht man sich auch keine besondere Mühe zu geben, darin doch irgendeinen Sinn zu entdecken. Erst nach der Aufklärung gibt es daher überhaupt das Phänomen einer scheiternden Konkretisierung oder Lektüre. Während der Aufklärung haben alle Zeichen, auch die literarischen, feste Bedeutungen. Und dort, wo man von diesen Zeichen abweicht, hat man die Zeichen falsch benutzt, und das heißt immer, der Autor hat sie falsch benutzt und führt dadurch den Leser in die Irre.

In den Augen der Aufklärer sind zahllose Werke mißlungen. Der Bannfluch ihrer Verurteilung trifft ganze Epochen der Literaturgeschichte, in Deutschland zum Beispiel das ganze Barock, dessen Dichtung als unwahrscheinlich, schwülstig, als unregelmäßig in jeder Hinsicht verworfen wird. Er trifft auch – einstweilen – das Gesamtwerk einzelner Autoren, wie etwa, was uns heute wenig begreiflich scheinen will, Shakespeares Dramen. Shakespeare wird nicht nur abgelehnt, weil er der Verfasser von überaus unregelmäßigen Dramen ist, in denen zum Beispiel Tragödie und Komödie miteinander vermischt sind, in denen die Einheitenregel außer Kraft gesetzt ist, in denen eigentlich alle von den Aufklärern so hoch geschätzten Gesetze des Theaterspiels verletzt sind. Shakespeare wird auch abgelehnt wegen des Gehaltes gerade der Tragödien, die von einer im Grunde unheilbaren Korruptheit der Welt zeugen, so daß etwa Hamlet seine Aufgabe verflucht, die aus den Fugen geratene Zeit wieder einrenken zu müssen. Selbst der sonst allem Fortschritt so zugeneigte Voltaire, der Shakespeares Theater während eines Englandaufenthaltes kennengelernt hatte, warnt noch 1776 in Briefen an die Pariser Académie Française vor dem gefährlichen englischen Dramatiker, in dessen Werken sich Geniales mit Wahnsinnigem verbinde. In Deutschland denkt man im allgemeinen nicht weniger negativ über Shakespeare. Friedrich der Große, der 1780 eine Schrift mit dem Titel *Über die deutsche Literatur* veröffentlicht, spricht über die „abscheulichen Stücke von Shakespeare", kritisiert Goethes *Götz von Berlichingen* als „abscheuliche Nachahmung" des Engländers und als „ekelhaftes Gewäsche". Erst in den sechziger Jahren erscheinen in Deutschland die ersten Shakespeare-Übersetzungen, und erst nach 1770 werden seine Dramen regelmäßig aufgeführt, um dann allerdings sehr schnell zu den großen Vorbildern einer neuartigen Dramatik zu werden.

Mit seinen harschen Äußerungen über Shakespeare und Goethe reiht der Preußenkönig sich in das Kollektiv Gleichgesinnter ein, das strenge Auffassungen über Kunst und Literatur vertritt. 1780 ist die Zahl der Anhänger dieser Auffassungen bereits beträchtlich geschrumpft. Friedrichs Schrift entstand denn auch bereits in den fünfziger Jahren und verkündete daher bei ihrem Erscheinen schon weitgehend veraltete Standpunkte. Bis über die Jahrhundertmitte hinaus existiert jedoch eine allgemeine Einhelligkeit der Kunstauffassungen, von denen aus man Abweichungen von den Regelnormen unnachsichtig verfolgt. Immer wieder beruft man sich auf gemeinsame Überzeugungen, die die Urteile über Wert oder Unwert einzelner Werke rechtfertigen müssen. Nicht nur Lesen und Konkretisieren sind darum relativ einfache Prozesse, auch das Urteil über literarische Produkte kann leicht gefunden werden. Mit der herrschenden Sinnordnung verfügt man über einen zuverlässigen Maßstab, mit dessen Hilfe die Spreu vom Weizen eindeutig zu trennen ist. Man kann die „Fehler", die ein Autor unzweifelhaft begeht, wenn sein Werk als mißlungen beurteilt wird, mühelos, nämlich als Regelverstöße, identifizieren.

Weil man so genau weiß, wie ein gelungenes literarisches Werk auszusehen hat, kann man sich auch positiv gegenüber „fehlerhaften" Werken gebärden und zum Beispiel Ratschläge geben, wie ein Autor seine Fehler berichtigen sollte. Mit einem solchen Fall wollen wir uns zum Schluß dieses Abschnitts beschäftigen.

Im Jahre 1757 publiziert der Berliner Verleger und Schriftsteller Friedrich Nicolai, ein enger Freund Lessings, seine *Abhandlung vom Trauerspiele*. Darin wird nochmals eine ausführliche Begründung und Übersicht über alle für die

Tragödie notwendigen Regeln gegeben. Zentraler Punkt ist dabei die Wirkung, die beim Zuschauer mit dem Trauerspiel erreicht werden soll. Das sind nach der Theorie der Zeit, die hier einer Theorie des Aristoteles folgt, vor allem Mitleid und Schrecken oder Furcht. Mitleid mit den tragischen Figuren, und Furcht bezogen auf mögliche eigene, vergleichbare Erlebnisse. In diesem Zusammenhang bespricht Nicolai ein bekanntes Drama aus dem Jahre 1747, Johann Elias Schlegels *Canut*. Das ist eine nach den üblichen Regeln angelegte Tragödie. Allerdings weicht sie mit der Gestaltung einer der Hauptfiguren vom gebräuchlichen Schema ab. Und das bringt Nicolai prompt in gewisse Schwierigkeiten. Canut ist der dänische König Knud der Große, der das Ideal des aufgeklärten Herrschers verkörpert: weise, gütig, vernünftig und tugendliebend. Ihm steht sein Schwager und Gefolgsmann gegenüber, Ulfo, der aus unbezwingbarer Ruhmessucht vielerlei Verrat und Verbrechen begeht. Canut aber vergibt ihm großmütig seine Untaten immer wieder. Ulfo wird dadurch jedoch nicht anderen Sinnes und glaubt bis zum Ende, den ihm zustehenden Ruhm, das ihm gebührende Ansehen nicht unter, sondern nur gegen Canut erreichen zu können. Nach der Entdeckung eines von ihm gegen den König inszenierten Anschlags findet er schließlich, halb willentlich, den Tod.

Ulfo ist eine Dramenfigur, die nach den Auffassungen der Aufklärer gewiß den typischen Bösewicht repräsentieren müßte, denjenigen, der gegen die Gesetze von Tugend und Sitte verstößt und der schließlich im Tode seine gerechte Strafe findet. Aber Ulfo ist tatsächlich mehr als der bekannte Bösewicht. Er handelt nicht nur mit bösen Absichten, sondern sein Handeln entspringt einem eigenen, individuellen Wesensgesetz, das ihn zu unbedingter Selbstverwirklichung zwingt. Er wendet sich gegen die Herrschaft des guten Königs, weil sie seiner persönlichen Entfaltung entgegensteht. Damit ist die klare Scheidung zwischen Gut und Böse, die eine der Grundlagen der aufklärerischen Tragödie ist, wenigstens bis zu einem gewissen Grade aufgehoben. Man kann in Ulfo eine Kritik an dem wenig flexiblen Gegensatz von Tugend und Laster erkennen, die auf diese Weise beide etwas von ihrer strikten Eindeutigkeit verlieren. Die komplizierte psychologische Charaktergestaltung, die Schlegel seiner Theaterfigur gegeben hat, läßt Ulfo zu einer schillernden Person werden.

Genau hieran nimmt Nicolai dann auch Anstoß. Er sieht die Wirkung der Tragödie gefährdet. Er fürchtet, Sympathie und Mitgefühl könnten vor allem für den gänzlich „verabschäuungswürdigen" Ulfo geweckt werden. Dabei sei es doch der gute Canut, dem die Zuschauer ihre Neigung schenken müßten. Denn er ist die vorbildliche Gestalt, die die Ideale der Aufklärung in Denken und Handeln vertritt. Zwar habe Schlegel, so argumentiert Nicolai, wie es die Regeln verlangten, auch den König mit einem „Fehler" ausgestattet, da dieser Ulfo die Anschläge und Betrügereien immer wieder vergebe. Aber er lasse Canut an diesem Fehler nicht scheitern, so daß er auch kein tragisches Mitleid beim Zuschauer hervorrufen könne. Nicolai schlägt darum vor, das Drama zu ändern, zu verbessern: Ulfo müsse Canut ermorden, um dann von einer Nebengestalt getötet zu werden. Auf diese Weise könne die „Verwirrung" beseitigt werden, die die von Schlegel gestaltete „Katastrophe" beim Zuschauer auslöse.

Man sieht, wie weit die konsequente Befolgung einer Sinnordnung reichen kann, die die Literatur beherrscht: Der gute, großmütige König Canut soll geopfert werden, damit den Prinzipien des literarischen Regelwerkes Genüge getan wird. Und Nicolai ist keineswegs der einzige, der so denkt. Lessing hat seinem Verbesserungsvorschlag ausdrücklich zugestimmt.

Wir haben das Beispiel angeführt, weil es überdeutlich illustriert, warum es im 18. Jahrhundert kein „unverstandenes" Kunstwerk geben, warum ein Scheitern der Auseinandersetzung mit einem literarischen Werk nicht eintreten kann. Wo eine Bedrohung der uneingeschränkten Herrschaft der Sinnordnung erscheinen könnte, schreckt man nicht davor zurück, das Werk eines Autors einfach umzudichten. Eine Gestalt wie Ulfo ist von der aufklärerischen Sinnordnung her nicht angemessen zu erfassen. Darum wird in Nicolais Vorschlag von ihr abgelenkt, wird ihre mögliche Wirkung neutralisiert und die Aufmerksamkeit des Zuschauers auf eine zugängliche Gestalt gerichtet, auf eine Gestalt, die den Erwartungen entspricht. Wenigstens vordergründig ist die gute Welt so wieder in Ordnung gebracht, und zugleich ist die Lektüre des Kollektivs wieder in die übersichtlichen und bewährten Bahnen zurückgeführt.

Das Ende der Sinnordnung: Goethes *Werther*

Mit seiner Kritik an Schlegels Drama, vor allem mit seinem Verbesserungsvorschlag, hat Nicolai ungewollt und unbewußt bereits etwas von der Krise zur Sprache gebracht, in welche die Sinnordnung nach 1750 gerät. Denn daß der gute König Canut, dessen Herrschaft in jeder Hinsicht den Idealen der Aufklärer entspricht, sterben muß, damit die Gesetze der Tragödie formal erfüllt werden, ist eigentlich ein Widerspruch. In ihn verstrickt Nicolai sich, weil die Sinnordnung der Wirklichkeit nicht mehr gewachsen ist.

Nicolai selbst, wie gesagt, bemerkt diesen Widerspruch nicht, hält auch noch viele Jahrzehnte an der Sinnordnung fest, die für ihn die Welt am einleuchtendsten erklärt. Tatsächlich aber verliert diese sehr schnell ihre dominierende Stellung. Die Gründe dafür sind zahlreich. Zu den wichtigsten und einflußreichsten gehört der offenkundige Gegensatz zwischen der Leibnizschen These von der besten aller möglichen Welten auf der einen und der faktischen Lebensrealität auf der anderen Seite, die sich der versprochenen Besserung nur wenig, wenn überhaupt, zuneigt. Leid, Elend, Unvollkommenheiten, in der Gesellschaft so gut wie im Einzelschicksal, gehören zur täglichen Erfahrung, die jeder erlebt und beobachten kann. Auf die Dauer kann und will man nicht mehr hinnehmen, daß diese Erlebnisse und Erfahrungen nur vordergründige Unwesentlichkeiten sein sollen, die man wegzustecken habe, damit das Weltsystem als ein gutes nicht in Frage gestellt werde. Das, was als leibhaftige Wirklichkeit jeden direkt berührt, kann nicht fortwährend unterdrückt und geleugnet werden. Die auf die Zukunft gerichtete Glücksverheißung vermag die individuelle Realität nicht zu verdrängen. Man erhebt darum, ähnlich wie Ulfo in Schlegels *Canut*, Anspruch auf Selbstbestätigung und Selbstverwirklichung. Parallel hierzu gerät der absolute Vorrang, der der Vernunft, der Rationalität eingeräumt ist, ins Zwielicht. Man erkennt, daß die einseitige Betonung des Vernünftigen, des Verstandesmäßigen, das Hämmern auf Gesetz und Regel, auf Zweckmäßigkeit und Nutzen, nur einen Teil des Menschen erfaßt. In Opposition und Ergänzung zur Vorherrschaft der Vernunft entsteht daher eine Bewegung, in der das Gefühl, in der alle Dimensionen des Empfindens als gleichwertige humane Kräfte hervorgehoben werden. Der Mensch ist nicht nur ein der Tugend verpflichtetes Vernunftwesen, sondern auch und nicht weniger ein Wesen, dessen sittliches Empfinden ebenso richtige Erkenntnis verbürgt. Auch die Literatur ist von dieser Welle der Empfindsamkeit durchzogen. Das „Herz" wird zum repräsentativen Bild für alles, was die aufgewertete Emotionalität betrifft. Typisch ist das jetzt entstehende sogenannte „weinerliche" Lustspiel, in dem nicht mehr die satirische Bloßstellung menschlicher Schwächen den Mittelpunkt bildet, sondern die rührselige Wiedergabe von Tugendempfindungen, von unglücklicher Liebe und sensiblen Freundschaften. Tränen fließen reichlich, sind beredtes Zeugnis des wahrhaft Empfundenen. Und die Menge der Tränen, die vom Publikum vergossen werden, avanciert beinahe zu einem Kriterium für die Qualität des Theaterstücks. Was der einzelne erlebt, fühlt, sieht, wird nicht länger als Nebensache zur Seite geschoben. Das persönliche Gefühl, die Subjektivität lehnt sich gegen die Objektivität des verordneten Optimismus auf. Man läßt sich nicht mehr beschwichtigen .

In der Literatur werden die neuen Entwicklungen überall aufgenommen. Es entstehen Werke, die unumwunden Kritik an der vernünftigen Sinnordnung üben.

So erscheint 1759 Voltaires satirischer Roman *Candide oder der Optimismus.* Er erzählt die Geschichte des naiv-gutgläubigen Candide, der sich, auf der Suche nach seiner Geliebten Kunigunde, auf eine Irrfahrt durch die ganze Welt begibt, während der ihm alle nur denkbaren Ungeschicke und Mißgeschicke widerfahren. Als er schließlich in Konstantinopel die mehrfach geschändete und halbwegs verunstaltete Kunigunde wiederfindet, zieht er sich mit ihr und einigen Freunden zurück, um in einer eigenen kleinen Welt durch praktische Arbeit ein bescheidenes Glück zu realisieren. Das wird in dem berühmten Schlußsatz zusammengefaßt: „Wir müssen unseren Garten bestellen." Der Roman ist ein beißender Angriff auf die Kriege und ihre verheerenden Folgen, auf individuelle und kollektive Verbrechen, auf Machtgier und Grausamkeit, auf die Machenschaften des Adels und der Regierenden, auf Politik und Gesellschaft im allgemeinen. Vor allem aber ist er ein Angriff auf das optimistische Weltbild Leibnizscher Prägung. Wie ein höhnischer Refrain durchzieht den Roman die nach jedem Mißgeschick und Unglück von Candides Lehrer Pangloss verkündete These, es sei dennoch alles in der Welt zum besten eingerichtet. Trotz aller Kritik aber vertritt Voltaire keinen Pessimismus. Er warnt vielmehr vor utopischen Heilslehren, warnt vor der Illusion, die Erde sei ein Paradies. Der Roman ist ein Aufruf zum tätigen Handeln, zum entschiedenen Zupacken durch den einzelnen, um so den Zustand der Welt zu verbessern. Jeder müsse das in seinen Kräften Stehende versuchen.

Voltaire bleibt Aufklärer. Er will die Aussicht auf eine bessere Zukunft keineswegs aufgeben. Doch will er gleichzeitig die Tatsache des bestehenden Elends ernstgenommen sehen. Er wehrt sich gegen die Borniertheit, die alles Leid zu einer im Grunde sinnvollen Etappe auf dem Wege zur Vollkommenheit verschönt und dadurch menschlichen Schmerz verachtet.

Schon vier Jahre vorher hatte er sein *Gedicht über das Erdbeben von Lissabon* (anonym) veröffentlicht. Das Lissaboner Erdbeben von 1755 ist Anlaß, ebenso gegen die Philosophie der durch und durch guten Welteinrichtung zu polemisieren, gegen die Auffassung, die unter anderem Alexander Pope vertreten hatte, „alles, was ist, ist gut". Der Untertitel des Gedichts ist bezeichnend:

Untersuchung des philosophischen Lehrsatzes „Alles ist gut."

Voltaire bezweifelt den Sinn eines Erdbebens, das Zehntausende von Menschenleben gefordert hat und das eher dazu auffordern müsse, sich von dem Optimismus gegenüber einer eigentlich vollkommenen Welt abzukehren. Die Realität der Unvollkommenheit dürfe nicht wegargumentiert werden. Das Gedicht gipfelt in den Versen:

> „Eines Tages wird alles gut sein", das ist unsere Hoffnung;
> „Alles ist heute gut", das ist unsere Illusion.

Voltaire ist nicht der einzige, der sich in diesen Jahren gegen den Formalismus der Sinnordnung der Aufklärung wehrt. Andere aber lassen es nicht bei Kritik an den Extremen der Sinnordnung, sondern wollen sie im ganzen destruieren. In Deutschland ist es im besonderen die Generation der Stürmer und Dränger (so genannt nach dem Schauspiel *Sturm und Drang* von Friedrich Maximilian Klinger), die sich gegen das rationalistische System empören, das seine Glaubwürdigkeit mehr und mehr einbüßt. Sie bekämpfen nicht nur die aus der Sinnordnung abgeleitete Regeldichtung, sondern setzen ihr, unter anderem unter Berufung auf Shakespeare, eine Literatur der ungezwungenen Natürlichkeit entgegen. Für sie ist das Besondere von höherem Wert als das Allgemeine. Sie bestehen auf unbedingter Selbstverwirklichung, die gegen alle familiären und gesellschaftlichen Zwänge ausgespielt wird. In den Werken der Stürmer und Dränger löst sich die Literatur aus den Bindungen an die Sinnordnung der Aufklärung. Literatur ist nicht länger die Darstellung philosophischer Grundsätze, sondern Ausdruck eigener, persönlicher, individueller Erlebnisse und Erfahrungen. Der Dichter ist nicht nur Nachschöpfer der Natur, sondern er wird, wie man sagt, zum Genie, das seine eigene, nur seinen Gesetzen gehorchende Welt schafft. Diese in der Literatur entstehende Welt ist nicht länger der Spiegel vernünftig-harmonischer Zweckmäßigkeit. In ihr dominieren vielmehr Gefühl, Phantasie, Freiheitsdrang, Selbstexpression. Bürgerlich-gesellschaftliche Regeln werden als Hemmnisse erlebt, die im Protest und in der schrankenlosen Selbsterfahrung, im Ausleben der Persönlichkeit, zu der Geist, Seele und Körper gleichermaßen gehören, überwunden werden. Einer der Stürmer und Dränger ist der junge Johann Wolfgang Goethe.

Als Goethe 1774 *Die Leiden des jungen Werthers* erscheinen läßt, ist er in Deutschland bereits ein bekannter, wenn auch umstrittener Schriftsteller. Die Wirkung des schmalen, gerade 125 Seiten umfassenden Romans übertrifft jedoch die der früheren Werke bei weitem, übertrifft auch die kühnsten Erwartungen seines Verfassers. Der *Werther* wird überhaupt zum größten literarischen Erfolg in Europa in den letzten Jahrzehnten des 18. Jahrhunderts. Der Roman löst bei unzähligen Lesern ein regelrechtes Werther-Fieber aus, eine empfindsame Schwärmerei, in der man sich in das Denken und Fühlen des Romanhelden versetzt. Man kleidet sich wie Werther (blauer Frack mit gelber Weste, Stulpenstiefel, Filzhut), man parfümiert sich sogar mit einem „Eau de Werther". Lange Zeit hat man auch geglaubt, manch einer hätte in der Nachfolge Werthers Selbstmord verübt. Doch diese Annahme ist inzwischen widerlegt. Offenbar weiß man doch im rechten Moment die Grenzen zwischen Dichtung und Realität zu ziehen. Historisch belegt sind jedenfalls keine Freitode, die als direkte Wirkung des Romans angesehen werden könnten. Im übrigen aber ist die Wirkung tatsächlich überwältigend. In nur 15 Jahren erlebt der Roman rund 30 Neudrucke. Die Übersetzungen in die großen europäischen Sprachen erfolgen in kurzer Zeit. Es erscheinen zahlreiche Theaterbearbeitungen und Parodien; eine Flut von Gedichten, Briefen, Opern, Possen, Harlekinaden, Balletten greift das Werther-Thema auf. Figuren und Szenen aus dem Roman werden Gegenstand von Ölgemälden, Kupferstichen und Porzellanmalereien. Sogar ein Feuerwerk mit dem Titel *Werthers Zusammenkunft mit Lottchen im Elysium* wird aufgeführt. Allerdings gibt es neben den enthusiastischen Bewunderern auch hartnäckige Gegner des Romans. Die letzten finden sich vor allem im Lager der Aufklärer.

Das außerordentliche Echo, das der Roman hervorruft, ist ein erstes Anzeichen dafür, daß es sich nicht nur um einen Liebesroman handelt, als der das Werk oft gesehen wird. Gewiß, die unglückliche Liebe zu Lotte, die mit Albert verlobt ist und darum für Werther unerreichbar, ist von zentraler Bedeutung für die Entwicklung des Geschehens. Sie auch gibt den letzten Ausschlag für Werthers Entschluß, in den Tod zu gehen. Aber über die unerfüllbare Liebe vollendet sich eigentlich nur, was als Möglichkeit und heimliche Sehnsucht schon lange in Werther angelegt ist.

Werther leidet an der Unvollkommenheit der Welt, die ihm nicht die Gelegenheit gewährt, den Ansprüchen und Sehnsüchten seines „Herzens" zu folgen (das charakteristischerweise der „Vernunft" gegenübergestellt wird). Er findet auf der Welt keinen Ort, an dem er den Gesetzen seines Innern entsprechend zu leben vermöchte. Sein Verlangen nach Freiheit, nach Selbstverwirklichung stößt überall auf unüberwindbare Widerstände. Schon ganz zu Beginn des Romans wird der Gedanke des möglichen Selbstmordes formuliert: „... daß er diesen Kerker verlassen kann, wann er will". Gegenüber Albert verteidigt er ausdrücklich die Berechtigung des Freitodes. Jedem Menschen sei von der Natur ein „Maß des Leidens" bestimmt; werde dieses Maß überschritten, dann verwandelten sich Leben und Leiden in eine „Krankheit zum Tode".

An dieser Krankheit zum Tode leidet er schon zu Anfang des Romans. Der Roman schildert im Grunde nur die vergeblichen Versuche, Mittel und Wege zur Heilung von dieser Krankheit zu finden. Dabei erweisen sich die untauglichen Heilmittel zugleich als die Ursachen der Krankheit. Zum Teil sind es Mittel, die der Sinnordnung der Aufklärung angehören. Werther verwirft das ganze weltanschauliche System der Aufklärung, das in Albert seinen Vertreter hat. Dieser ist zwar ein anständiger und braver Mensch, aber gänzlich dem Nützlichkeits- und Vernunftdenken verfallen. Natürlich verurteilt er auch den Selbstmord.

Auch die Religion vermag Werther keinen Trost zu spenden. Selbst tief religiös, wird er von den Standpunkten der Religionsvertreter enttäuscht. Sein Streben nach mystischer Einswerdung mit dem Kosmos findet keinen befriedigenden Widerhall. Auch die Natur bietet keinen Ausweg. Sie wird zwar zu Beginn schwärmerisch willkommen geheißen, verspricht eine emphatische Aufnahme des Ich. Doch beinahe sofort schlägt das hochgespannte Gefühl in Ernüchterung um: Werther kann in der Natur nur ein „ewig verschlingendes, ewig wiederkäuendes Ungeheuer" erkennen.

In der Alltäglichkeit des Lebens vermag Werther erst recht keinen Platz zu finden. Die „Einschränkung", die er überall in den „bürgerlichen Verhältnissen" der Gesellschaft antrifft, läßt ihn nur tiefer an seiner Seelennot leiden. Die brüske Verweisung aus einem adligen Kreis ist ihm neuerlicher Anlaß, sich zurückzuziehen.

Bezeichnend ist auch die Rolle, die literarische Autoren und Werke spielen. Homer, der das einfache, unreflektierte Einssein mit der Natur repräsentiert, wird durch Ossian verdrängt. Ossian ist der vom schottischen Dichter James Macpherson fingierte Autor empfindsamer, sagenhafter Gesänge, die in düsterer Stimmung von Schuld und Untergang singen. Kurz vor seinem Tode noch liest Werther Lotte lange Passagen aus Ossian vor. Klopstock wird zum Schlüsseldichter für Werther und Lotte. Es genügt, seinen Namen zu nennen, um sicher zu sein, daß man gleich und Gleiches empfindet. Die literarischen Anspielungen und Motive reichen bis zum Ende. Auf dem Pult des toten Werther liegt aufgeschlagen Lessings Drama *Emilia Galotti*, eine Tragödie (1772 erschienen), die wenigstens indirekt ebenfalls Fragezeichen hinter die aufklärerischen Überzeugungen setzt. Emilia fürchtet, verführt werden zu können und so ihre Tugend zu verlieren. Sie zwingt ihren Vater dazu, sie zu töten.

Der Roman schildert das Schicksal eines jungen Mannes, der mit seiner übersteigerten Empfindsamkeit, mit seinen intellektuellen Forderungen und seiner aufgeschlossenen Hingabebereitschaft überall scheitert. Religion, Natur, Gesellschaft, Liebe, sie alle werden ihm zu schmerzlichen Enttäuschungen. In lyrischer, häufig rhythmisch stilisierter Sprache werden die Seelenkonflikte wiedergegeben, die den Helden in Resignation und Lebensekel treiben, in Melancholie und Todessehnsucht. Die Form, die Goethe für diesen Roman wählt, steigert die

Wirkung, die ohnehin von den Geschehnissen ausgeht. Es ist die aus England stammende Form des Romans in Briefen. Diese Form eröffnet dem Leser sozusagen einen direkten Zugang zum Inneren des Helden. Denn der Brief ist eine Mitteilungsform, in der die geheimen Gefühle, die intimen Gedanken durch die Personen selbst ausgesprochen werden. Goethe steigert die Intensität noch weiter dadurch, daß der Roman ausschließlich aus Briefen Werthers besteht. Es gibt keine Briefe anderer Gestalten, etwa an Werther, aber auch keine über Werther. Der Roman wird auf diese Weise zu einer Art Monolog. Dadurch entfällt jeglicher Kommentar innerhalb des Romans, der durch einen Erzähler oder andere Romangestalten gegeben werden könnte. Es gibt keine Erklärungen für Werthers Verhalten außer denen, die er selbst gibt. Es gibt darum auch keine Relativierungen. Der Herausgeber der Briefe, der sich sporadisch zu Wort meldet, ist ein streng sachlicher Referent. Es fehlt so jegliche Instanz zwischen Leser und Romanfigur. Das nötigt den Leser dazu, sich ein eigenes Urteil über das Buch zu bilden. Wer den *Werther* verstehen will, kann nicht anders, als dabei auch über sich selbst nachdenken.

Es ist in jeder Beziehung ein Roman des Subjektivismus, den Goethe mit dem *Werther* seinen Lesern vorlegt. Der Subjektivismus nun, einschließlich des Nachdrucks auf Gefühl und Empfindung, ist nach 1750, wir haben es bereits erwähnt, zu einer mächtigen Strömung in der Literatur geworden. Darum war man an persönlich-individuelle Erlebnisse als Zentrum eines literarischen Werkes durchaus gewöhnt. Doch dermaßen konsequent, so extrem wie in diesem Roman hatte sie noch kein Autor dargestellt. Hier wird der Leser mit einer Gestalt konfrontiert, deren einzige Orientierung das eigene Ich ist, die eigene innere Stimme. Alle jenseits des eigenen Inneren liegenden Normen werden radikal zurückgewiesen und als nicht tauglich abgestempelt.

Ein derartig konsequenter Subjektivismus muß alle Leser aus dieser Zeit vor Probleme stellen, die begeisterten ebenso wie die, die den Roman ablehnen. Die Anhänger der aufklärerischen Sinnordnung und der mit ihr verbundenen Literatur können in Werther selbstverständlich nur einen kranken, einen von der Vernunft verlassenen Verirrten erkennen. Und natürlich nehmen sie an dem mit fast logischer Folgerichtigkeit zustande kommenden Selbstmord Anstoß. Sie vermissen darum auch gerade, was Goethe ausdrücklich nicht in den Roman aufgenommen hat: einen Kommentar, eine in den Roman verarbeitete Auslegung, die dem Leser den nötigen Hinweis darauf geben müßte, daß Werther alles andere als ein Vorbild sei. Ihnen ist Werther nicht ausreichend genug negativ gezeichnet. Er kann daher schädliche, falsche Wirkungen haben. So greifen die Aufklärer denn auf ihre bewährte Methode zurück, die sie immer angewandt haben, wenn ein Werk in ihren Augen „fehlerhaft" oder mißlungen ist: Sie kommen mit Verbesserungs- und Änderungsvorschlägen. Sogar der sonst so verständige Lessing (der die rein literarischen Qualitäten des Romans durchaus zu würdigen weiß) nimmt zu diesem Mittel Zuflucht. In einem Brief an seinen Freund Johann Joachim Eschenburg plädiert er dafür, daß der Roman, „wenn er nicht mehr Unheil als Gutes stiften soll, ... eine kleine Schlußrede haben müßte". Daraus müsse hervorgehen, wie Werther „zu einem so abenteuerlichen Charakter gekommen" sei. Auf diese Weise könne man andere Jünglinge, die ähnlich wie Werther veranlagt seien, vor ähnlichen Folgen bewahren. Und dieses „Kapitelchen zum Schlusse" sollte von Goethe „je zynischer je besser" geschrieben werden.

Der uns schon bekannte Friedrich Nicolai hat dann das von Lessing gewünschte „Kapitelchen zum Schlusse" gewissermaßen anstelle Goethes geschrieben. In seiner Parodie *Die Freuden des jungen Werthers* läßt er einen vernünftigen Mann einem Wertherbegeisterten Jüngling eine Version des Romans erzählen, in der Werther nicht stirbt und sogar seine geliebte Lotte heiraten kann. Übrigens trägt sich auch Lessing mit dem Gedanken, eine Art „Anti-Werther" zu schreiben. Er sollte den Titel *Werther, der bessere* tragen. Mehr als ein kurzes Fragment ist aber nicht entstanden.

Aufklärer vom Schlage Lessings und Nicolais vermissen in Goethes Roman die eindeutige Stellungnahme, die Belehrung, die unzweideutige moralische Botschaft. Nicht die Tatsache als solche, daß in diesem Werk Gefühle eine so große Rolle spielen, ist für sie das eigentlich störende Element. Auch die Aufklärer machen ja durchaus von Emotionen in ihren Werken Gebrauch. Nur werden dort die Empfindungen, werden die Gemütserregungen in den Dienst einer rational nachzuvollziehenden Lehre gestellt. Die Emotionalität, sowohl die der literarischen Figuren wie die der Leser, soll die Vermittlung der rationalen Lehre erleichtern. Man will die Vernunft gleichsam über das Herz erreichen. Emotionen haben für die Aufklärer vor allem funktionalen Wert.

In der Verselbständigung des Emotionalen, das bei Goethe zu einem Selbstwert wird und nicht mehr auf etwas anderes verweist, liegt allerdings nicht nur für die Gegner die Schwierigkeit, mit dem Roman sinnvoll umgehen zu können. Auch die Verteidiger haben die größte Mühe, dem Werk einen eindeutigen, einen umschreibbaren Sinn zu geben. Eine konkrete Bedeutung zu finden, ist auch ihnen unmöglich. Auch sie ringen also mit dem Problem, daß in Goethes Roman zum Thema geworden ist, was bis dahin Mittel gewesen war. Bei aller Begeisterung für das Werk kann man doch schlecht verkünden, der *Werther* sei ein großes Kunstwerk, weil darin die Sinnlosigkeit des Lebens und die Notwendigkeit des Selbstmordes so überzeugend dargestellt seien. Deshalb wissen im Grunde auch diejenigen, die den Roman unendlich preisen, mit ihm nicht gut Rat. Auch sie sind ja noch durchaus in den Konventionen befangen, welche die Konkretisierungen eines literarischen Werkes auf eine mitteilbare „Wahrheit" zulaufen lassen. Und in diese Konvention müssen sie sich, halb gewollt, halb ungewollt, gleichsam retten, wenn sie über den Roman mehr sagen wollen, als daß seine Darstellung auf jeden empfindenden Leser die größten Wirkungen habe. Auch sie erkennen darum schließlich ein moralisches Exempel darin, auch wenn das immer nur zögernd eingestanden wird. Die grandiose Darstellung der inneren Vorgänge im Romanhelden, die überwältigende Wiedergabe seiner Empfindsamkeit, die psychologische Feinheit der Seelenkonflikte, so argumentiert man, könnten den

Menschen über sich selbst aufklären, müssen ihn eigentlich dazu bringen, Gefährdungen, wie Werther sie erlebt, zu überwinden. Das könne man um so besser, als man diese Gefährdungen bei Goethe so großartig und wahrheitsgetreu erleben könne. Solche Argumentation ist letztlich jedoch ein Notbehelf, der so weit vom Standpunkt der Aufklärer nicht entfernt ist.

Manches von dem, was die Werther-Begeisterten in den Bann schlägt, ist auch einfach eine Zeitmode. Man liebt es, in Gefühlen zu schwelgen, besonders in Gefühlen der Trauer und Vergeblichkeit. Man läßt sich nur allzu willig von Unglück, Verzicht und Leiden ergreifen. Man genießt das Leiden, das Leiden anderer, in das man sich gerne versetzt. Man ist nur zu gerne bereit, sich rühren zu lassen und die Rührung mit aller Kraft auszukosten. Dem kommt der Roman in mehreren Zügen entgegen. Auch Werther ist ein Kind seiner Zeit. Auch er kennt das genußvolle Selbstmitleid. Er schreibt nicht nur, daß er sich töten werde, sondern malt sich aus, wie sein Grab aussehen wird, wie der Wind das Gras darauf bewegt, und wie Lotte auf das Grab blickt und an ihn denkt. Das sind Bilder der modischen Empfindsamkeit, die überall leidenschaftlich nachempfunden werden.

Auch die Befürworter haben den Roman nicht „verstanden". Man meint sich mit dem Helden identifizieren zu müssen, verführt durch die ergreifende Darstellung. Eben hier liegt die Schwierigkeit für das Verständnis. Denn der *Werther* ruft wohl gerade nicht zu Identifizierungen auf; eher zur Distanzierung von Handlungen und exaltierten Emotionen, die einen Menschen in der Krise richtig zeichnen, die wahr und realistisch sind. Daß Goethe im *Werther* über sich selbst, über seine eigene Lebenskrise, gewissermaßen zu seiner eigenen Lebensrettung, geschrieben hat, daß er sich darin eigentlich von sich selbst befreien will, das entgeht allen Lesern, obwohl man über einen Großteil der autobiographischen Hintergründe informiert ist. Eine solche, gleichsam persönliche Funktion der Literatur liegt (noch) jenseits des Vorstellungsvermögens der Leser, kann darum auch ihre Konkretisierung des Romans nicht beeinflussen.

Auch diejenigen also, die von Goethes Roman begeistert sind, bleiben ihm gegenüber weitgehend hilflos. Sie können ihn jedenfalls keineswegs in derselben Weise „verstehen", wie sie Literatur verstanden haben, die vor diesem Roman erschienen war. Der *Werther* appelliert an keine bekannte Sinnordnung. Er fordert deshalb eine individuelle Konkretisierung. Sie ist den zeitgenössischen Lesern jedoch nicht möglich. Und man täuscht sich über das „Mißverständnis", das der Begeisterung für das Werk zugrundeliegt, durch den kollektiven Taumel des Enthusiasmus, in den man sich steigert. Dieser Taumel verhindert gleichzeitig überhaupt das Bewußtsein der Notwendigkeit einer individuellen Konkretisierung. „Verstanden" hat den Roman eigentlich niemand. In diesem Licht markiert Goethes *Werther* nicht nur das literarische Ende der Aufklärung und ihrer Sinnordnung, sondern er ist zugleich auch das erste moderne literarische Werk.

3. Der Weg zur Moderne

Die neue Situation

Das Ende der Aufklärung markiert das Ende bestimmter Auffassungen über Literatur und ihre Rolle in der Gesellschaft. Das Ende der Aufklärung bedeutet jedoch zugleich unendlich viel mehr. Mit ihr geht eine Epoche zuende, in der eine vorherrschende Sinnordnung zum letztenmal alle Bereiche der Gesellschaft zusammenhielt. Die Widersprüche zwischen der Wirklichkeit des Lebens und dieser Sinnordnung waren am Schluß jedoch so groß geworden, daß beide nicht länger zu vereinen waren. Die Französische Revolution von 1789 bezeichnet den endgültigen Zusammenbruch der aufklärerischen Überzeugungen. Sie widerruft die Ideale eines langsamen, doch stetigen Fortschritts. Die Evolution, auf die die Aufklärer ihre Hoffnung gesetzt hatten, schlug in eine Revolution um.

Auch für die Entwicklung von Kunst und Literatur entsteht mit dem Ende der Aufklärung eine neue und bis dahin in der Geschichte unbekannte Situation. Alte und über Jahrhunderte bewährte Regeln haben ihre Geltung verloren. Andere, und zwar außerordentlich verschiedenartige, treten an ihre Stelle. Darin unterscheidet sich die jetzt eingetretene von allen früheren Situationen der Veränderung: Nicht ein einzelnes oder ein die anderen dominierendes Regelsystem gewinnt die Oberhand. Das, was die Aufklärung wie alle anderen vorangehenden Epochen charakterisierte, ist endgültig untergegangen. Die neue Situation ist eine gänzlich offene, die alle nur möglichen Entwicklungen und Literaturformen zuläßt. Von 1800 an gibt es bis heute keinen allgemeinen Konsensus mehr, weder im gesellschaftlichen Bereich noch in dem von Kunst und Literatur. Jeder Künstler ist frei für seine eigenen Regeln. Höchstens noch Gruppen von Künstlern mit gleichen oder ähnlichen Auffassungen bilden sich, Gruppen, die jedoch in ständiger Konkurrenz mit anderen, gleichzeitigen arbeiten. Romantiker, Klassiker, Biedermeierdichter, Jungdeutsche Autoren, Realisten, Naturalisten und viele andere. Waren es früher Epochen, die aufeinander folgten, jetzt sind es nurmehr Strömungen, Bewegungen, die sich in schnellem, sich steigerndem Tempo ablösen. Im 20. Jahrhundert beschleunigt sich dieser Prozeß nochmals, so daß man die rasante Folge der verschiedenen „-ismen" kaum noch übersehen kann.

Andererseits ist es nicht so, daß die Ideale und Überzeugungen der Aufklärung gänzlich aufgegeben werden. Auch das gehört zur neuen, offenen Situation, daß man das, was einem sinnvoll scheint, übernimmt und weiterverwendet. Die berühmten Losungen der Französischen Revolution „Freiheit, Gleichheit, Brüderlichkeit" sind Losungen der Aufklärung. Am Zustandekommen der Revolution waren überdies viele französische Intellektuelle und Schriftsteller direkt und indirekt beteiligt. Auch die Ideen von Humanität, Individualität und Demokratie, für die die Aufklärung sich mit Macht eingesetzt hatte, gehen nicht verloren, stellen vielmehr für die gesellschaftliche und politische Entwicklung im 19. und 20. Jahrhundert unverzichtbare Schlüsselwerte dar.

Dennoch: Mit der Wende vom 18. zum 19. Jahrhundert ändert sich die Welt fundamental. Die Schwelle zum industriellen Zeitalter ist erreicht. Das neue Zeitalter bewirkt nicht nur im gesellschaftlichen Leben einschneidende Veränderungen, sondern auch in der Kunst und in der Literatur. Die Geschichte der Aufklärung hatte gezeigt, daß eine direkte Verbindung zwischen Wirklichkeit und Literatur, die unter anderem auch die Einflußnahme der Literatur auf die Wirklichkeit einschloß, weder der Wirklichkeit noch der Literatur zugute kam. Diese Erfahrung wird die Basis für neue Konzepte der Literatur. Die literarische Opposition gegen die Aufklärung beschränkt sich daher keineswegs auf die Kritik am einseitigen Rationalismus, obwohl diese in zahlreichen Schriften eine beherrschende Rolle spielt. Gravierender ist die allgemeine Konsequenz, die man aus dem Scheitern der engen Verflechtung von Literatur und Wirklichkeit zieht. Man gelangt nämlich zu der Überzeugung, daß Literatur und Wirklichkeit als zwei getrennte Bereiche betrachtet werden müssen. Sie bleiben zwar immer irgendwie aufeinander bezogen, stehen aber nicht mehr in unmittelbarer gegenseitiger Verlängerung. Diese Trennung von Literatur und Wirklichkeit hat für die Literatur Folgen, deren Wirkungen im Laufe des 19. Jahrhunderts, in ihrem vollen Umfang gar erst im 20. Jahrhundert sichtbar werden. Die Ansätze dazu werden jedoch bereits in den Jahrzehnten um und nach 1800 geschaffen.

Trennt man Literatur und Wirklichkeit, dann trennt man sich auch von einer Literaturauffassung, nach der literarische Werke in der Wirklichkeit konkrete, nachprüfbare Wirkungen zu erzielen haben. Das war der Standpunkt der Aufklärung. Gibt man ihn auf, muß man die Literatur neu definieren. Man muß neue Konzepte entwickeln, die angeben, wozu literarische Werke eigentlich dienen, warum sie geschaffen werden, worin ihre Bedeutung liegen soll. In einer offenen Situation, wie sie um 1800 entsteht und in gewissem Sinne das ganze 19. Jahrhundert hindurch anhält, gibt es im Prinzip viele Möglichkeiten für neue Konzepte der Kunst. Man hat auch tatsächlich viele entwickelt. Auf einige von ihnen wollen wir etwas näher eingehen, da von ihnen aus die Konzepte, aber auch die Art der modernen Literatur besser zu verstehen sind.

Vorher wollen wir allerdings die Veränderungen skizzieren, die Welt und Wirklichkeit nach 1800 erfahren. Literarische Entwicklungen und Veränderungen sind nie selbständige Prozesse. Die neuen Wirklichkeiten, die die Gesellschaft im weitesten Sinne grundlegend umgestalten, haben auch auf die Literatur und ihre Konzepte eine nachhaltige Wirkung. Schon die Tatsache, daß jetzt neue Leserschichten und mit ihnen auch andere Lesebedürfnisse entstehen, hat für die Literatur weitreichende Folgen. Ein kurzer Blick auf die veränderte Wirklichkeit ist deshalb notwendig.

Bis weit ins 18. Jahrhundert war die europäische Gesellschaft eine Agrargesellschaft mit festen Strukturen und Herrschaftsformen. Selbstverständlich gab es auch in dieser Wirklichkeit Veränderungen, Abwechslungen, Entwicklungen. Im ganzen aber wurden sie als Wiederholungen, bestenfalls als Variationen des Gleichen verstanden. Das Neue war im Grunde immer das Alte, es trat lediglich in veränderter Gestalt auf.

Das 19. Jahrhundert läßt eine solche, vergleichsweise beschauliche Sicht auf die Wirklichkeit und die Geschichte nicht mehr zu. Die einschneidenden Veränderungen, die nach 1800 auftreten, können nicht länger einfach als Fortsetzungen oder Variationen des Früheren, des Bekannten und Herkömmlichen verstanden werden.

Der Prozeß einer allseitigen Umwälzung beginnt mit einer gewaltigen Bevölkerungsexplosion. 1750 zählt Europa ungefähr 130 Millionen Einwohner, 1850 sind es mehr als das Doppelte, 1915 beinahe 500 Millionen. Hatten früher Kriege, Hungersnöte, Epidemien, aber auch die allgemein schlechten Lebensumstände ein Ansteigen der Bevölkerungszahl immer wieder verhindert, können jetzt auch Katastrophen das Wachstum nicht mehr eindämmen. Möglich wird der Bevölkerungszuwachs durch eine Reihe von Ursachen. Dazu gehört die bedeutende Steigerung der landwirtschaftlichen Erträge. Neue Anbaumethoden und neue Anbauflächen sichern größere und regelmäßigere Ernten. Andere Gründe sind die verbesserte Hygiene, neue Arzneien (Impfungen). Sie machen die Menschen gegen Krankheiten widerstandsfähiger, erhöhen das Lebensalter. Insgesamt verbessern sich die Lebensumstände im Vergleich zu früher in hohem Maße.

Mit der Bevölkerungsexplosion eng verbunden ist die zunehmende Mobilität. Die Menschen bleiben nicht mehr ihr Leben lang an nur einem Ort. Tausende verlassen ihre Heimat, um sich an anderen Orten anzusiedeln, zum Teil auch, um auszuwandern. Die Landflucht, die massenhafte Abwanderung in die Städte, erfaßt alle Gebiete. Im 19. Jahrhundert entsteht die moderne Großstadt mit all ihren positiven und negativen Seiten.

Die Mobilität wird besonders auch durch die neuen wirtschaftlichen Entwicklungen verursacht und gefördert. Lohnarbeit als eine Erwerbsform, die sich immer stärker durchsetzt, zieht die Menschen an die Orte, wo die Fabriken – die neuen Stätten und Formen der Produktion – gebaut werden.

Arbeit wird nun unter gänzlich anderen Bedingungen als bisher verrichtet. Das Industriezeitalter hat seine Grundlage im technischen Fortschritt. Maschinen ersetzen die menschliche und tierische Muskelkraft. Die Dampfmaschine wird zum Inbegriff der neuen Zeit.

All dies verleiht dem Leben eine neue und andere Qualität. Diese wird jedoch vielleicht noch entscheidender durch die sich schnell ausbreitenden Entwicklungen und Möglichkeiten auf dem Gebiet von Verkehr und Verständigung beeinflußt. Die Eisenbahn ersetzt die Postkutsche, die technische Nachrichtenübermittlung den reitenden Boten. Eine Nachricht, die früher Wochen benötigte, ist jetzt fast sofort mit Hilfe der Telegraphie überall verbreitet. Entfernungen schrumpfen. Auch das Zeitempfinden der Menschen verändert sich gründlich. Die Welt wird kleiner, in anderer Hinsicht aber auch größer. Die sogenannte Informationsgesellschaft beginnt zu entstehen, die Informationsgesellschaft, in der man sich über fast alle Vorgänge und Vorfälle in der Welt in kürzester Zeit und fast mühelos informieren kann. Die Zeitungen, die kurz nach 1800 ihre erste Blüteperiode erleben, steigern die Verbreitung von Neuigkeiten im Alltag.

Die Lebensrealität ist für jeden einzelnen neu, zum großen Teil fremd. Selbstverständlich müssen sich auch die politischen Mächte auf die neuen Verhältnisse einstellen und sich ihnen anpassen. Der alte absolutistische Staat kann nicht weiterregieren, wie er es gewohnt war. Verwaltungsreformen, eine neue Steuergesetzgebung, Beteiligung der bürgerlichen Industriellen an der Macht – überall muß der Staat auf die veränderte wirtschaftliche und soziale Realität eingehen. Er tut es trotz allem jedoch zögernd und hinhaltend. Darum begehrt man auf gegen die wenig flexible Selbstherrlichkeit der überlieferten Herrschaftsinstitutionen. Das ganze 19. Jahrhundert ist durch Revolutionen und Gewaltausbrüche gekennzeichnet.

Die mannigfachen, zum Teil sich ergänzenden, zum Teil sich widersprechenden, jedenfalls sich nicht bruchlos miteinander vereinigenden technischen, wirtschaftlichen, sozialen und politischen Veränderungen verursachen eine Krise der traditionellen Werte und Sinnordnungen. Die „gute alte Ordnung" kann sich in dieser Gegenwart nicht länger behaupten. Die Entchristianisierung, die im 18. Jahrhundert eingesetzt hatte, ergreift den europäischen Kontinent immer stärker. Die ständische Gesellschaftsordnung wird untergraben. Unter dem Andrang des Neuen und Unbekannten zerbrechen die traditionellen Bindungen an das Gewohnte. Die relative Ruhe des bisherigen Lebens weicht der Hektik des Fortschritts. Man muß sich aus dem überschaubaren Lebenskreis familiärer, dörflicher und kleinstädtischer Einheiten lösen, auch aus dem beruhigenden Rhythmus des jahreszeitlichen Kreislaufs. Die Orientierungen, die bewährte weltanschauliche und soziale Ordnungen boten, verlieren ihre Glaubwürdigkeit. Ein Prozeß des Umwertens aller Werte setzt ein, der den einzelnen zwingt, nach neuen Sinnordnungen zu suchen. Unsicherheit und Desorientierung prägen das Lebensgefühl in allen Bereichen. Es entstehen neue Sinnangebote, die in ihrer Vielfalt von konservativer Rückorientierung bis zu revolutionärem Fortschrittsfanatismus reichen. Parteien und Bewegungen, Vereinigungen und Verbände, Sekten und Bünde verschiedenartigster Prägung versuchen die Menschen für ihre Überzeugungen, ihre Glaubensziele und Weltanschauungsangebote zu gewinnen. Der individuelle Mensch wird auch hier zum Opfer unendlicher Information, ihm wird zugesetzt, sich zu entscheiden. Schwer wird es in jedem Fall, am Hergebrachten festzuhalten, den Idealen früherer Generationen zu folgen.

Es ist eine – bis heute andauernde – Zeit des Umbruchs und der Widersprüche. Beflügelt einerseits durch den Glauben an den technischen Fortschritt, andererseits gehemmt durch Rückfälle und großes Elend etwa in den Großstädten. Man pocht auf das Recht, auch auf das Recht der Selbstverwirklichung des einzelnen, und wird doch gleichzeitig einer unter unendlich vielen, wird zum Massenmenschen. Die Arbeit wird für viele auf der einen Seite leichter, während sie auf der anderen Seite den Menschen stets stärker von sich selbst entfremdet. Der Fließbandarbeiter weiß kaum noch, an welchem Produkt er beteiligt ist. Man ist fasziniert durch die wissenschaftlichen und technischen Errungenschaften, während man gleichzeitig ihr Opfer wird. Man hat Mühe, sich auf die Gegenwart, ihr Tempo und die sich steigernde Beschleunigung einzustellen. Bezeichnend sind etwa Berichte früher Eisenbahnreisender, die behaupten, schwindlig zu werden durch den schnellen Perspektivwechsel, den der Blick aus dem Abteilfenster eines doch noch keine 50 Stundenkilometer fahrenden Zuges zeige.

Grundsätzlich vermehren sich Wohlstand und Reichtum schnell, für den einzelnen wie für die Gesellschaft im ganzen. Damit aber nicht zugleich auch Lebensbefriedigung und Lebensglück. Das Streben nach Vermehrung materieller Güter und das Nützlichkeitsdenken bringen keine sinnspendenden Kräfte hervor, bieten keinen Ersatz für die untergegangenen Sinnordnungen. Im Gegenteil. Trotz aller Verbesserung des materiellen Lebens erfährt man das Berufsleben, das öffentliche Leben überhaupt, als menschenfeindlich. Zu sich selbst, zu dem, was man als menschliche Ganzheit, als Übereinstimmung mit sich selbst ersehnt, findet man nur in der Abgeschiedenheit des Privaten, in den Räumen, die man abschirmen kann gegen den Ansturm der rasenden Zeit. Der Feierabend, Freizeit im weitesten Sinne, erhalten eine neue Bedeutung. Sie werden zu den Refugien, in denen man zur Selbstbesinnung gelangen und den aufreibenden Anforderungen der Wirklichkeit wenigstens zeitweise entrinnen kann.

Die tiefgreifenden Veränderungen, die die Lebenswirklichkeit im 19. Jahrhundert in jeder Hinsicht umformen, wirken sich selbstverständlich auch auf die Literatur aus, vor allem aber auch auf das Verhalten der Leser, ihre Lesebedürfnisse und Leseziele.

Die Bevölkerungsexplosion, in Verbindung mit besserer Ausbildung und wachsendem Wohlstand, läßt die Zahl der Leser sehr schnell steigen. Durch die Einführung der allgemeinen Schulpflicht in vielen Staaten Europas verringert sich das Analphabetentum. Man schätzt, daß im 18. Jahrhundert höchstens 10 % der Bevölkerung lesen und schreiben konnte. Eigentliche Leser gab es noch weniger. Auch heute liest ja keineswegs jeder, der lesen und schreiben kann. Am Ende des 19. Jahrhunderts gibt es zwar noch Analphabetentum, doch die Zahl der Leser hat sich im Vergleich zu früheren Zeiten vervielfacht.

Dem Ansteigen der Leserzahl entspricht das Ansteigen der Buchproduktion. Neue Druckverfahren – die Erfindung der Schnellpresse – erleichtern die Herstellung von Büchern, machen sie auch billiger. 1740 wurden auf der Leipziger Buchmesse 755 Schriften angeboten, 1770 sind es bereits 1144 und 1800 schon 2569. Im Jahre 1830 zählt man im deutschen Reichsgebiet 3906 Neuerscheinungen und Neuauflagen, 1870 sind es 10108 und 1910 nicht weniger als 31281. Die immer umfangreicher werdende Buchproduktion hält übrigens bis heute an. Jede Frankfurter Buchmesse bricht den im Vorjahr erreichten Rekord an Neuerscheinungen.

Solche Zahlen sagen viel, aber nicht alles. Sie sind letztlich nur der äußere Ausdruck des neuen Leseverhaltens. Man liest jetzt anders und anderes als im 18. Jahrhundert. Bis dahin las man wenige Bücher, diese jedoch häufig mehrmals. Sie wurden oft sogar im Familienkreis oder bei anderen Zusammenkünften laut vorgelesen. Zu diesen immer wieder gelesenen Werken gehörten die Bibel und vielerlei geistliche Erbauungsschriften. Auf dem Lande gehörten Kalender zum festen Lektürebestand. Man las wenig und das wenige wiederholt. Es war die

Epoche des sogenannten intensiven Lesens. An die Stelle des intensiven Lesens tritt nun, dieser Prozeß setzt etwa in der Mitte des 18. Jahrhunderts ein, das sogenannte extensive Lesen. Man liest nicht mehr wenige Bücher mehrmals, sondern viele Bücher einmal.

Das extensive Lesen hängt eng mit dem neuen, dem anderen Lektüreangebot zusammen, das auf dem Buchmarkt zu finden ist – wie umgekehrt der Buchmarkt auf die veränderte Lesesituation reagiert. So schwindet zum Beispiel der Anteil geistlicher Werke rapide, der Anteil der schöngeistigen Literatur – Romane, Dramen, Gedichte, aber auch aller möglichen anderen Literaturformen – nimmt ebenso rapide zu. Um 1750 waren noch 40 % aller veröffentlichten Bücher theologische Werke, im Jahre 1800 sind es keine 14 % mehr.

Insbesondere der Roman beginnt jetzt seinen unaufhaltsamen Siegeszug, der heute noch nicht beendet ist. Aber auch Zeitungen und Zeitschriften sind viel begehrt. Gegen Ende des 18. Jahrhunderts bricht eine wahre Lesewut aus. Man gründet Lesegesellschaften und -kabinette, Lesebibliotheken. Die ersten Leihbibliotheken entstehen. Lesen hat jetzt eine andere Funktion. Es dient nicht mehr nur der Besserung oder Belehrung, nicht mehr allein etwa auch der politischen oder wissenschaftlichen Information. Lesen dient jetzt vornehmlich der Unterhaltung, der Entspannung. Die Leseleidenschaft findet übrigens keineswegs überall Zustimmung. Man fürchtet, durch die Lektüre, insbesondere durch die Lektüre von Romanen, entstünde beim Leser, und hier wiederum vor allem bei weiblichen Lesern, ein verzerrtes Wirklichkeitsbild, das mit dem echten Leben nur wenig zu tun habe.

Neue Lesebedürfnisse verlangen neuen Lesestoff, neue Leseinhalte. Gegen Ende des 18. Jahrhunderts beginnt daher auch der Aufstieg der sogenannten Trivialliteratur. Sie präsentiert sich wiederum vor allem in der Form des Romans. Die Trivialliteratur befriedigt das Bedürfnis nach Unterhaltung, nach Spannung, richtet sich auf das Kuriose, das Sentimentale, das Aufregende, auch das erotisch Erregende, verschönt das Exotische. Im 19. Jahrhundert richten sich geschäftstüchtige Verleger auf dieses Bedürfnis ein und gründen Magazine und Zeitschriften, in denen kurze Geschichten, aber auch ganze Romane, zum Teil in Fortsetzungen, publiziert werden. Am bekanntesten wird die *Gartenlaube*, 1853 gegründet, die 1874 bereits 400 000 Abonnenten hat. Auf dem Höhepunkt ihrer Entwicklung wird sie in beinahe allen sogenannten besseren Familien gehalten und liegt in Konditoreien und Cafés aus.

Folgen für die Literatur

Trivialliteratur bietet dem Leser Ausflucht und Trost. Sie stellt die Welt schöner dar, als sie ist. Sie reagiert und antwortet – auch in den Werken, die heute erscheinen – auf die Sehnsucht der Leser nach einer besseren Welt, nach einer Welt, die der Alltag ihnen vorenthält. Auch dort, wo die Trivialliteratur scheinbar auf die Wirklichkeit des Lesers eingeht, verzeichnet sie diese Wirklichkeit. So zeigen Kriminalromane zum Beispiel häufig Handlungen und Geschehnisse, die direkt aus unserer eigenen Erfahrungswelt zu stammen scheinen. Und doch verfälschen sie diese Erfahrungswelt. Jedermann weiß zum Beispiel, daß nicht einmal die Hälfte aller Verbrechen aufgeklärt wird. Im Kriminalroman aber werden die Täter – bis auf ganz wenige Ausnahmen – grundsätzlich gefaßt. Jedermann weiß auch, daß unsere Polizei heute völlig überbelastet ist. Im gängigen Kriminalroman aber kann sich der Kommissar jeweils auf einen einzigen Fall konzentrieren. Und die Mörder und Diebe sind so höflich, mit ihren Verbrechen so lange zu warten, bis er seinen laufenden Fall gelöst hat und ihnen seine ungeteilte Aufmerksamkeit schenken kann. Ähnliche Verzerrungen kennzeichnen den trivialen Liebesroman. Wer wünschte sich nicht die große Liebe, die alle Hindernisse, die alle durch Stand oder Reichtum gegebenen Grenzen überwindet? Im wirklichen Leben bleibt sie Wunsch, jedenfalls in den meisten Fällen. Im trivialen Liebesroman aber siegt sie immer, garantiert sie überdies eine überaus glückliche Ehe, von der allerdings nicht mehr erzählt wird.

Es ist unangebracht, sich über die Leser solcher Literatur moralisch zu erheben. Es ist nichts Verwerfliches, wenn Menschen dem Druck ihres meist grauen Alltags entkommen wollen und sich der Darstellung einer anderen und heileren Welt wenigstens für einige Zeit überlassen. Es ist ja nicht zufällig, daß sie sich so verhalten. Auch das ist nämlich ein Ausdruck der Wirklichkeit, in der sie leben. Es ist auch nicht zufällig, daß die Trivialliteratur gerade im 19. Jahrhundert reißenden Absatz findet. Die schwindende Geltung bewährter Sinnordnungen fördert das Bedürfnis nach anderen, neuen Orientierungen, die dem Leben Sinn und Ordnung verleihen könnten. Doch überzeugende neue Sinnangebote bleiben aus. Die Sehnsucht nach einer besseren Welt, nach einer Wirklichkeit, die in sich sinnvoll ist, sucht darum andere Wege. Einen offeriert die Trivialliteratur, auch wenn sie der Realität nicht standhalten kann. Doch gibt es in ihr eine Welt, die in Ordnung ist oder doch in Ordnung gebracht werden kann. Dort siegt noch das Gute über das Böse, bleibt das Glück nicht nur uneingelöstes Versprechen.

In der Trivialliteratur wird eine deutliche Scheidung zwischen literarischer Wirklichkeit und der tatsächlichen Wirklichkeit ihrer Leser gezogen. In der Regel wissen die Leser auch um diese Scheidung. Sie verwechseln den Inhalt ihrer Lektüre nicht mit ihrer Lebensrealität. Was ihnen die Trivialliteratur bietet, ist der zeitweilige Blick auf eine unbeschädigte Welt.

Die unmißverständliche Trennung, die die Trivialliteratur zwischen ihrem Inhalt und der Realität vollzieht, hat auch mit ihrer Herkunft aus der Aufklärung zu tun, in der sie entstand. In der Aufklärung wurde der Wirklichkeit ja auch eine Art Spiegel der besseren Wirklichkeit vorgehalten. Der Unterschied liegt allerdings darin, daß die aufklärerische Literatur es nicht wie die Trivialliteratur dabei belassen hat. Die Trivialliteratur hingegen unternimmt keinerlei Anstrengung, die literarische mit der nichtliterarischen Realität in Übereinstimmung zu bringen. Sie lebt gerade vom unaufhebbaren Gegensatz zwischen beiden.

Wir haben verhältnismäßig ausführlich über die Trivialliteratur gesprochen, weil sie ein charakteristisches Produkt der neuen Zeit ist, vor allem aber, weil das über sie Gesagte bis zu einem gewissen Grade auch für die nichttriviale, die sogenannte hohe Literatur gilt. Wir haben bereits erwähnt, daß auch in ihr die Trennung zwischen Literatur und Wirklichkeit nach der Aufklärung vollzogen wird. Das geschieht nicht in derselben Weise wie in der Trivialliteratur, es geschieht zudem aus teilweise anderen Gründen und mit anderen Zielen. Grundsätzlich aber kommt es auch hier zu einem deutlichen Gegenüber von Kunst und Realität. Und ganz ohne Zweifel geht der Leser mit dieser Literatur nicht viel anders um als mit der Trivialliteratur. In seinen Augen muß auch sie die andere, die bessere Welt repräsentieren. Darum wird auch die Literatur nun zum festen Bestandteil des Feierabends, der Freizeit, als desjenigen Lebensbereiches, der von den Mängeln und Beschwernissen des Alltags und des Arbeitslebens so weit wie möglich freigehalten wird. Man nimmt die Kunst wie die Literatur mit einer bestimmten Einstellung zur Kenntnis. Man genießt sie unter gleichsam festgelegten Bedingungen. Ins Theater und ins Konzert geht man in Festkleidung, bildende Kunst betrachtet man in eigens aufzusuchenden Kunsthallen, man liest Bücher in der Absonderung des privaten Gemachs. Bereits diese Haltung gegenüber Kunst und Literatur, die Vorbereitungen, die man jeweils trifft, wenn man sich ihnen nähert, zeigen an, daß sie einen besonderen, einen eigentlich ausgesonderten Platz innerhalb der Lebenswirklichkeit zuerteilt bekommen. Darum erwartet man auch etwa von der Literatur keineswegs direkte, ja kaum indirekte Wirkungen auf das tägliche Leben. Ihre Rolle besteht eher darin, Schönheit, Glück, Ordnung und Zuversicht jenseits der Widrigkeiten des Alltags und unverbindlich zur Anschauung zu bringen. Literatur wird zu einer Art Festraum, droht beinahe zum Dekor zu werden. Obwohl die Literatur im ganzen keiner festen Sinnordnung mehr verbunden ist, von der aus sie konkretisiert werden muß, vertritt sie doch indirekt eine eigene Art von Sinnordnung. Denn in ihr gibt es noch, was die traditionellen Sinnordnungen gewährt hatten und was die neuen lediglich versprechen: eine irgendwie sinnvolle Ordnung, die die Wirklichkeit übersichtlich macht. Allerdings sieht man auch die Entfernung, die zwischen ihr und der Lebensrealität liegt. Einfluß auf die Lebensrealität wird ihr kaum zugestanden. Hat man die Lektüre eines Buches beendet, hat man das Theater oder das Konzert verlassen, wendet man sich wieder dem wirklichen Leben zu.

Im 19. Jahrhundert entsteht auf diese Weise eine eigenartige Lesehaltung. Es gibt kein kollektives Lesen mehr wie noch im 18. Jahrhundert, kein von einer Sinnordnung gesteuertes Konkretisieren. Lesen findet jetzt auch nicht mehr im geselligen Kreise statt, sondern vollzieht sich in der Einsamkeit der individuellen Lektüre. Und doch gibt es so etwas wie ein kollektives Verstehen. Denn man verfügt über ein allgemeines Bezugssystem, das alle Konkretisierungen leitet. Man liest mit dem Ziel, in literarischen Werken eine Darstellung anzutreffen, die zwar von der eigenen Wirklichkeit getrennt ist, aber nach bestimmten Regeln eine sinnvolle und in sich gerundete Welt wiedergibt. Darum gibt es trotz allem ein gemeinsames Leseerlebnis, über das sich auch verständigen kann. Jeder Leser darf beim anderen voraussetzen, daß der mindestens ähnlich konkretisiert. Und die Qualität eines Werkes beweist sich unter anderem in der Gemeinsamkeit seines Verständnisses durch viele Leser.

Selbstverständlich haben Kunst und Literatur auf die ihnen zuerteilte Funktion nicht ohne Widerspruch reagiert, haben sogar versucht, sich gegen die ihnen auferlegte Verschönerungsrolle aufzulehnen. Andererseits aber haben sie die Erwartungen und Lesehaltungen der Leserschaft auch durchaus bestätigt und gefördert – häufig ungewollt und nicht selten mit anderen Absichten. Aber die klare Scheidung zwischen Literatur und Wirklichkeit, die nach der Aufklärung programmatisch vollzogen wird, muß beinahe automatisch dazu führen, daß die Leseattitüde bekräftigt wird, die die Literatur in den Freizeitbereich abdrängt. Doch auch inhaltlich unterstützt die Literatur ihre eigene Ausgliederung aus der Lebenswirklichkeit. Der Geschichtsroman zum Beispiel, der nach 1800 zur außerordentlich erfolgreichen Gattung wird, beschwört die Vergangenheit oft als die verlorene gute alte Zeit. Und die Leser genießen fast sentimental die hier gebotene schmerzliche Stimmung, die die Darstellung des Früheren kennzeichnet. Man flüchtet geradezu in die verklärenden Bilder der Vergangenheit, die für immer dahin ist. Walter Scott legt den Grundstein für die Flut von Romanen mit historischen Stoffen. Er ist zugleich der erfolgreichste und berühmteste Autor des Geschichtsromans, dessen Werke in ganz Europa und in Amerika verschlungen werden.

Die Literatur des 20. Jahrhunderts ist mit ihren neuen Formen und Inhalten wenigstens zu Beginn auch eine Reaktion auf die Situation der Literatur des 19. Jahrhunderts und der ihr gegenüber eingenommenen Lesehaltung. Sie will sich von ihnen absetzen. Dabei benutzt sie allerdings auch in positivem wie negativem Sinne Formen, Inhalte und künstlerische Mittel der literarischen Darstellung, die im Laufe des 19. Jahrhunderts entwickelt werden. Einige von ihnen wollen wir etwas genauer betrachten.

Kunst als „schöner Schein"

Der am Ende der Aufklärung erfahrene Zwiespalt zwischen Literatur und Realität, vor allem aber die neuen Lebenswirklichkeiten nach 1800 zwingen auch die Schriftsteller zur Revision traditioneller Literaturauffassungen und zu Entwürfen neuer Konzepte. Auch sie erkennen die veränderten Tatsachen des Lebens, die nicht mit jener Harmonie korrespondieren, die in der Literatur dargestellt zu werden pflegte. Man nimmt die gesellschaftliche Wirklichkeit wahr, in der es kaum einen ausgeglichenen Zustand gibt, in der einen befriedigenden Sinn zu finden stets schwerer wird. Die Künstler wie die Philosophen sehen die bittere Wirklichkeit als ein Gegenbild zur Natur. Standen in der Aufklärung noch Natur und Gesellschaft in einem Verhältnis der gegenseitigen Ergänzung zueinander, sind sie nun Gegensätze geworden, die unvereinbar sind. In der

Natur gelten nach wie vor die Gesetze von Harmonie, Sinn und Ordnung. Von diesen Gesetzen aber hat sich der Mensch als gesellschaftliches Wesen entfernt, er hat mit der Natur gebrochen. Und aufgrund dieses Bruches lebt der Mensch auch mit sich selbst in Widerspruch, lebt er sich selbst entfremdet. Geblieben ist allerdings die Erinnerung an den Zustand vor diesem Bruch. Darum gibt es die Sehnsucht nach der verlorenen Natürlichkeit, nach der Wiederherstellung der ehemals vorhandenen Einheit. Bereits zur Zeit der Aufklärung hatte Jean Jacques Rousseau in diesem Sinne gefordert, man müsse „Zurück zur Natur!" Dadurch allein könne der fortschreitende Prozeß der Entfremdung zum Stillstand gebracht werden, der den Menschen bedrohe und der durch die Zivilisation ausgelöst worden sei.

In den Jahrzehnten nach 1800 aber glauben die meisten nicht mehr an die Möglichkeit einer tatsächlichen Rückkehr oder Umkehr. Auch die durch die Französische Revolution nochmals für kurze Zeit geweckten Hoffnungen auf eine grundsätzlich gerechtere Welt haben sich schnell als trügerisch erwiesen. Die Realität der Napoleonischen Kriege ist eine gänzlich andere als die von den Revolutionären versprochene.

Völlig ausgeschlossen ist es, daß die Kunst, daß die Literatur die untergegangene Einheit von Mensch, Gesellschaft und Natur wiederbringen könnten. Der Glaube der Aufklärung an die Verbesserung der Welt durch die Literatur wird endgültig als Irrglaube angesehen. Die Rolle der Literatur muß sich daher ändern. Sie kann zwar nicht mehr zur Wiederherstellung der verlorenen Harmonie zwischen Mensch und Natur beitragen, aber sie kann die Sehnsucht des Menschen nach dieser Harmonie ernstnehmen. Und das kann sie, indem sie ihm im Kunstwerk die zeitweilige Illusion der Versöhnung verschafft. Sie kann das Ideal der Einheit im Kunstwerk entwerfen und darstellen. Daher kann man in der Literatur eine Wirklichkeit gestalten, die all das enthält, was außerhalb der Kunst nicht (mehr) existiert. Die Literatur vermag eine Alternativwelt anzubieten, die Züge der Vollkommenheit trägt, in der das unerreichbar Gewordene erreichbar wird.

Ein solches Konzept verlangt vom Leser eine bestimmte Lesehaltung. Er kann zwar im Erleben des Kunstwerks die Erfüllung finden, die ihm sonst versagt ist. Aber er muß wissen, daß die Erfüllung nur im Kunstwerk möglich ist. Die Wirklichkeit der Kunst ist illusionär, ist eine künstlich geschaffene, von der kein Anspruch auf die nichtkünstlerische Wirklichkeit abgeleitet werden darf. Literatur und Kunst sind „schöner Schein", der als solcher erkannt werden muß.

Die Autoren der Werke des „schönen Scheins" wollen die Struktur der Künstlichkeit dabei deutlich in den Werken selbst zum Ausdruck bringen. Dadurch helfen sie dem Leser, die Werke „richtig" zu verstehen. Man soll die literarischen Werke gewissermaßen als Versuche begreifen, die das Unmögliche wiedergeben. Darum relativieren die Autoren den Realitätsgehalt der Werke, präsentieren sie so, daß sie als Kunstwerke erkennbar sind. Dem Leser wird auf verschiedene Weise deutlich gemacht, daß es in der Tat „nur" Kunst ist, worin die ersehnte Versöhnung möglich ist. Der Widerspruch, der zwischen Kunst und Wirklichkeit besteht, wird auf diese Weise im Werk selbst gestaltet. Dadurch kann der Leser davor bewahrt werden, für Wirklichkeit zu halten, was lediglich Kunst ist. Eines der auffälligsten und zugleich effektivsten Mittel, mit dem dieses Ziel erreicht werden kann, ist die sogenannte Durchbrechung der künstlerischen Illusion. In einem Roman, einem Theaterstück, die nicht den Prinzipien des „schönen Scheins" folgen, wird die Handlung so dargestellt, daß sie den Leser davon überzeugen soll, sie sei real, alles, was geschehe, finde tatsächlich statt oder habe tatsächlich stattgefunden. Obwohl es meist um erfundene Geschehnisse und Menschen geht, die man in literarischen Werken antrifft, legen die Autoren in der Regel viel Wert darauf, daß der Leser glaubt, alles habe sich wirklich zugetragen. Das Kunstwerk leugnet so eigentlich sein Wesen als Kunstwerk. Es schafft die Illusion von Wirklichkeit. In den Werken, in denen diese Illusion durchbrochen wird, zwingt man den Leser oder Zuschauer dazu, das Kunstwerk als Kunstwerk wahrzunehmen. Wir werden später sehen, in wie hohem Grade man von dieser Technik gerade im 20. Jahrhundert Gebrauch gemacht hat. Vor allem in der Romantik, also in der Zeit um 1800, hat man diese Technik jedoch auch bereits vielfältig angewandt. Man nennt sie darum auch „romantische Ironie". Da reden zum Beispiel Personen in einem Roman darüber, daß es nur ein Roman sei, in dem sie erscheinen. Man diskutiert plötzlich während der Aufführung darüber, wie das Drama, das gerade gespielt wird, inszeniert werden müsse.

Solche Techniken sind darum mehr als bloße Techniken. In ihnen manifestiert sich eine bestimmte Kunstauffassung. Nach ihr nimmt die Kunst Abstand von der Wirklichkeit und weist ihr eine neue Rolle in der Gesellschaft zu. Auch Literatur büßt so ihren „Gebrauchswert" ein, den sie als Mittel zur Wirklichkeitsverbesserung besessen hatte. Damit geht, es sei nochmals hervorgehoben, eine Tradition zuende, die viele Jahrhunderte gegolten hatte. Die Tradition nämlich, Literatur solle nicht nur erfreuen, sondern auch nützlich sein. Die alte Formel des römischen Dichters Horaz, nach der Literatur vergnügen, vor allem aber auch nützen sollte, hat ihre Macht definitiv verloren. Kunst und Literatur erhalten ihre Berechtigung nicht länger durch die Wirkung, die sie in der Gesellschaft ausüben. Sie werden auch nicht mehr im Blick auf die Gesellschaft und die Wirklichkeit entworfen. Kunst und Literatur bilden einen eigenen Bereich, sie werden zu einer eigenen Wirklichkeit, die ihren eigenen Gesetzen gehorcht. Mit einem Wort, die Kunst wird unabhängig, selbständig. Sie wird autonom, wie der Fachausdruck lautet.

Das autonome Kunstwerk

Ihren Höhepunkt erreicht die Bewegung, die die Autonomie der Kunst und eines jeden Kunstwerkes verficht, erst in der zweiten Hälfte des 19. Jahrhunderts. Es ist die Strömung, die unter dem Namen „L'Art pour l'art", „Kunst um der Kunst willen", bekannt geworden ist. Wir werden darauf noch eingehen. Schon vor 1800 jedoch gibt es Ansätze einer ästhetischen

Auffassung, in der die Autonomie der Kunst gefordert wird. Berühmt wurde in diesem Zusammenhang vor allem Kants Formel vom „interesselosen Wohlgefallen", mit dem man ein Kunstwerk zu betrachten habe. Wir wollen den Text eines anderen Autors etwas näher in Augenschein nehmen.

Der Schriftsteller Karl Philipp Moritz – bekannt vor allem durch seinen psychologischen Roman *Anton Reiser* (1785/90) – veröffentlicht 1785 einen kleinen Aufsatz mit dem sprechenden Titel *Versuch einer Vereinigung aller schönen Künste und Wissenschaften unter dem Begriff des in sich selbst Vollendeten.* Darin diskutiert Moritz das schon oft vor ihm besprochene Problem, in welcher Hinsicht sich das Vergnügen, das man angesichts des Nützlichen empfinde, von dem Vergnügen unterscheide, das von der Schönheit ausgelöst werde. (Moritz spricht statt von „Schönheit" im Stil seiner Zeit von dem „Schönen"). Das ist, wie gesagt, ein altes Problem, das auch für die Bestimmung der Literatur immer wieder aktuell wurde. Moritz findet nun jedoch Lösungen, die von denen der Vergangenheit abweichen und weit vorausweisen. Das Nützliche, so argumentiert Moritz, bereitet Vergnügen, weil man es gebrauchen kann. Ein nützlicher Gegenstand ist in sich selbst jedoch kein Ganzes. Er hat nämlich seinen Zweck außerhalb seiner selbst. Er vollendet sich erst in dem Benutzer, der von ihm Gebrauch macht. Letztlich wird eigentlich die Vollkommenheit des Benutzers durch den nützlichen Gegenstand vergrößert. Eine Uhr, die die Zeit richtig angibt, ein Messer, das gut schneidet, erfüllen ihren Zweck, indem sie ihrem Benutzer dienen. Ob sie kostbar oder schön sind, das ist ein Aspekt, der dem der Nützlichkeit untergeordnet ist.

Nützliche Gegenstände, man kann auch sagen, Gebrauchsgegenstände, vollenden sich erst in ihrem Benutzer. Ganz anders, ja umgekehrt verhält es sich nach Moritz bei dem Schönen, bei schönen Gegenständen, bei schönen Kunstwerken. Sie nämlich finden ihre Vollendung in sich selbst. Kunstwerke sind nicht nützlich, sie wollen nicht gebraucht sein. Sie müssen vielmehr in ihrer Schönheit erkannt werden. Kunstwerke kann der Mensch entbehren; er kann ohne sie leben. Darum betrachtet man sie nicht als Nutzgegenstände, sondern ausschließlich um ihrer selbst willen. Unsere Beschäftigung mit Kunstwerken ist selbstlos. Darin finden Kunstwerke ihr „wahres Dasein".

Während der Gebrauchsgegenstand sich im Benutzer vollendet und dadurch dessen Ich- und Selbstgefühl verstärkt, bewirkt das schöne Kunstwerk genau das Gegenteil. Es macht, „daß wir uns in dem schönen Gegenstande zu verlieren scheinen". Nach Moritz opfern wir auf diese Weise während der Kunstbetrachtung unser individuelles und begrenztes Dasein „einer Art von höherem Dasein auf". Die Wirkung des Schönen besteht also darin, daß wir uns und unsere Beschränktheit vergessen und uns gewissermaßen in einen Zustand außerhalb unserer selbst versetzen lassen. Das allerdings ist eine Wirkung, die man mit „Vergnügen" kaum noch angemessen bezeichnen kann.

Auch für den Künstler ergeben sich nach Moritz hieraus bestimmte Verpflichtungen. Beim Schaffen des Kunstwerkes darf er nicht das Vergnügen des Betrachters vor Augen haben. Das würde das Werk wieder in die Nähe des Gebrauchsgegenstandes rücken. Einziges Ziel des Künstlers muß es sein, ein Werk zu schaffen, das in sich selbst vollendet ist, das seinen „Brennpunkt" ausschließlich in sich selbst besitzt. Nur wenn das gelingt, wird sich auch die erhoffte Wirkung beim Betrachter einstellen. Sie ist nichts anderes als die notwendige Folge des in sich selbst vollendeten Kunstwerkes. Dieses ist auf seine Wirkung nicht angewiesen, da es seinen Zweck in sich selbst findet.

Es geht uns hier nicht um eine gründliche und kritische Analyse der Gedanken von Moritz. Es geht uns darum zu zeigen, wie weit man sich um 1800 von den Literatur- und Kunstauffassungen der Aufklärung entfernt hat. Kunstwerke des „schönen Scheins", erst recht aber die, die in sich selbst ihren Sinn finden, verlangen auch vom Betrachter oder Leser völlig neue Einstellungen. Die Kunstwerke werden nach Prinzipien geschaffen, die nicht mehr traditionell sind, die sich darum auch der Betrachter erst aneignen muß. Die Werke, die nun erscheinen, brauchen seinen Erwartungen nicht mehr zu entsprechen.

Literarische Werke, die nach dem Prinzip der Autonomie verfaßt werden, die also ihr Wesen nicht mehr in der Verbindung zur Wirklichkeit haben, stellen an den Leser besondere Anforderungen. Er kann sie nicht mehr von seiner oder überhaupt von einer Sinnordnung aus verstehen. Moritz sagt zu Recht, daß man sich selbst, daß man seine eigene Realität mit all ihren Inhalten aufgeben müsse, um diesen Werken gerecht werden zu können. Man muß von sich selbst absehen, sich den Werken eigentlich vorbehaltlos überantworten, will man sie nicht verfälschen.

Das ist eine schwer zu verwirklichende Forderung, die wir später ausführlicher untersuchen werden. Jetzt wollen wir eine andere Erscheinung besprechen, die mit dem Phänomen der literarischen Autonomie eng zusammenhängt, sie sogar noch steigert und die ebenfalls von großer Bedeutung in der Entwicklung der Literatur gewesen ist.

Wir haben im 1. Kapitel dargestellt, daß die erste Phase des Lesens darin besteht, Sprachzeichen wahrzunehmen und die diesen Zeichen zugehörigen Bedeutungen zu erkennen. Man ist auf dem Wege zum Verständnis eines Textes unter anderem dann, wenn man die zu den Zeichen gehörenden Bedeutungen identifiziert und miteinander verbunden hat. Die Suche nach den Bedeutungen der Zeichen, der Akt der Konkretisierung, ist nicht immer einfach, zumal dann, wenn im Text von konventionellen Bedeutungen der Zeichen abgewichen wird. In der Alltagssituation dagegen, so hatten wir festgestellt, gelingt das in der Regel relativ mühelos. Und auch in sehr vielen literarischen Werken gelingt es, bisweilen mit mehr, bisweilen mit weniger Anstrengung. Erfolg hat man, weil man wie die Autoren der Werke davon ausgeht, daß die Sprachzeichen in der Tat Zeichen sind, also keine Bedeutung an sich besitzen, sondern auf etwas anderes verweisen, eben auf die Bedeutungen, die mit den Zeichen als solchen nichts zu tun haben. Die Literatur der Aufklärung zum Beispiel befolgt das Prinzip des Verweisens konsequent. Sie kann auch kaum anders, da ihr durch die aufklärerische Sinnordnung ihre Bedeutung bereits vorgegeben ist. Es ist eine Bedeutung, die über die Sprachzeichen nur aufs neue und stets wieder vergegenwärtigt werden muß. Für die aufklärerischen Schriftsteller ist die Sprache, auch die literarische Sprache, darum ein Instrument, ein Mittel, mit dessen Hilfe man etwas ausdrückt, das in der Sprache selbst nicht enthalten ist. Und die zeitgenössischen Leser können aufgrund dieses Sprachgebrauchs die literarischen Werke verhältnismäßig leicht und richtig verstehen.

Bei Goethes *Werther* haben wir gesehen, daß dieser Roman Sprache in diesem Sinne nicht mehr eindeutig und konsequent anwendet. In diesem Roman verbirgt sich keine Bedeutung mehr, wie man sie etwa in Voltaires *Zaïre* erkennen kann. Welches die Bedeutung von Goethes Roman ist, worauf seine Sprachzeichen letztlich verweisen, ist schwer festzustellen. Sprache wird von Goethe anders benutzt als von den Aufklärern. Nach der Aufklärung wird nun entschieden radikalisiert, was bei Goethe zuerst, aber noch vorsichtig erscheint. Radikalisierung heißt, daß man die Voraussetzung zurückweist, Sprache sei lediglich ein Instrument, Sprache setze sich nur aus Zeichen zusammen, die auf etwas anderes verweisen. Man nimmt vielmehr an, daß die Sprache selbst eigene Sinn- und Bedeutungszusammenhänge schaffen könne, daß also die Sprachzeichen auf sich selbst und nicht ausschließlich auf etwas außerhalb ihnen Liegendes verweisen können.

Von dem romantischen Dichter Novalis ist ein kurzer Text überliefert, der mit dem Titel *Monolog* überschrieben ist.

Es ist eigentlich um das Sprechen und Schreiben eine närrische Sache; das rechte Gespräch ist ein bloßes Wortspiel. Der lächerliche Irrtum ist nur zu bewundern, daß die Leute meinen – sie sprächen um der Dinge willen. Gerade das Eigentümliche der Sprache, daß sie sich bloß um sich selbst bekümmert, weiß keiner. Darum ist sie ein so wunderbares und fruchtbares Geheimnis, – daß wenn einer bloß spricht, um zu sprechen, er gerade die herrlichsten, originellsten Wahrheiten ausspricht. Will er aber von etwas Bestimmtem sprechen, so läßt ihn die launige Sprache das lächerlichste und verkehrteste Zeug sagen. Daraus entsteht auch der Haß, den so manche ernsthafte Leute gegen die

Sprache haben. Sie merken ihren Mutwillen, merken aber nicht, daß das verächtliche Schwatzen die unendlich ernsthafte Seite der Sprache ist. Wenn man den Leuten nur begreiflich machen könnte, daß es mit der Sprache wie mit den mathematischen Formeln sei. – Sie machen eine Welt für sich aus – sie spielen nur mit sich selbst, drücken nichts als ihre wunderbare Natur aus, und eben darum sind sie so ausdrucksvoll – eben darum spiegelt sich in ihnen das seltsame Verhältnisspiel der Dinge. Nur durch ihre Freiheit sind sie Glieder der Natur, und nur in ihren freien Bewegungen äußert sich die Weltseele und macht sie zu einem zarten Maßstab und Grundriß der Dinge. So ist es auch mit der Sprache – wer ein feines Gefühl ihrer Applikatur, ihres Takts, ihres musikalischen Geistes hat, wer in sich das zarte Wirken ihrer inneren Natur vernimmt, und danach seine Zunge oder seine Hand bewegt, der wird ein Prophet sein, dagegen wer es wohl weiß, aber nicht Ohr und Sinn genug für sie hat, Wahrheiten wie diese schreiben, aber von der Sprache selbst zum besten gehalten und von den Menschen, wie Kassandra von den Trojanern, verspottet werden wird. Wenn ich damit das Wesen und Amt der Poesie auf das deutlichste angegeben zu haben glaube, so weiß ich doch, daß es kein Mensch verstehn kann, und ich ganz was Albernes gesagt habe, weil ich es habe sagen wollen, und so keine Poesie zustande kommt. Wie, wenn ich aber reden müßte? und dieser Sprachtrieb zu sprechen das Kennzeichen der Eingebung der Sprache, der Wirksamkeit der Sprache in mir wäre? und mein Wille nur auch alles wollte, was ich müßte, so könnte dies ja am Ende ohne mein Wissen und Glauben Poesie sein und ein Geheimnis der Sprache verständlich machen? Und so wär ich ein berufener Schriftsteller, denn ein Schriftsteller ist wohl nur ein Sprachbegeisterter? –

Wir wollen diesen Text nicht im einzelnen analysieren. Das würde lange Erörterungen nötig machen, da es ein schwieriger Text mit vielen sprachlichen Fallstricken ist. Aber auch bei nicht allzu tiefschürfender Lektüre wird der Hauptgedanke deutlich. Novalis behauptet, daß es beim Sprechen keineswegs um die Dinge gehe, auf die man während des Sprechens zu verweisen meint. Sprache nämlich – so seine These – kümmere sich eigentlich nur um sich selbst. Darum könne man, wenn man nur spreche, um zu sprechen, also den Verweisungscharakter der Sprache außer acht lasse, die „herrlichsten, originellsten Wahrheiten" aussprechen. Man müsse also, und das gelte gewiß für die Dichtung, die Sprache ihre eigenen Wege gehen lassen; denn Sprache mache – wie die Formeln der Mathematik – eine Welt für sich aus. Dadurch erst drücke sie die Weltseele aus, werde sie zum Maßstab und Grundriß der Dinge. Dieser Gedanke findet sich später, im 19. Jahrhundert, noch einmal in den Untersuchungen zur Sprache von Wilhelm von Humboldt.

Novalis' „Monolog" ist, wie gesagt, nicht leicht zu verstehen. Und er wird noch schwieriger dadurch, daß Novalis seine darin formulierte Sprachauffassung sogleich auf den Text selbst anwendet. Im Grunde könne er das, was er in dem Text mitteilen wolle, gar nicht mitteilen, da die Sprache das in ihrer Eigengesetzlichkeit nicht zulasse. Eine logische Folgerung, die zugleich eine anschauliche Illustration der romantischen Ironie ist.

Wie auch immer Novalis' Argumentation im einzelnen verläuft, außer Zweifel steht, daß sie darauf hinaus will, Sprache nicht nur als ein Verweisungssystem zu verstehen, sie vielmehr als etwas Unabhängiges und Autonomes zu definieren. Es gibt nach 1800 also nicht nur Theorien, die eine Autonomie der Literatur proklamieren, sondern es gibt sogar Standpunkte, die eine Autonomie der Sprache annehmen. Das ist dann eine Sprache, die ihre konventionellen Funktionen verloren hat. Sie ist nicht für den Alltag brauchbar; denn dort wäre sie sinnlos, wenn nicht gar gefährlich. Sie ist vornehmlich in der Dichtung zu finden und hier besonders in der modernen Dichtung.

An dieser Stelle ist es vielleicht nützlich, wenn wir uns an einem Beispiel den Prozeß des Autonomwerdens von Sprache verdeutlichen. Das Beispiel kennt noch nicht den extremen Gebrauch autonomer Sprache, wie ihn spätere Autoren pflegen, aber es zeigt die Ansätze eines autonomen Sprachgebrauchs. Von Clemens Brentano stammt das Gedicht *Der Spinnerin Lied:*

> Es sang vor langen Jahren
> Wohl auch die Nachtigall;
> Das war wohl süßer Schall,
> Da wir zusammen waren.

Ich sing und kann nicht weinen
Und spinne so allein
Den Faden klar und rein,
Solang der Mond wird scheinen.

Da wir zusammen waren,
Da sang die Nachtigall;
Nun mahnet mich ihr Schall,
Daß du von mir gefahren.

So oft der Mond mag scheinen,
Gedenk ich dein allein;
Mein Herz ist klar und rein,
Gott wolle uns vereinen.

Seit du von mir gefahren,
Singt stets die Nachtigall;
Ich denk bei ihrem Schall,
Wie wir zusammen waren.

Gott wolle uns vereinen,
Hier spinn ich so allein,
Der Mond scheint klar und rein,
Ich sing und möchte weinen.

Kein Leser wird mit diesem Gedicht Schwierigkeiten haben.
Es besticht geradezu durch seine Einfachheit. Und doch unterscheidet es sich von vielen anderen. Sein Inhalt ist völlig klar.
Ein Mädchen gedenkt während des Spinnens seines abwesen-
den Geliebten. Alle sechs Strophen kreisen um dieses Thema.
Dabei ist charakteristisch, daß keine der sechs Strophen das
Thema erweitert oder verändert. Sie sind nicht einmal Variationen desselben Gedankens, sie wiederholen ihn eigentlich
nur. Es ist ein Gesang, der, wie das Spinnen, eine gleichmäßig
ablaufende Bewegung darstellt. Vom ganzen Gedicht her gesehen gibt es auch keinen wirklichen Anfang, so wie es kein
wirkliches Ende gibt. Man kann sich gut vorstellen, daß das
Gedicht noch ein paar Strophen länger sein könnte, vielleicht
könnte man auch ein oder zwei weglassen. Viel ändern würde
das nicht. So wie die Strophen auch untereinander austausch-

bar scheinen. Ein logischer Aufbau, der zum Beispiel eine Entwicklung irgendeiner Art – eines Gedankens, einer Handlung oder eines Vorganges – anzeigte, ist nicht auszumachen. Inhaltlich tritt das Gedicht gewissermaßen auf der Stelle.

Genau hier aber wird seine besondere sprachliche Eigenart erkennbar. Obwohl die inhaltliche Entwicklung fehlt, gibt es doch eine Bewegung, die nicht weniger als sechs Strophen umfaßt, die sogar den Eindruck hervorruft, sie könnte sich in noch mehr als diesen sechs fortsetzen. Sieht man genau hin, dann erkennt man, daß es die sprachliche Anlage ist, die für die Bewegung verantwortlich ist. Die Sprache ist es, die für den Fortgang des Gedichtes sorgt. Die Worte, ihre Klänge erscheinen in immer neuen und anderen Kombinationen und Abwandlungen. Der Inhalt, dasjenige also, worauf sie als Zeichen verweisen müßten, ist so nachgiebig, daß er sich dem Spiel der Sprache völlig unterordnet. Die Wortkombinationen – und im Grunde sind es ja nur wenige Worte, die das Gedicht benutzt – schreiten über alle inhaltlichen Festlegungen hinweg. So ist zum Beispiel in der 2. Strophe der Faden „klar und rein", in der 4. das Herz, und in der 6. scheint der Mond „klar und rein". Solche Veränderungen einer zunächst scheinbar eindeutigen inhaltlichen Festlegung gibt es mehrfach. Sprachliche Wiederholung und sprachliche Variation, sie bilden die Ursache der Bewegung, die inhaltlich dennoch stagniert. Es ist, als löse sich das Gedicht, je weiter es fortschreitet, von der Sängerin und von seinem Autor. Sie werden zu Medien eines sich verselbständigenden Sprachprozesses. Das Gedicht tendiert dazu, sein eigenes Objekt zu werden, indem die Initiative von der Sängerin auf die Sprache übergeht.

Was sich in Novalis' Gedanken über die Eigengesetzlichkeit der Sprache und in Brentanos Gedicht als erste Verwirklichung dieser Gedanken ankündigt, trifft in der Mitte des 19. Jahrhunderts auf ein großes Echo. Übrigens nicht nur in der Literatur, sondern in allen Künsten. Alle greifen die Idee einer autonomen Kunst auf, einer Kunst jedenfalls, in der die Zeichen Eigenwert erhalten. Den sprachlichen Zeichen der Literatur entsprechen in der Malerei etwa die Farben und Formen. Sie werden vom Maler benutzt, um Gegenstände abzubilden. Sie sind die Zeichen, über die der Betrachter Bedeutung schafft, die Bedeutung etwa eines Bildes. Bezeichnenderweise beginnt man ungefähr um 1850 diesen Zeichen der Malkunst eine eigene Bedeutung zu geben. Der englische Kunstkritiker John Ruskin zum Beispiel behauptet: „Es ist nicht nötig, daß eine gute Farbgebung etwas anderes als sich selbst darstellt. Sie beruht auf bestimmten Beziehungen und Anordnungen von Lichtstrahlen, nicht auf Abbildung von etwas." Auch hier also wird der Verweisungscharakter der Zeichen aufgegeben. Und hier liegen zugleich die Anfänge der abstrakten Malerei, die im 20. Jahrhundert ihren Höhepunkt erreicht. – Ähnliche Entwicklungen vollziehen sich im Musikschaffen. Wenngleich die Verweisungsfunktion der musikalischen Zeichen, der Töne, im Vergleich zu sprachlichen oder malerischen schon immer wesentlich geringer war. Mit musikalischen Tönen und Tonfolgen klar umrissene Bedeutungen zu verbinden, bleibt eine höchst zweifelhafte, wenn nicht gar willkürliche Angelegenheit. Beethoven soll über den Anfang seiner 5. Sinfonie gesagt haben: „So pocht das Schicksal an die Pforte." Das hat vielen Musikliebhabern eingeleuchtet, und die ganze Sinfonie wird darum auch bis heute Beethovens „Schicksalssinfonie" genannt. Aber eine derartige Bedeutungszuweisung bleibt zweifelhaft. Die Töne selbst sind keine mit sprachlichen Zeichen zu vergleichenden Zeichen, die etwa auf „Schicksal" verwiesen. Musik wird daher von jeher als die abstrakteste aller Künste bezeichnet. Man könnte auch sagen, sie besteht von jeher aus autonomen Zeichen. Dennoch gibt es, vor allem bis ins 19. Jahrhundert hinein, eine Reihe von musikalischen Regeln, von Konventionen, die allgemein bekannt sind, etwa im Hinblick auf die Melodieformung und -führung. Als Hörer kann man sich daher auf bestimmte musikalische Bewegungen in einer Komposition einstellen. Im Laufe des 19. Jahrhunderts weichen Komponisten immer häufiger und immer entschiedener von derartigen Traditionen und Konventionen ab. Der österreichische Musiker und Musikkritiker Nikolaus Harnoncourt hat einmal konstatiert: „Die Musik vor 1800 spricht, die Musik danach malt. Die eine muß man *verstehen,* die andere wirkt mittels Stimmungen, die man nicht zu verstehen braucht, die man erfühlen soll." Eine solche Feststellung berührt sich in manchem mit unseren Darlegungen über das verstandene und das nicht verstandene Kunstwerk.

Zwischenspiel: Realismus

Nun gibt es im 19. Jahrhundert eine Strömung, die – wenigstens auf den ersten Blick – die Trennung zwischen Literatur und Realität in ihrem Programm ausdrücklich überwinden will. Sie will ein wahrer Spiegel des wirklichen Lebens sein, will allem Neuen gegenüber aufgeschlossen sein und die zeitgenössischen Wirklichkeiten verarbeiten. Gerade den Problemen der neuen Zeit soll nicht ausgewichen werden. Sie rebelliert gewissermaßen gegen alle Kunstauffassungen, die dem wirklichen Leben eine nur schöne Literatur gegenüberstellen. Es ist die Strömung des Realismus.

Der Realismus ist eine Reaktion auf die Entwicklungen der Zeit. Er ist bezeichnenderweise eine gesamteuropäische Erscheinung. Seine Autoren gewinnen schnell allgemeine Anerkennung in der ganzen Welt, wie die Engländer Charles Dickens und William Thackeray; die Franzosen Honoré de Balzac und Stendhal; die Russen Fjodor Dostojewskij, Aleksey Tolstoj und Iwan Turgenjew, im deutschen Sprachraum Gottfried Keller, Wilhelm Raabe, Otto Ludwig und Theodor Fontane. Tatsächlich trachten all diese Autoren, in ihren Werken die Realitäten ihrer Zeit wiederzugeben. Sie schrecken nicht vor der Schilderung zum Beispiel des Elends der Großstädte zurück, heben die beherrschende Rolle hervor, die Geld und Nützlichkeitsdenken in der neuen Gesellschaft spielen, beschreiben ausführlich die geistige Leere der sogenannten besseren sozialen Schichten, sie zögern auch nicht – in zum Teil sehr feiner psychologischer Darstellung –, die Probleme des einzelnen Menschen in der Gesellschaft, seine Hoffnungen und Enttäuschungen, anschaulich zu machen. Im Roman des Realismus finden sich daher auch viele sozialkritische Züge. Sie beschränken sich nicht auf eine Darstellung des „Schönen", auf die Darstellung von Harmonie und Ausgleich, sondern wenden sich couragiert auch dem Häßlichen zu, ja dem Abstoßenden, schließen also die Schattenseiten des Lebens nicht aus.

Der zeitgenössische Leser kann daher viele Elemente seiner täglichen Realität in den Werken der Realisten wiedererkennen. Dennoch: Auch diese Werke verschönern noch immer die Wirklichkeit. Ein zuverlässiger Spiegel der tatsächlichen Realität sind auch sie nicht. Einer der Hauptgründe hierfür liegt in der Art und Weise, in der die Romane erzählt werden. Man kann eine Geschichte auf sehr unterschiedliche Art erzählen. Man kann sie zum Beispiel aus der Perspektive einer einzelnen Person erzählen, die selbst an der Handlung teilhaben kann. Wählt man diese Erzählart, dann erscheint alles Erzählte in subjektiver Färbung, da ein solcher Erzähler ja nur erzählen kann, was er selbst erlebt hat, weiß oder von Dritten vernommen hat. Zudem werden seine Urteile und Meinungen den Inhalt und die Form der Darstellung deutlich beeinflussen. Diesem subjektiven Erzähler steht der sogenannte objektive Erzähler gegenüber. Er ist anonym, ist strenggenommen gar keine Person, sondern eine Erfindung des Autors. Er ist an der Handlung nicht beteiligt, sondern steht gewissermaßen über dem Geschehen. Die Macht und die Fähigkeiten dieses Erzählers sind praktisch unbegrenzt. Er übersieht die gesamte Handlung und kann sie so erzählen, wie er es will. Er kann überall sein, kann an mehreren Orten zugleich sein, er kennt alle Geheimnisse, vermag die intimsten Gedanken und Gefühle der Gestalten, die eigentlich nur ihnen bekannt sind, wiederzugeben, ja er kann sogar erzählen, was den Gestalten selbst nicht bewußt ist. Dieser Erzähler ist vollkommen Herr über das zu Erzählende, kann damit frei schalten. Ob er der Reihe nach erzählt oder mit Brüchen und Sprüngen, wann er erzählt, was er weiß, ob er es erzählt, das alles ist in sein Belieben gestellt. Häufig verschweigt er Dinge, verschweigt sie jedenfalls vorläufig. Man kann sich das wiederum am Beispiel des Kriminalromans deutlich machen. Wird dieser von einem solchen

Erzähler erzählt, dann könnte der schon ganz am Beginn wissen lassen, wer der Täter ist. Der Erzähler kennt ihn. Und nur weil er die Spannung für den Leser aufrechterhalten will, verrät er nicht, was er als einziger weiß.

Man nennt diesen Erzähler den allwissenden Erzähler, weil er eben alles weiß und übersieht und nach seinem eigenen Gutdünken schalten kann. Er liebt es überdies, die Handlung mit Kommentaren zu versehen, seine Meinung über das Erzählte freimütig mitzuteilen, sich so regelrecht, zum Teil unter direkter Anrede des Lesers, einzumischen und die Konkretisierung in die ihm genehme Richtung zu lenken. – Die Autoren des Realismus nun lassen die meisten ihrer Romane von einem solchen allwissenden Erzähler erzählen. Und das hat zur Folge, daß die Welt der Romane, trotz der Widersprüche, die in ihrer Handlung erscheinen können, trotz des Elends, das in ihnen zur Darstellung kommen kann, doch eine wohlgeordnete und beherrschbare bleibt. Mag für eine Romangestalt das Leben unglücklich und chaotisch verlaufen, mag die Gesellschaft scharf kritisiert werden, letztlich bleiben solche Dinge Vordergrundsphänomene, da sie vom Erzähler frei eingesetzt, verändert, bewertet werden können. Mit dem allwissenden Erzähler ist ein Prinzip der Ordnung gegeben, das alles Elend und alles Chaos relativiert, mag es auch noch so drastisch geschildert sein. Die Welt ist nie aus den Fugen, solange der allwissende Erzähler über sie berichtet. Und diese Ordnung überträgt sich auch auf den Leser, weil die Art und Weise des Erzählens sich als ordnendes Prinzip manifestiert. Die Wirkung ist desto gewisser, weil in den realistischen Romanen in der Regel auch die Normen von Gut und Böse, von Recht und Unrecht nicht in Zweifel gezogen werden. Denken wir an Dickens' *Oliver Twist* (1837/38). Darin werden die unmenschlichen Zustände der Armenfürsorge angeprangert, wird das Elend der Armenviertel Londons wahrheitsgetreu gezeichnet, werden Einfluß und Umfang des Verbrechertums schonungslos beleuchtet. Doch bleibt nie ein Zweifel darüber, daß diese Zustände prinzipiell zu ändern, ja daß sie letztlich sogar das Werk einzelner böser Individuen seien. Und in den ausführlichen Elendsschilderungen ist eine fast märchenhaft positive Gerechtigkeit und Ordnung verborgen, die dafür verantwortlich ist, daß der angeblich verwaiste Fürsorgezögling Oliver allen Versuchungen zum Bösen glänzend widersteht, ehrlich und aufrecht bleiben kann, am Ende auch für seine Integrität belohnt wird. Bei aller Realistik – und es gibt Szenen in diesem Roman, die Generationen von Lesern Schauder über den Rücken laufen ließen –, bei aller Wahrheitstreue, der Dickens wie seine Kollegen nachstreben, bieten sie dem Leser doch zugleich immer die Hoffnung, ja die Aussicht auf eine grundsätzlich heilbare Welt.

Es gibt im 19. Jahrhundert allerdings einen Roman, der den skizzierten Grundsätzen des Realismus nicht gefolgt ist und darum gerade der realistischste von allen ist: *Madame Bovary* von Gustave Flaubert aus dem Jahre 1857. (Flaubert wollte übrigens nicht zu den Realisten gerechnet werden). Der Roman erzählt die Geschichte einer Frau aus der französischen Provinz, die, enttäuscht von ihrer Ehe mit einem biederen und langweiligen Landarzt und verführt durch ihr Verlangen nach dem großen romantischen Gefühl, mehrfach Ehebruch begeht, in große Schulden gerät und sich zuletzt in Verzweiflung vergiftet. Ehebruchsgeschichten gibt es in dieser Zeit natürlich zahlreiche. Aber keine ist wie die Flauberts. Denn bei Flaubert gibt es keine Verurteilung des Ehebruchs, wird Emma Bovary nicht für schuldig erklärt. Flauberts Erzähler ist wiederum der allwissende; aber diesmal ist es ein wahrhaft objektiver, ein gänzlich unbeteiligter und unpersönlicher Erzähler, der sich darauf beschränkt, sachlich zu beschreiben, was geschieht. Und was geschieht, erscheint durch diese Erzählhaltung als das völlig Normale und Alltägliche, als etwas, das jedermann jederzeit widerfahren könnte. Hier gibt es keine noch so versteckten Hinweise auf eine moralische Bewertung, zu der der Leser bewogen werden könnte. In diesem Roman wird eine Wirklichkeit geschildert, die durchaus die des durchschnittlichen Lesers sein könnte. Sie wird ihm als solche angeboten, ohne daß irgendein Urteil über ihren Wert oder Unwert damit verbunden ist. Genau dadurch aber gerät das Erzählte in Widerspruch zu den gängigen Leseerwartungen, die auf einen moralischen Maßstab gerichtet sind; in weiterem Sinne gerät das Erzählte auch in Widerspruch zu den in der bürgerlichen Gesellschaft des 19. Jahrhunderts wenigstens formal verteidigten Werten und Normen. Das was jedermann bekannt ist, was aber nur im Rahmen bestimmter moralischer Sichtweisen zur Kenntnis genommen werden darf, wird in Flauberts Roman aus seinen üblichen Bezugs- und Bewertungsrastern gelöst. Es erhält dadurch eine fremde, ja sogar bedrohende Dimension.

Es ist darum nicht erstaunlich, daß einzelne Stellen des Romans, aber auch seine Tendenz im ganzen, Flaubert einen Prozeß eintragen, in dem ihm der Vorwurf des Immoralismus gemacht wird. Der Roman verstoße gegen die christliche und gegen die bürgerliche Moral. Flaubert wird übrigens freigesprochen. Für unseren Zusammenhang ist es interessant, daß der Staatsanwalt in seinem Plädoyer genau das als Anklagepunkt anführt, was den Leser in Schwierigkeiten bei der Konkretisierung führen kann. Er hält es für verwerflich, daß in dem Roman kein moralischer Maßstab zu finden sei, mit dessen Hilfe man das Erzählte bewerten könne. Der Staatsanwalt gibt keine erzähltechnische Analyse, kann darum auch nicht formulieren, daß es die Art des Erzählens ist, gegen die er seine Einwände äußert. Aber die Sache hat er durchaus richtig erkannt. Weder der Erzähler noch irgendeine andere Figur in dem Roman böten eine ethische Norm, so daß der Ehebruch eigentlich verherrlicht werde. Wenn es, so argumentiert er, keine Person gebe, die der Ehebrecherin den Kopf zurechtsetze, wenn es keine Idee, keine Zeile gebe, mit denen der Ehebruch gebrandmarkt werde, dann sei das Buch unmoralisch.

Was der Staatsanwalt vermißt, ist das Ideal einer besseren Welt, die das Romangeschehen in eine bestimmte Perspektive rückt, letztlich die Schlechtigkeit der Welt als überwindbar erscheinen läßt. Ihm will es unannehmbar scheinen, daß der Leser selbst zu einem Urteil kommen muß. In gewissem Sinne treffen wir bei Flaubert eine Konstellation an, wie wir sie bereits bei Goethes *Werther* kennengelernt haben. Bei Flaubert wie bei Goethe werden Wirklichkeiten abgebildet, die über die

Sinnordnungen, die den Lesern zur Verfügung stehen, nicht eindeutig konkretisiert werden können. In beiden Fällen hängt dieser Effekt aufs engste mit der Weise zusammen, in der erzählt wird. Bei Goethe ist es die einseitige Sichtweise der Briefform, bei Flaubert ist es die kommentarlose Sachlichkeit des Berichtens. Gerade diese Erzählformen weisen voraus auf die Erzähltechniken des modernen Romans im 20. Jahrhundert.

L'Art pour l'art und die Befreiung der dichterischen Sprache

Im letzten Abschnitt dieses Kapitels wollen wir nochmals auf das Thema der sogenannten autonomen Literatur und Sprache eingehen.

Die weitaus meisten Realisten, so haben wir gesehen, stellen wenigstens indirekt der faktischen Wirklichkeit, die sie in ihren Werken schildern, das Idealbild einer besseren Welt gegenüber. Auch sie folgen damit der Trennung zwischen Literatur und Leben, die seit dem Ende der Aufklärung überall zu beobachten ist. Allerdings bleibt bei den Realisten eine Beziehung zum Leben erhalten, da ihre Idealvorstellungen sich ja auf die Wirklichkeit richten, in der heimlichen Hoffnung, eines Tages würden sie sich doch durchsetzen. Wenn man so will, haben sich die Realisten einen Rest aufklärerischer Überzeugungen erhalten.

Im Gegensatz zu den Realisten – und allen übrigen literarischen Strömungen im 19. Jahrhundert – verteidigen die Anhänger einer autonomen Literatur die Trennung zwischen Dichtung und Leben mit stets wachsender Radikalität. Abgestoßen von der Trivialität und vom Nützlichkeitsdenken der Zeit, sehen sie die Möglichkeit der Schönheit nur noch jenseits der menschlichen Gesellschaft. Auch die Natur ist für sie nicht mehr der Hort des Guten und Schönen. Charles Baudelaire, der Dichter der *Fleurs du mal* (1857), sieht in der Natur nur noch das Häßliche und Böse, Natur ist ausschließlich sündige

Natur. Da es in der Gesellschaft noch immer Natur gibt, natürliches Reagieren und Handeln, ist auch sie ihrem Wesen nach häßlich und böse. Will man dem schlechten Natürlichen etwas Positives gegenübersetzen, kann es nur etwas Nichtnatürliches sein, etwas, das künstlich geschaffen werden muß. Die Kunst bietet dazu die Möglichkeit. Aber es muß eine Kunst sein, die sich von allem Natürlichen so weit wie möglich löst, die sich auch vom Menschlichen trennt. Es ist eine Kunst, die ihren Sinn einzig in sich selbst findet, die sich als Produkt des Verstandes und der Phantasie verselbständigt. Sie existiert um ihrer selbst willen, wird absolut und autonom. Sie ist Kunst um der Kunst willen, l'Art pour l'art.

Solche Definitionen verleihen der Kunst letztlich den Status des Religiösen. Denn vollkommene Autonomie, totale Sinnerfüllung in sich selbst, Unabhängigkeit in jeder Hinsicht, das waren bis dahin Attribute, die allein Göttern zugeschrieben wurden. Daß Kunstwerke nun einen derartigen Rang erringen können, kann man als ein Symptom sehen, das auf den Zusammenbruch aller überlieferten Sinnordnungen verweist. Für sie wird unter anderem in der Kunst Ersatz gesucht.

Uns interessiert nicht so sehr diese Extremposition als solche. Obwohl sie zeigt, daß auch der Leser des 19. Jahrhunderts bei manchen literarischen Werken vor schwierige Aufgaben gestellt wird. Denn wie soll er Werke, die alle Bindungen an die Wirklichkeit aufgeben, verstehen können? Ein absolutes Gedicht ist ein in sich abgekapseltes, nach innen und ausschließlich auf sich selbst gerichtetes Gebilde. Seine Bedeutung liegt in ihm selbst beschlossen, kann nur in der internen Beziehung zwischen seinen Wörtern, Sätzen und Bildern entstehen.

Das letzte aber genau ist es, was für uns von Interesse ist. Denn was in solchen Werken, vornehmlich Gedichten, bis in feinste Einzelheiten ausgearbeitet wird, ist eben die sprachliche Gestaltung, die zugleich neue Möglichkeiten des Sprachgebrauchs und des Sprachverständnisses eröffnet. In den Werken vor allem von französischen Lyrikern in der 2. Hälfte des 19. Jahrhunderts, besonders von Baudelaire, Mallarmé, Rimbaud, wird Sprache zum einzigen Bauelement, da die Bezüge zu allem, was außerhalb des Textes selbst liegt, getilgt oder doch so gut wie vollständig getilgt werden.

Nun kann es die absolute Autonomie der Sprache nicht geben. Sprache, die tatsächlich keine Verweisungen auf die Wirklichkeit mehr besäße, würde schlechterdings unbegreiflich. Und die berühmte Dunkelheit der Gedichte der genannten Autoren würde zu völliger Finsternis. Irgendeinen Anknüpfungspunkt außerhalb des Textes muß es darum doch geben, damit das Gedicht überhaupt gelesen werden kann. Solche Anknüpfungspunkte werden bereits durch die Sprache selbst aufgerufen. Denn wie sehr sich der Dichter auch bemühen mag, die aus der Alltagssprache stammenden konventionellen Bedeutungen etwa der Wörter zu negieren, gänzlich gelingt ihm das nicht. Jedes sprachliche Zeichen, wie autonom man es auch gebrauchen will, bleibt mit seiner konventionellen Bedeutung verbunden, auch wenn das nur in sehr schwacher Form der Fall ist.

Hier liegt die Chance für den Leser, sich den Werken nähern zu können und nicht ausschließlich auf ein Ratespiel angewiesen zu sein. Die Werke der l'Art pour l'art-Dichtung erschweren den Zugang allerdings erheblich. Die Dichter streben danach, die Sprache tatsächlich von den konventionellen Verweisungen zu befreien. Die Verweisungen der Sprache in den Gedichten beziehen sich daher nur äußerst fragmentarisch auf Nichtsprachliches. Sie beziehen sich vielmehr in erster Linie wiederum auf Sprache, auf andere Sprachzeichen innerhalb des Textes. Dadurch entstehen neue, ungewohnte Verbindungen zwischen den einzelnen sprachlichen Elementen. Die Regeln, nach denen die Verbindungen zustandekommen, sind nicht die der Gebrauchssprache, Regeln also, die auf der Grammatik und den konventionellen Bedeutungszusammenhängen basieren. In dieser, gewissermaßen befreiten dichterischen Sprache gelten andere Regeln der Verknüpfung. Ähnliche Klänge, Wörter, die bestimmte Bedeutungsreihen bilden, Bildassoziationen produzieren den Zusammenhang des Textes. Nach Mallarmé soll der Autor die Initiative an die Wörter abtreten.

Der Leser muß seine Konkretisierung darum anders ausrichten als bei anderer Literatur. Sie darf nicht mehr auf das Erreichen einer Bedeutung zielen, die auch außerhalb des Textes existieren könnte. Der Leser muß vielmehr trachten, die zum Teil verborgenen, zum Teil sehr zufällig anmutenden Beziehungen zwischen den sprachlichen Zeichen aufzuspüren und von daher zu einer Bedeutung zu gelangen. Das führt, eben weil die Verweisungen nach einer Wirklichkeit außerhalb des Textes minimalisiert sind, zu einer jeweils subjektiven und individuellen Konkretisierung. Weil die Bedeutung eine vornehmlich interne bleibt, entfallen Kriterien, die irgendeine Art von Kontrolle liefern könnten. Paul Valéry hat hieraus die Konsequenz gezogen und gesagt: „Meine Gedichte haben die Bedeutung, die man ihnen gibt." Solche Aussagen überpointieren. Aber sie treffen zugleich auch den Kern des Problems, dem sich jeder Leser konfrontiert sieht. Eine Verständigung über erlangte Bedeutungen wird kaum über Allgemeines hinauskommen. Häufig bleibt es bei einem gegenseitigen Aufmerksammachen auf bestimmte mögliche Bedeutungszusammenhänge, die man erkannt zu haben meint. Wie überhaupt eine der Hauptwirkungen dieser Literatur darin besteht, neue, andere und ungewöhnliche sprachliche Möglichkeiten wahrzunehmen. Und gerade von diesen, nicht selten überraschenden Möglichkeiten kann der Leser profitieren. Denn über sprachliche Erweiterungen können sich auch Erweiterungen des Denkens und Fühlens einstellen. Der Reiz des ästhetischen Erlebnisses, das diese Art von Literatur auslöst, liegt in der eigenartigen, fremden Bedeutung, die nicht mit der geläufigen Lebensrealität zu verrechnen ist und die überdies undeutlich bleibt.

Wir wollen kurz zwei Beispiele betrachten, die veranschaulichen können, wie man sich das Gesagte vorzustellen hat. In Arthur Rimbauds *Illuminations* (1886) gibt es diesen Text:

Blumen

Von einer Stufe aus Gold, – zwischen den Schnüren aus Seide, den grauen Schleiern, den grünen Samten und den

Scheiben aus Kristall, die schwarz werden wie Bronze in der Sonne, – sehe ich den Fingerhut sich öffnen auf einem Teppich aus einem Geflecht von Silber, Augen und Haaren.

Flecken aus gelbem Gold über den Achat gesät, Pfeiler aus Mahagoni, die einen Dom aus Smaragden tragen, Sträuße aus weißem Atlas, schlanke Gerten aus Rubinen umgeben die Wasserrose.

Wie ein Gott mit riesigen blauen Augen und Formen aus Schnee, ziehen das Meer und der Himmel auf die Terrassen aus Marmor die Menge der jungen und starken Rosen.

Fleurs

D'un gradin d'or, – parmi les cordons de soie, les gazes grises, les velours verts et les disques de cristal qui noircissent comme du bronze au soleil, – je vois la digitale s'ouvrir sur un tapis de filigranes d'argent, d'yeux et de chevelures.

Des pièces d'or jaune semées sur l'agate, des piliers d'acajou supportant un dôme d'émeraudes, des bouquets de satin blanc et de fines verges de rubis entourent la rose d'eau.

Tels qu'un dieu aux énormes yeux bleus et aux formes de neige, la mer et le ciel attirent aux terrasses de marbre la foule des jeunes et fortes roses.

Obwohl die Überschrift *Blumen* eigentlich eine konkrete Bedeutung nahelegt, beantwortet der Text die so aufgerufene Erwartung nur sehr bedingt. Blumen kommen tatsächlich vor – Fingerhut, Wasserrose, Rose. „Stufe aus Gold", „Dom aus Smaragden", „Gerten aus Rubinen" kann man als Bilder für Blumen verstehen –, doch wirklich plastisch wird das Ganze dadurch nicht. Es fällt schwer, anzunehmen, daß der Text in der Tat etwa den Anblick eines Gartens wiedergibt. Andere Assoziationen stellen sich ein; man könnte zum Beispiel meinen, daß es sich um die Beschreibung des Halsschmuckes einer Frau handele. Verschiedene Konkretisierungen dieser Art entstehen, die sich überlagern und relativieren. Keine kann sich als die eigentliche durchsetzen. Darum tut man gut, von derlei Konkretisierungen abzusehen. Was der Text ausdrückt oder ausdrücken soll, ist vermutlich eher das Erlebnis von etwas Schönem, von etwas Kostbarem, das über die Kombination unterschiedlicher Sprachzeichen beschrieben wird. Was vielleicht einmal echte Wirklichkeit und Anlaß war – etwa ein Garten –, wird in dem Text verändert, erhöht, in gewissem Sinne entwirklicht, gewinnt seine eigene, nur sprachlich begründete Realität.

Dabei ist das verwendete Wortmaterial keineswegs zufällig zusammengewürfelt. Man kann unschwer erkennen, daß das Sprachmaterial auf bestimmte Gegenstandsbereiche begrenzt ist: edle Metalle, edle Stoffe, Edelsteine, kostbare Blumen. Diese Gegenstände werden kunstvoll miteinander verbunden, ja durchdringen einander. Das eine nimmt die Stelle und die Bedeutung des anderen ein. Was rational gerade noch nachvollziehbar ist, nämlich daß Blumen zu Stoffen oder Kristalle zu Blumen werden, ist sprachlich in selbstverständlicher Konsequenz vollzogen. Die einzelnen Sprachelemente ergänzen einander, gehen ineinander über, um die Wiedergabe einer außerordentlichen Schönheit möglich zu machen. Es ist eine Schönheit, die jenseits des direkt Erfahrbaren liegt, an der der Mensch aber doch noch teil hat (ein „ich" sieht alles), die gleichzeitig auch religiöse Dimensionen aufweist, da ein „Gott" (wenngleich nur als Vergleichsmoment) im letzten Abschnitt erscheint.

Vergleichbar und doch von ganz anderer Art sind die Gedichte von Stéphane Mallarmé. Sie gelten seit ihrem Erscheinen als besonders schwer verständlich. Mallarmé hat mehrere Gedichte über das Thema des „Fächers" geschrieben. Wir wählen das Gedicht, das dem Fächer seiner Tochter gewidmet ist.

Fächer

O Träumerin, damit ich tauche
zur reinen Wonne ohne Weg,
wisse, durch eine feinsinnige Lüge,
meinen Flügel in deiner Hand zu behüten.

Eine Frische der Dämmerung
trifft dich mit jedem Schlag,
dessen gefangener Schwung zurückdringt
den Horizont auf zarte Weise.

Schwindel! plötzlich zittert
der Raum wie ein großer Kuß,
der, irre für niemanden geboren zu sein,
weder hervorbrechen noch sich beruhigen kann.

Spürst du das wilde Paradies
wie ein begrabenes Lachen
gleiten aus dem Winkel deines Mundes
auf den Boden der ungeteilten Falte.

Das Szepter der rosigen Ufer
über den Abenden aus Gold verharrend, das ist
dieser weiße geschlossene Flug, den du legst
gegen das Feuer eines Armbandes.

Éventail
de Mademoiselle Mallarmé

O rêveuse, pour que je plonge
Au pur délice sans chemin,
Sache, par un subtil mensonge,
Garder mon aile dans ta main.

Une fraîcheur de crépuscule
Te vient à chaque battement
Dont le coup prisonnier recule
L'horizon délicatement.

Vertige! voici que frissonne
L'espace comme un grand baiser
Qui, fou de naître pour personne,
Ne peut jaillir ni s'apaiser.

178

Sens-tu le paradis farouche
Ainsi qu'un rire enseveli
Se couler du coin de ta bouche
Au fond de l'unanime pli!

Le sceptre des rivages roses
Stagnants sur les soirs d'or, ce l'est,
Ce blanc vol fermé que tu poses
Contre le feu d'un bracelet.

Im Gegensatz zu Rimbauds Text, der eine Art Stilleben wiedergibt, ist Mallarmés Gedicht durch eine durchgehende Bewegung geprägt, die einen Anfang und ein Ende besitzt. Dennoch bleiben Undeutlichkeiten genug. Wer ist zum Beispiel
das Ich, das spricht? Es kann der Fächer sein, es kann aber
auch ein Mensch sein, möglicherweise Mallarmé selbst, der
seine Tochter anredet. Auf jeden Fall will dieses Ich zu reinen
Wonnen ohne Weg gelangen, dadurch daß die Angesprochene
den Fächer („meinen Flügel") in ihrer Hand zu behüten weiß.
Wieso das durch eine „feinsinnige Lüge" geschieht, bleibt zunächst unverständlich. Relativ wenig Schwierigkeiten macht
die 2. Strophe. Sie bildet den Vorgang des Fächelns ab. Er
bringt Kühlung („Frische der Dämmerung"), erweitert durch
die Bewegung den Raum. Das Fächeln selbst besteht aus gefangenen Schwüngen, da die einzelne Bewegung nicht frei aus-
schwingt, sondern durch die sofort einsetzende Gegenbewe-
gung gewissermaßen gebremst wird. – In der 3. Strophe wird
der Höhepunkt der Bewegung erreicht und damit offenbar
auch das, was in der 1. Strophe als „reine Wonne ohne Weg"
bezeichnet wird. „Ohne Weg" kann man jetzt im Sinne des
„gefangenen Schwunges" verstehen. Schwindel stellt sich ein,
weil bei gesteigerter Fächerbewegung die einzelne Bewegung
nicht mehr erkennbar ist, man durch das schnelle Hin und Her
nur noch einen flirrenden, zitternden Raum wahrnimmt. Dieser Raum, voll innerer Bewegung, ist dennoch ein scharf begrenzter Raum. Er wird zu einer konzentrierten Dynamik, die
sich nicht entladen kann. Mallarmé setzt hierfür das Bild des
Kusses ein, der für niemanden geboren wird. Jetzt wird viel-

leicht auch verständlich, was mit der „feinsinnigen Lüge" in der 1. Strophe gemeint sein könnte. Durch das Fächeln wird so etwas wie ein Taumel der Verzückung hervorgebracht, der jedoch begrenzt, „gefangen" und darum eine Lüge ist. In der nächsten Strophe kommt die Fächerbewegung zur Ruhe. Das Ich geht davon aus, daß auch die Fächelnde das Erlebnis der widersprüchlichen Wonne verspürt hat, das „wilde Paradies", das nun wie ein „begrabenes Lachen" in den geschlossenen Fächer zurücksinkt. Den endgültigen Abschluß zeigt die letzte Strophe. Der Fächer (der „weiße geschlossene Flug") wird gegen ein Armband gelegt. Zugleich wird er gespriesen als ein Herrschaftszeichen („Szepter"), das über dem schönen Untergang („Abende aus Gold") schwebt, vielleicht diesen Untergang aufhält oder verlangsamt.

Als Fazit dieser – möglichen – Deutung könnte man vielleicht verteidigen, das Gedicht wolle zum Ausdruck bringen, Schönheit oder Ekstase (die „reine Wonne") seien nur scheinbar erreichbar. Man kann sie nur bedingt erleben, da sie sich nicht frei entfalten können, letztlich möglicherweise nur „Lüge" sind. Das Erlebnis der Vergeblichkeit überschattet am Ende das der Erhebung.

Auch dies ist eine Deutung, die keinen Anspruch auf Anerkennung erheben kann, die eher versuchsweise entwickelt wurde. Andere Deuter haben anderes und mehr in dem Gedicht zu erkennen vermeint. Thema sei die erste, noch nicht reale, die träumerische Erfahrung erotischen Erlebens eines keuschen jungen Mädchens. Es ist wenig sinnvoll, das Für und Wider dieser oder anderer Deutungen ausführlich zu diskutieren. Uns liegt daran, zu sehen, wie die Sprache und die in ihr benutzten Bilder zu eigenwilligen Kombinationen gefügt werden, wie nicht Zusammengehöriges zusammengefügt ist. Es entsteht ein selbständiges Ganzes, das mehrere Deutungen zuläßt. Die möglichen Deutungen und Konkretisierungen aber sind immer nur unvollständig und vorläufig wahr. Sie sind eigentlich Notbehelfe, zu denen man greift, weil man als Leser das Bedürfnis hat, mehr als nur suggerierte Bedeutung zu finden. Alle Konkretisierungen, in denen ein Bezug zur außertextlichen und sprachlichen Wirklichkeit hergestellt wird, bleiben allerdings hinter der Vollendung der sprachlichen Gestalt zurück, die in ihrer eigenen Bedeutungsfülle alle Interpretationen – ähnlich wie die Musik – relativiert. Die Schwierigkeiten des Gedichtes sind nicht dazu da, gelöst zu werden. Seine Dunkelheit ist zugleich ein wesentlicher Teil seiner Schönheit.

Die Sprache solcher Gedichte dient nicht mehr der Kommunikation. Sie ist weitgehend befreit von ihrer Verweisungsfunktion. Die Verwendung der Sprache, wie sie bei Rimbaud und Mallarmé erscheint, befreit auch die Literatur selbst aus allen Traditionen. Die Möglichkeiten der Darstellung sind nahezu unbegrenzt geworden. Das eröffnet zugleich aber auch wieder die Möglichkeit – Extreme berühren sich bekanntlich –, daß die Literatur den Weg zurück zur Wirklichkeit finden kann. Denn auch die Realität ist eine schwer verständliche, eine dunkle geworden, eine Realität voller Widersprüche und Ungereimtheiten. Mit den Mitteln der herkömmlichen Literatur ist ihr nicht mehr beizukommen. Das zeigen die literarischen Entwicklungen des 19. Jahrhunderts ganz deutlich. Will man Literatur und Wirklichkeit wieder dichter zueinander bringen, muß man andere, von der Tradition abweichende Wege einschlagen.

4. Moderne Literatur

Kunst und Leben

In diesem Kapitel kehren wir endlich zu unserem eigentlichen Thema zurück, zur modernen Literatur beziehungsweise zur Literatur des 20. Jahrhunderts. Anders als am Beginn dieses Buches, wo wir an die moderne Literatur direkt herangetreten sind, gewissermaßen unvorbereitet, haben wir uns in den vorangegangenen zwei Kapiteln nun eine Reihe von Voraussetzungen erarbeitet, die es uns leichter machen, die Eigenarten und Ziele der Literatur des 20. Jahrhunderts zu begreifen.

Wir haben gesehen, wie sehr sich die Welt im Laufe des 19. Jahrhunderts im Vergleich zu früheren Zeiten verändert hat. Im 20. Jahrhundert haben sich diese Veränderungen und ihr Tempo nochmals gesteigert. Erst in unserem Jahrhundert kommt die industrielle Revolution zu ihrer vollen Entfaltung. Der rasante wissenschaftliche und technische Fortschritt, der das Leben bis in die entferntesten Bereiche erfaßt, zwei Weltkriege, der Zusammenbruch großer Welt- und Kolonialreiche, damit verbunden das Aufkommen der sogenannten Dritten Welt und viele andere Faktoren, Ereignisse und Entwicklungen bewirken eine in jeder Hinsicht neue Lebensrealität für alle Gesellschaften, aber auch für jeden einzelnen Menschen. Die alten Sinnordnungen verlieren definitiv ihre Verbindlichkeit und ihren Orientierungswert. Der Mensch sieht sich einer Fülle von neuen und ungewohnten Erscheinungen gegenüber. Auch diese verändern sich wiederum unablässig, so daß es ihm wahrlich nicht leicht gemacht wird, sich zurechtzufinden. Die Welt wird unübersichtlich, chaotisch, zum Teil grausam und fremd. Gleichzeitig – und solche Widersprüche gehören jetzt zur täglich erlebbaren Realität – scheint die Welt auch kleiner und übersichtlicher zu werden, etwa durch die atembenehmenden Erfindungen auf dem Gebiet des Verkehrs und der Kommunikation (Auto, Flugzeug, Funktelegrafie usw.). Eine sich überall ausbreitende planmäßige Organisation aller Lebensbereiche verspricht mehr Sicherheit als zuvor. Tatsächlich aber setzt sich als Grundvorgang nun beschleunigt fort, was im 19. Jahrhundert begonnen hat: der Zerfall alter, vormals bewährter Bindungen, Traditionen, Werte und Normen. Obwohl es so scheint, als sei die Welt durch Technik und Wissenschaft besser beherrschbar als je geworden, erlebt der einzelne sie doch gerade nicht als eine beherrschbare, in der er seinen Platz genau kennt, in der er sich sicher fühlen könnte. Die Wirklichkeit, in der man lebt, zeigt eher bedrohliche Züge. Die Wirklichkeit wird immer weniger der anheimelnde Raum, in dem man sich geborgen weiß. Wirklichkeit wird vielmehr etwas, gegen das man sich behaupten muß. Wirklichkeit wird als Widerstand erfahren.

Auf der anderen Seite ist es nicht so, daß jedem einzelnen diese Lebenssituation bewußt ist, in der er auf sich selbst verwiesen ist. Denn gleichzeitig mit der Zersplitterung des gesellschaftlich-realen Lebens entsteht so etwas wie eine stets größer werdende Gleichheit aller Lebensformen, die das Leben zu erleichtern und nach gewissen, beinahe vorhersagbaren Regeln verlaufen zu lassen scheint. Dadurch kommt eine scheinbare Sicherheit zustande, eine Pseudogeborgenheit, in die man sich flüchten kann und an die man sich klammert. Sie verschleiert wenigstens zeitweilig die Tatsache, daß man auf sich selbst gestellt ist. In Krisensituationen allerdings, in persönlichen wie in allgemeinen, brechen diese Pseudosicherheiten regelmäßig in sich zusammen.

Im 19. Jahrhundert hatte sich auch die Kunst an der falschen Suggestion einer doch irgendwie vorhandenen Sicherheit beteiligt, als Kunst des schönen Scheins, aber auch in der Version des Realismus. (Die L'Art pour l'art-Kunst hatte sich aus allen derartigen Problemfeldern „herausgehoben"). Im 20. Jahrhundert, in der modernen Kunst, wird mit diesem falschen Schein einer letztlich doch vielleicht guten Welt nun jedoch radikal gebrochen. Moderne Kunst will den Gegensatz, die Trennung zwischen ihr und der Lebenswirklichkeit konsequent aufheben und beide gleichsam wieder miteinander in Übereinstimmung bringen. Um das erreichen zu können, müssen jetzt alle Formen, Gattungen, Themen und Darbietungsweisen der Tradition systematisch, zielgerichtet und in ihren Fundamenten verändert, alle Konventionen der Kunst außer Kraft gesetzt werden. In ihnen hat sich die falsche Beziehung zur Wirklichkeit gespeichert, wodurch die Kunst von der Wirklichkeit verfremdet worden war. Manche der zahlreichen Strömungen und „-ismen", die zu Beginn des Jahrhunderts entstehen – Futurismus, Dadaismus, Surrealismus, Expressionismus, Imaginimus –, und die unter dem Sammelbegriff der Avantgardebewegungen zusammengefaßt werden, plädieren sogar für eine gänzliche Abschaffung der Kunst als eines gesonderten Bereiches, wollen sie stattdessen direkt in die Lebenspraxis überführen. Wie extrem oder erfolgreich solche Bestrebungen im einzelnen auch verlaufen sind, ihre traditionelle Funktion, nämlich Trost und Versöhnung zu spenden oder Schönheit in der häßlichen Wirklichkeit zu repräsentieren und zu bewahren, verliert die Kunst in jedem Falle.

Der moderne Leser und Kunstbetrachter wird auf diese Weise sozusagen von zwei Seiten gleichzeitig angegriffen. Als Mitglied der Gesellschaft muß er sich in einer Zeit der zerbrochenen Sinnordnungen neue Orientierungen und Werte suchen, muß er sich wie nie zuvor als Individuum behaupten. Andererseits bieten auch Kunst und Literatur keine Lösungen mehr an, nicht einmal (fragwürdige) Auswege. In ihnen begegnet er vielmehr den gleichen oder ähnlichen Schwierigkeiten wie im Leben, so daß auch sie ihn zur Konfrontation mit sich selbst zwingen.

Die konsequente Neuorientierung der Literatur auf das Leben bedeutet, wie gesagt, die entschiedene Abkehr von allen herkömmlichen literarischen Formen. Der Roman darf kein traditioneller Roman mehr sein, das Gedicht kein Gedicht, das Drama kein Drama. Alle literarischen Konventionen sind suspekt, auch alle traditionellen sprachlich-literarischen Zeichen. Sie alle verbergen die Realität, um die es geht, verfälschen die Wahrheit, weil sie unlösbar mit Bedeutungen verknüpft sind, die Trost, Zusammenhang oder auch eine Art Heilung zu versprechen vorgeben. Jegliche Illusion einer irgendwie in sich geordneten Welt, die im literarischen Werk erscheinen könnte, muß zerstört werden, da von ihr aus die Folgerung gezogen werden könnte, die Wirklichkeit sei ähnlich geordnet. Die Literatur muß demgegenüber danach trachten, die wahre Eigenart der Wirklichkeit zum Ausdruck zu bringen.

Wie und mit welchen Argumenten man sich die Auflösung der Grenzen zwischen Literatur und Wirklichkeit vorstellt, wie es zum Übergang zwischen Kunst und Leben kommen soll, kann man sich an den Worten der englischen Romanautorin Virginia Woolf aus dem Jahre 1919 verdeutlichen:

Man prüfe einen Augenblick lang ein durchschnittliches Bewußtsein an einem gewöhnlichen Tag. Das Bewußtsein empfängt eine unendliche Menge von Eindrücken – triviale, phantastische, unscharfe oder andere wie mit der Schärfe des Stahls eingravierte. Sie kommen von allen Seiten, ein unaufhaltsamer Schauer von unzähligen Atomen; ...wenn der Schriftsteller ein freier Mann wäre und kein Sklave, wenn er schreiben könnte, wie er fühlt, und nicht, wie es die Konvention vorschreibt, dann gäbe es keine Handlung, keine Komödie, keine Tragödie, keine Liebesverwicklung und keine Katastrophe im traditionellen Sinne. ... Das Leben ist keine Reihe symmetrisch angeordneter strahlender Bogenlampen. Das Leben ist ein diffuser Lichthof, eine halb durchsichtige Hülle, die uns von Anfang unseres Bewußtseins bis zu seinem Ende umgibt. Ist es nicht die Aufgabe des Romanautors, dieses sich Verändernde, Unbekannte und Unumschreibbare wiederzugeben, welche Verwirrung und Komplexität daraus auch immer hervorgehen mag?

Die Aufhebung der Grenzen zwischen Kunst und Leben aber bedeutet nicht nur größere „Komplexität" und „Verwirrung" im Kunstwerk, Verzicht auf ordnende Gliederung und gefügte Organisation, sondern kann auch zu einer tatsächlichen Umwandlung der Lebenserscheinungen in Kunsterscheinungen führen. Wir erinnern uns an den von Karl Philipp Moritz gemachten Unterschied zwischen dem Gebrauchswert und dem ästhetischen Wert eines Gegenstandes. Was bei Moritz am Ende des 18. Jahrhunderts ein vorwiegend theoretisches Konzept war, wird nun praktisch in die Tat umgesetzt. Alles, was wirklich ist, kann zu Kunst werden. Man widerruft den Gebrauchswert und erkennt ästhetischen Wert zu. Was zu Kunst erklärt wird, ist damit Kunst. Darum gibt es keine Scheu davor, alle Erscheinungen des gewöhnlichen Lebens in Kunst zu verwandeln, alltagssprachliche Wendungen ebenso wie alles Häßliche, Niedrige oder Banale. Die Konsequenz, mit der man dieses Ziel hier und da verfolgt, löst bei vielen Zeitgenossen Schockwirkungen und Proteste aus. Auf wenig Verständnis treffen zum Beispiel Marcel Duchamps „readymades". Das sind serien- und fabrikmäßig hergestellte Gebrauchsgegenstände, die geringfügig bearbeitet sind, dadurch ihrer ursprünglichen Gebrauchsfunktion entkleidet und somit zu Kunstwerken transformiert werden. Besonderes Aufsehen erregt Duchamps *Flaschentrockner* (1914).

Solche Kunstwerke erschüttern auf ihre Weise beim Publikum die gängigen Vorstellungen von Kunst, vor allem auch von dem Prozeß der Entstehung von Kunstwerken. Sie scheinen unverträglich mit der Idee, ein Kunstwerk gehe aus der Erfindungsgabe, der Phantasie, der Kreativität des Künstlers hervor, es erfordere Arbeit und Anstrengung, der Künstler müsse um das Werk „ringen". Viele Werke der modernen Kunst scheinen dagegen ihre Existenz dem Zufall zu verdanken, der Improvisation, sind daher beliebig und werden ohne die geringste Anstrengung hergestellt. Und mancher verteidigt bis heute das Vorurteil, moderne Kunst und Literatur seien großenteils die Produkte von Künstlern, die im Grunde unfähig zur wahren Kunst seien, von Scharlatanen und geschäftstüchtigen Betrügern. Kafka könne gar nicht „richtig" schreiben, Picasso nicht „richtig" malen.

Wir wollen und müssen auf diese Vorurteile nicht eingehen. Objektiv gesehen haben sie sich längst erledigt. Was in ihnen verkannt wird und außer acht gelassen, ist das Streben, die Wirklichkeit in der Kunst nicht mehr in den Formen der Tradition wiederzugeben, ein Streben, das gewiß nicht ohne provozierende Ziele ist, das sich jedoch nur mit der Verzerrung des Herkömmlichen verwirklichen läßt. Die ehemals kollektiv akzeptierten Bilder der Welt, die die Kunst offerierte, müssen daher deformiert, ja zerstört werden. Sie können andererseits nicht durch neue kollektiv akzeptierbare ersetzt werden, sondern nur durch subjektiv und individuell entworfene Zerrbilder des Alten.

Auch die Literatur sucht neue Verfahren der Darstellung, die zum Teil experimentell erprobt werden. Sie versucht, die Elemente aufzuspüren, die die Wirklichkeit prägen, versucht, diese in ihrer Vielfältigkeit und gegenseitigen Verschränkung in die Texte aufzunehmen. Dabei kommen ihr neue Entwicklungen in Wissenschaft und Technik entgegen. Eine der neuen Erfindungen ist die Photographie. Bereits in der ersten Hälfte des 19. Jahrhunderts erfunden, übernimmt die Photographie nicht allein bestimmte Aufgaben, die früher der exakt abbildenden Malerei (etwa der Portraitkunst) vorbehalten waren, sondern eröffnet neue Blicke auf die Wirklichkeit. Andere Perspektiven, vor allem auch Vergrößerungen, legen Aspekte der Wirklichkeit bloß, die bis dahin unbekannt waren. Man entdeckt Einzelheiten, Strukturen, Elemente, die überraschende Einblicke in die Erscheinungen und in die Materie gewähren. So zeigen zum Beispiel Vergrößerungen kleiner Ausschnitte eines Gemäldes scheinbar ungeordnete Einzelheiten, die erst in einem anderen Blickwinkel Sinn ergeben. Die abstrakte Malerei wird nachweislich gerade durch derartige photographische Möglichkeiten mitbegründet und inspiriert. Aber auch in der Literatur zeigen sich die Folgen in der Detailliertheit der Darstellung von Menschen und Dingen.

Großen Einfluß übt auch die Erfindung des Films aus. Vor allem die Beweglichkeit der Kamera, ihre verschiedenen Einstellungen, die von der sogenannten Panoramaperspektive bis zur Großaufnahme wechseln, die Schnittechnik. Die Kamerabewegungen zwingen den Zuschauer, sich fortwährend auf neue Darstellungsblickwinkel einzustellen. Obwohl er, rein physisch gesehen, während der Filmvorstellung auf seinem Platz im Kino bleibt, begibt er sich doch mit dem Ablauf des Films sozusagen auf immer andere Plätze, von denen aus das Geschehen stets anders erscheint. Eine völlig veränderte Situation im Vergleich zum traditionellen Theatersaal, in dem man alles von Anfang bis Ende von einer bestimmten Stelle aus wahrnimmt, so daß auch die Größenverhältnisse zum Beispiel immer dieselben bleiben. Natürlich gibt es im Roman schon immer den wechselnden Blickpunkt, dem sich der Leser im Fortgang der Handlung ständig anpassen muß. Jetzt aber wird dieses Prinzip des Perspektivwechsels, nicht zuletzt eben unter der Einwirkung des Films, entschieden intensiviert, so daß der Leser sich einem verwirrenden Perspektivenreichtum gegenübersieht, der nun auch nicht mehr durch einen allwissenden Erzähler übersichtlich koordiniert wird.

Man verbannt aus dem literarischen Werk das Bedeutungszentrum, von dem aus sich die Einzelaspekte und -perspektiven hierarchisch ordnen. Das ist ein Prozeß, der in allen Künsten stattfindet. In der Musik verliert die Melodie ihre ordnende Macht. Auch in der Malerei greift man zu revolutionären Veränderungen der Darstellung und Abbildung. Man gibt zum Beispiel die Zentralperspektive (ein jahrhundertealtes Basisprinzip der Malerei) auf zugunsten eines gleichzeitigen Neben- und Nacheinander. Auch hier trachtet man den Eindruck der Geschlossenheit, des gestaffelten Zusammenhangs und damit einer sinnvollen Ordnung zu verhindern. Die im Roman in dem Nacheinander des Handlungsganges sich realisierende Mehr- und Vielperspektivität wird im Gemälde gleichzeitig zur Anschauung gebracht. Es ist, als wolle man dem Betrachter den abgebildeten Gegenstand gleichzeitig von mehreren Seiten zeigen. Man führt ihn gleichsam um den Gegenstand herum. Die traditionelle standpunktbezogene Optik wird dadurch verzerrt. Die abgebildeten Gegenstände entfalten sich gewissermaßen in mehrere Richtungen zugleich. Picassos berühmte Frauenportraits aus den 30er und 40er Jahren, auf denen die Köpfe und Gesichter scheinbar „anatomisch falsch" dargestellt sind, weil aus mehreren Blickrichtungen zugleich wiedergegeben, sind anschauliche Beispiele der neuen Verfahren.

Mit den neuen Methoden, Formen und Techniken der Darstellung werden die gewohnten Vorstellungen darüber, wie Kunst auszusehen habe, aufgekündigt. Schönheit, Harmonie,

Ausgeglichenheit, Zusammenhalt und ähnliche Kennzeichen, die zu den Grundidealen der Kunst gehörten, werden als überholte Ideale zurückgewiesen und verworfen, da sie den neuen Forderungen an die Kunst im Wege stehen. Sie wirken allenfalls noch als Kontrasthintergrund, vor dem die neuen Kunstformen in ihrer Abweichung vom Traditionellen besonders prägnant sichtbar werden. Im übrigen gehört es bis heute zur Wahrnehmung und zum Erlebnis moderner Kunst, daß dieser Hintergrund anwesend geblieben ist und bei vielen noch immer als eigentlicher Maßstab der Beurteilung dient. Wird und bleibt er Beurteilungsmaßstab, dann muß moderne Kunst beinahe notwendig als Verirrung oder Abirrung erscheinen (zeitweise sprach man bekanntlich von „Entartung"), und negative Urteile sind dann so gut wie unvermeidlich. Andererseits steht es außer Frage, daß die moderne Kunst diesen Hintergrund immer wieder aufruft, daß die Verneinung und Destruktion der Traditionen eine ihrer wichtigen Energiequellen bildet.

Daß es immer wieder zu einer Konfrontation zwischen moderner und älterer Kunst und Literatur kommt, hat auch wiederum mit technisch-wissenschaftlichen Entwicklungen des industriellen Zeitalters zu tun. Der Literaturkritiker und Schriftsteller Walter Benjamin hat sie mit dem Blick auf die Kunst 1936 in einem Essay unter der Formel der „technischen Reproduzierbarkeit des Kunstwerks" analysiert. Damit meint Benjamin die technischen Möglichkeiten – und heute haben sich diese Möglichkeiten noch unendlich vermehrt –, mit denen man Werke der bildenden Kunst, der Musik und der Literatur vervielfältigen und verbreiten kann. Wollte man früher ein Bild von Rembrandt sehen, mußte man ein bestimmtes Museum aufsuchen, wollte man Musik hören, mußte man sich in einen Konzertsaal begeben. Heute kann man praktisch jede Art von Kunst im eigenen Hause erleben, in Kunstmappen, die sorgfältige Reproduktionen enthalten, Musik im Radio, als Schallplatte oder Tonband, Bücher werden großenteils in Billigausgaben und großen Auflagen auf den Markt geworfen. Das gerade eintretende Computer-Zeitalter eröffnet weitere, wie es scheint, unbegrenzte Möglichkeiten. Weil die Reproduzierbarkeit so leicht geworden ist und die Verbreitung der Reproduktionen umfassend, gibt es heute eine nie dagewesene Gegenwärtigkeit der Kunstwerke aller Zeiten. Moderne Kunst und Literatur muß sich daher fortwährend gegen die Kunst und Literatur der Vergangenheit absetzen, wird darum auch ständig mit dieser verglichen. Das schlägt ihr keineswegs immer zum Vorteil aus. Denn die älteren Werke mit ihren bekannten Konventionen scheinen leichter zugänglich, erfüllen scheinbar auch besser die an Kunst und Literatur herangetragenen Erwartungen. In solchen Erwartungen wird der Kunstbetrachter oder der Leser außerdem durch viele Produkte der Film- und Fernsehindustrie bestärkt. Die Mehrzahl von ihnen ist nach althergebrachten Konventionen und Mustern hergestellt, die vom Betrachter wenig Konkretisierungsphantasie und -energie verlangen.

Benjamin hebt noch einen anderen Aspekt hervor. Die Massenverbreitung reproduzierbarer Kunstwerke beraubt sie ihrer einmaligen Besonderheit (Benjamin spricht von der verlorenen „Aura"). Kunstwerke werden auf diese Weise wie Gebrauchsartikel produziert. Und sie werden häufig auch wie solche „verbraucht". Man läßt eine Mozart-CD während der morgendlichen Zeitungslektüre als Hintergrund ablaufen oder führt sich die Video-Aufnahme von Gründgens' *Faust II*-Inszenierung im Wohnzimmer beim Verzehr von Wein und Chips vor. Kunst wird zur Unterhaltung, dient der Zerstreuung.

Die Tendenz unserer Zeit zur Unterhaltung und Zerstreuung, die durch die Programme der modernen Medien permanent verstärkt wird, steht im Widerspruch zu dem Anspruch auf Aufmerksamkeit und Konzentration, den jedes einzelne moderne Kunstwerk verlangt. Natürlich verlangten auch Mozart und Goethe Aufmerksamkeit und Konzentration. Dennoch: Gerade die moderne Literatur stellt an ihren Leser besondere Anforderungen. Zu ihrer Eigenart gehört nicht allein der Bruch mit der Vergangenheit, sondern auch die neue Rolle, die sie dem Leser zuteilt. Er muß nicht nur, wie es schon immer seine Aufgabe war, den Text ergänzend und auffüllend konkretisieren, er muß Bedeutung nicht nur in der ihm gemäßen Weise vollenden, in der modernen Literatur muß er Bedeutung weitgehend selbst entwerfen. Moderne Autoren gewähren dem Leser große Freiheit, nötigen ihn aber auch dazu, von ihr aktiven Gebrauch zu machen. Das ist keine geringe Herausforderung, da die Werke sich an keine festen Sinnordnungen (mehr) wenden und der Leser seinerseits über keine zuverlässigen mehr verfügt. Darum bleiben Konkretisierungen, bleibt Verstehen nicht nur individuell, sondern auch vorläufig und provisorisch. Während der Lektüre probiert der Leser eher Bedeutungsmöglichkeiten aus, als daß er sie entdeckt. Er kann sich häufig des Gefühls nicht erwehren, daß nur persönlich, ja willkürlich oder zufällig ist, was ihm in seinem Bemühen um Verstehen gelingt. Er hat den Eindruck, außer seiner eigenen seien viele andere Konkretisationen denkbar, die nicht weniger sinnvoll seien als die seine. Dieser Eindruck besteht zu Recht. Es gibt unzählige Deutungen der modernen Literatur und aller ihrer Einzelwerke. Sie haben sich zum Teil sogar fest mit den Werken verbunden. Man hat darum davon gesprochen, daß moderne Kunst kommentarbedürftig sei, eigentlich nur zugänglich über bereits entstandene Kommentare und Deutungen. Für solche Auffassungen ist der große Auslegungsspielraum verantwortlich, den die moderne Kunst bietet. Man kann als Leser natürlich unter den Kommentaren und Deutungen nach einer Auslegung, einer Konkretisierung suchen, die den eigenen Wünschen und Vorstellungen entspricht. Vielleicht findet man sie sogar. Aufregender und befriedigender aber ist es, sich selbst dem Risiko der Konkretisierung auszusetzen. Die Schwierigkeit der modernen Literatur ist eines. Der Mut, den sie vom Leser verlangt und über den dieser zu einer besseren Kenntnis seiner selbst, vielleicht sogar der Wirklichkeit gelangen kann, ist ein anderes.

Nach Auffassung mancher Philosophen hat die Menschheit in der Geschichte ihrer Selbsteinschätzung drei schwere Gegenschläge hinnehmen müssen. Den ersten durch die Entdeckung des Astronomen Kopernikus im 16. Jahrhundert, daß die Erde nicht das Zentrum des Universums ist; den zweiten durch die Evolutionstheorie von Charles Darwin, formuliert in seinem 1859 erschienenen Buch *Die Entstehung der Arten,* in dem er nachwies, daß der Mensch keine Sonderstellung auf der Erde einnimmt, sondern aus dem Tierreich abstammt. Den größten Schlag aber habe Sigmund Freud dem menschlichen Selbstwertgefühl zugefügt, indem er enthüllte, daß der Mensch nicht einmal Herr über sich selbst sei, vielmehr weitgehend von seinem Unbewußten bestimmt werde.

Wir beabsichtigen hier weder eine kritische Würdigung Freuds noch eine genauere Beschreibung seiner Erkenntnisse. Aber die Erschütterung des Bildes, das der Mensch von sich selbst vor Freud hatte, hat die menschliche Wirklichkeit grundlegend verändert. Seit vielen Jahrhunderten, besonders seit der Renaissance, war alle kulturelle und gesellschaftliche Entwicklung darauf gerichtet, den Menschen als Individuum, die Individualität jedes einzelnen Menschen zu stärken, zu bereichern und zu sichern. Der Glaube an den Fortschritt von Kultur und Zivilisation beruhte wesentlich auf der Überzeugung, die Entfaltung der Individualität, die wachsende Selbstbestimmung und -beherrschung des Menschen komme allen Menschen zugute. Diesem Menschheits- und Menschlichkeitsideal wird durch Freud plötzlich die Basis entzogen, es wird zu einer Illusion. Nach Freud können wir grundsätzlich nur einen geringen Teil unseres Ich beherrschen, sein größerer Teil liegt im von uns nicht beherrschten Unbewußten, das nichtsdestoweniger unser Wollen und Handeln entscheidend lenkt.

Daß Entdeckungen solchen Ausmaßes für die Kunst und die Literatur, auch für den Umgang mit ihnen, große Folgen haben müssen, bedarf kaum einer Beweisführung. Überdies ist Freuds Name unlösbar mit der Literatur verbunden. Der Ödipuskomplex, Freuds wohl berühmteste Entdeckung, erhielt seinen Namen nach dem König Ödipus in der altgriechischen Sage, die Sophokles ungefähr 430 v.Chr. in einer Tragödie bearbeitet hat. Der Kern der Handlung besteht darin, daß Ödipus seinen Vater tötet und seine Mutter heiratet, beides, ohne zu wissen, daß sie seine Eltern sind. Freud sieht in diesem Geschehen die Wiedergabe einer der Grundsituationen in der Entwicklung eines jeden Menschen, nämlich die der sexuellen Bindung an den andersgeschlechtlichen, bei gleichzeitigen feindseligen Eifersuchtsaffekten gegenüber dem gleichgeschlechtlichen Elternteil. Zum Komplex wird diese inzestuöse Phase der Kindheit im späteren Leben dann, wenn sie unzureichend verdrängt oder bewältigt wird. Die große Wirkung, die Sophokles' Drama über Jahrtausende hinweg ausgeübt hat, erklärt Freud damit, daß es eine „Wunscherfüllung" unserer Kindheit darstelle. Ähnlich interpretiert Freud das berühmte Zögern des dänischen Prinzen Hamlet in der gleichnamigen Tragödie von Shakespeare. Der Mörder von Hamlets Vater, der nach dem Mord Hamlets Mutter heiratet, repräsentiere ein Handeln, in dem eigentlich Hamlets eigene Wünsche erfüllt würden, so daß dieser sich nur schwer zur Rache entschließen könne, zu der er sich doch verpflichtet weiß.

Nicht diese Interpretationen als solche interessieren hier, auch nicht die häufig gestellte Frage, ob Sophokles und Shakespeare sich dieser Bedeutung bewußt waren oder nicht, wenn man annimmt, daß Freud mit seiner Deutung recht hat. Vielmehr ist es wichtig zu erkennen, daß mit Freud völlig neue Möglichkeiten der Bedeutung literarischer Werke entstehen, und zwar sowohl vom Autor als auch vom Leser aus. In einem literarischen Werk können zentrale Bedeutungskerne enthalten sein, die vom Autor unbewußt geschaffen werden. Andererseits kann auch der Leser Bedeutungen konkretisieren, die von seinem Unbewußten eingegeben sein können. Noch folgenreicher aber ist es, daß man als Leser (oder auch als Kunstbetrachter) in den Bann eines Werkes gezogen, von ihm getroffen werden kann, ohne daß man sagen könnte, warum dies geschieht. Man kann durch eine Bedeutung angesprochen werden, die man als solche nicht erkennt, von der man nicht einmal etwas weiß. Das Unbewußte reagiert auf etwas, das unserem Bewußtsein unzugänglich ist. Was dem Leser so als Bedeutung begegnet, kann auch dem Autor unbewußt geblieben sein. Wenngleich man hier vorsichtig sein muß. Moderne Schriftsteller kennen Freud natürlich auch. Und was manche Interpreten als unmittelbaren oder versteckten Ausdruck ihres Unbewußten deuten (vor allem, wenn es um das Verhältnis einer männlichen Hauptgestalt zu Frauen geht), kann durchaus sehr bewußten Gestaltungsabsichten entspringen.

Für das Verstehen eines Kunstwerkes aber, das ja eines der Hauptthemen unseres Buches ist, ergeben sich im Zusammenhang mit der Kraft des Unbewußten einige grundsätzlich neue Dimensionen. Bislang haben wir Verstehen ausschließlich und wie selbstverständlich als ein rationales, ein bewußtes Verstehen aufgefaßt, auch dort, wo wir von individuellem Verstehen gesprochen haben. Das ist ein Verstehen, das man selbst wieder bewußt verstehen, das man verstandesmäßig kontrollieren kann. Mit Freud muß man akzeptieren, daß sich das Verstehen auch auf einer anderen Ebene als der des Verstandes, des Bewußten überhaupt vollziehen kann. Man selbst erkennt nicht einmal, daß man versteht, weil dieses Verstehen sich dem Begreifen entzieht. Insbesondere im Falle heftiger Ablehnung bestimmter Kunstwerke kann im Unbewußten etwas angesprochen sein, gegen das man sich wehrt, das man nicht einmal unbewußt zur Kenntnis zu nehmen wünscht.

Folgt man Freud, dann hat es derartige negative und entsprechende positive unbewußte Reaktionen auf Kunst schon immer gegeben. Freuds *Ödipus*-Interpretation demonstriert im übrigen ja auch, daß die Dichter schon immer zur Darstellung gebracht haben, was er selbst erst um 1900 wissenschaftlich zu erforschen begann. Für die moderne Literatur spielen seine Erkenntnisse und im weiteren die Erkenntnisse der von ihr inspirierten Psychoanalyse allerdings eine besondere Rolle. In ihr hat das Unbewußte nicht nur wie eh und je seinen Platz gefunden. Freud selbst hat eine ganze Theorie des künstlerischen Schaffens entwickelt, die einen ihrer Grundpfeiler in der

Auffassung hat, Kunstschaffen habe seinen Ursprung in der Verfeinerung, der Vergeistigung (Freud spricht von „Sublimierung") unverarbeiteter Energien des Geschlechtstriebes. Vielen ist diese Theorie zu einseitig, rückt die Quelle des künstlerischen Schöpfertums außerdem in eine zu große Nähe des Krankhaften. Ihnen leuchtet die Theorie des ehemaligen Mitarbeiters von Freud, Carl Gustav Jung, eher ein, nach der das Unbewußte eine Art schöpferischen Mutterbodens für das Bewußtsein forme. Es umfasse individuelle wie kollektive Inhalte, die in Träumen, in Mythen, in religiösen Vorstellungen, aber auch in Kunstwerken ihren Ausdruck fänden. Häufig seien dabei Bewußtsein und Unbewußtes ausgleichend, kompensatorisch aufeinander bezogen.

Wir wollen das Für und Wider auch dieser Theorien nicht diskutieren. Wir haben sie angeführt, weil auch sie zum Verständnis der modernen Literatur beitragen könnten. Pflichtet man zum Beispiel der Psychologie von Jung bei, kann man sich mit ihrer Hilfe manches im Erscheinungsbild der Kunst und Literatur der Moderne verständlich machen, insbesondere im Rahmen der Kompensationsthese. Kritiker haben immer wieder darauf hingewiesen, daß zahlreiche moderne Kunstwerke durch einen Zug zum Dunklen, zum Dämonischen charakterisiert seien. Traum, Unwirklichkeit, Chaos, Wahn, Angst sind Begriffe, die in diesem Zusammenhang regelmäßig fallen. Man denkt dabei an Autoren wie Georg Trakl und Franz Kafka, an Maler wie Vincent van Gogh und Edvard Munch. In ihren Werken dominiere ein Moment des Irrationalen, des Elementaren und Unkontrollierten. Vom Jungschen Ansatz aus und gemäß der darin aufgenommenen Kompensationsthese könnte man zu der Schlußfolgerung kommen, in diesem Vortreten des Irrationalen komme ein unbewußt sich vollziehender Ausgleich zum rationalen, zweckgerichteten und zielorientierten Leben zur Darstellung, das unseren Alltag bestimmt. In der Kunst käme auf diese Weise zur Erscheinung, was im technisch-wissenschaftlichen Zeitalter unterdrückt und verdrängt wird.

Die Entdeckungen Freuds betreffen jedoch nicht nur Entstehung, Funktion und Wirkung der Kunst im allgemeinen, sondern sie betreffen auch ganz konkrete Inhalte einzelner Werke. Wir haben darauf hingewiesen, daß der Mensch in der bildenden Kunst des 20. Jahrhunderts oft „unnatürlich", deformiert dargestellt wird. In der Literatur ist das nicht anders. Bei Kafka, bei Beckett und vielen anderen Schriftstellern begegnet der Leser Figuren, deren Handeln und Reagieren, deren Denken und Argumentieren – mindestens auf den ersten „rationalen" Blick – unlogisch, widersprüchlich, gar absurd erscheinen. Unzählige literarische Helden ringen um das Bewußtsein ihrer Identität, um die Ganzheit ihres Ich. Hier manifestiert sich die Krise des Ich, die zerstörte Ichgewißheit, die Freud aufgedeckt hat. Der Leser moderner Literatur muß darauf gefaßt sein, mit Personen konfrontiert zu werden, die aus der Sicherheit einer Mitte geraten, die dezentriert sind. Es sind Gestalten, die das der Vernunft nicht zugängliche Wechselspiel von Bewußtem und Unbewußtem illustrieren. Moderne Literatur hat für die Darstellung dieses Wechselspiels neue Techniken entwickelt, wie etwa den Bewußtseinsstrom (auf den wir noch eingehen werden). Moderne Literatur schrickt schließlich nicht davor zurück, auch die vom Bewußtsein verdrängten sexuellen Wünsche und Triebe ohne verfälschende Verharmlosung darzustellen.

Nochmals: Die Absicht der Ausführungen dieses Abschnitts ist es nicht, die schwierigen und komplexen Probleme der Psychologie und Psychoanalyse sowie ihre Auswirkungen auf die moderne Kunst und Literatur kritisch zu untersuchen. Unsere Absicht ist allein, die allgemeine Bedeutung zu umreißen, die Freuds Erkenntnisse und alles, was aus ihnen folgte, für die menschliche Lebenswirklichkeit, aber auch für die Kunst und Literatur haben kann. Manches, was in den literarischen Werken der Moderne fremd und rätselhaft erscheint, wird vor diesem Hintergrund möglicherweise weniger fremd und rätselhaft. Vor allem aber sollten Freuds Entdeckungen den Leser zur Vorsicht gegenüber sich selbst und seinen Reaktionen auf Kunst und Literatur mahnen. Auch Leser stehen unter dem unbewußten Einfluß ihrer Verdrängungen und unverarbeiteten Triebregungen. Sie sind nicht „normaler" als die Autoren, die sie lesen. Sie besitzen in der Regel lediglich weniger Mut, sich das einzugestehen. Aus umgekehrter Blickrichtung und ein wenig ironisch hat dies einer der ingeniösen Porzellanmaler in Meißen einmal so formuliert: „Wir Künstler sind so normal wie alle anderen Menschen. Auch wir sind davon überzeugt, daß Gänse drei Beine haben und die Farbe der Pferde himmelblau ist".

Romane ohne Geschichten

Wenn es so ist, daß die Welt und die Wirklichkeit keine zusammenhängende Totalität mehr bilden, wenn es so ist, daß die Realität als chaotischer, durch Zufälligkeiten bestimmter Ereignisraum erlebt wird, in dem das Einzelne vielleicht noch erkennbar, das Ganze aber nicht mehr als innerlich und äußerlich verbundener Zusammenhang existiert, wenn es also so ist, daß die Welt in ein unendliches Nebeneinander von Einzelphänomenen zerfallen ist, dann werden erzählte Geschichten, in denen diese Wirklichkeit wiedergegeben werden soll, zu einer ungeeigneten Darstellungsform. Geschichten, die man erzählt, haben einen Anfang, eine Mitte und ein Ende. Sie suggerieren Zusammenhang, bilden Ereignisfolgen, die miteinander verbunden sind und dadurch Ordnung und Sinn stiften. Genau diese aber erkennt man nicht mehr in der Wirklichkeit, so daß Geschichten zu selbständigen Größen werden, die von der Wirklichkeit losgelöst sind. Geschichten verleihen der vielgestaltigen und widersprüchlichen Wirklichkeit Bedeutung und Zusammenhang, gliedern die Wirklichkeit in übersichtliche Arrangements, so als sei die Wirklichkeit noch stets durch den Menschen beherrschbar.

Geschichtenerzählen, so lautet darum die Überzeugung der Schriftsteller nach 1900, verfälscht die Lebenswirklichkeit. Die Wahrheit des Lebens läßt sich nicht länger in Geschichten einfangen.

Die Konsequenz solcher Überzeugung verlangt den entschiedenen Bruch mit den Formen des Erzählens, im wesentlichen mit der Form des Romans, wie sie bis zum Ende des 19. Jahrhunderts gebräuchlich war. Bei Balzac, Dickens, Fontane, Raabe oder Dostojewskij und vielen anderen Autoren, die man zu den großen Erzählern des 19. Jahrhunderts rechnet, werden Geschichten erzählt, die in sich folgerichtig sind, die dadurch auch der Wirklichkeit einen Zusammenhalt zuschreiben, den es im 20. Jahrhundert nicht mehr gibt. Wir haben hierauf bereits in unserem Abschnitt über den Realismus hingewiesen. Der Roman, der den neuen Wirklichkeiten entsprechen, der die „Wahrheit" dieser Wirklichkeiten ausdrücken soll, muß darum die Geschichte als Basis der Erzählung aufgeben. Die Autoren des 20. Jahrhunderts versichern deshalb immer wieder, daß ein Erzählen in der Form von Geschichten unmöglich geworden sei. Robert Musil zum Beispiel sagt im Hinblick auf seinen Roman *Der Mann ohne Eigenschaften* (entst. 1925–1942): „Die Geschichte dieses Romans kommt darauf hinaus, daß die Geschichte, die in ihm erzählt werden sollte, nicht erzählt wird." In Rilkes Roman *Die Aufzeichnungen des Malte Laurids Brigge* (1910) stellt die Titelfigur fest: „Daß man erzählte, wirklich erzählte, das muß vor meiner Zeit gewesen sein." Vom „Geschichtel-Erzählen" spricht Hermann Broch herablassend und ironisch, wenn er den traditionellen Roman meint. Und noch Alain Robbe-Grillet, einer der bekannten Autoren des „Neuen Romans" aus den 50er und 60er Jahren, konstatiert lapidar: „Erzählen im eigentlichen Sinne des Wortes ist unmöglich geworden." Solange die Welt noch eine begreifliche Einheit, eine in sich sinnvolle Gegebenheit war, so lange, darauf läuft die Argumentation der modernen Romanciers immer wieder hinaus, konnte man auch noch in Geschichten erzählen, die das Bild einer chronologisch geordneten, einer stabilen, sich in ergänzenden Handlungs- und Ereignisketten dokumentierenden Wirklichkeit entwerfen. Man kann sich natürlich fragen, ob eine solche Wirklichkeit tatsächlich je existiert hat. Sie hat wohl auch im 19. Jahrhundert nicht existiert, als die großen Geschichten-Romane geschrieben wurden. Wir haben oben bereits angedeutet, daß diese Romane an der Wirklichkeit vorbeigeschrieben wurden. Im 20. Jahrhundert aber kann man sich endgültig nicht mehr in die heile Welt des Geschichtenerzählens flüchten, will man die Wahrheit nicht vergewaltigen.

Durch die Forderung nach Abschaffung der Geschichte aber entstehen neue Probleme. Denn wie kann man erzählen, wenn man auf die Geschichte als Fundament des Erzählens verzichtet? Ohne Geschichte wird Erzählen überhaupt problematisch. Damit gerät der Roman als literarische Form im ganzen in Gefahr. Folglich wird in dieser Zeit dann auch von vielen von der „Krise des Romans" gesprochen. Man will von der Wirklichkeit erzählen, und um ihr gerecht werden zu können, muß man die traditionelle Form des Romans und des Erzählens aufgeben. Der geschlossene Lebenslauf zum Beispiel einer Person kann nicht mehr Grundlage des Romans sein, da auch er wieder Einheit und Zusammenhang vermittelt.

Das entstandene Problem ist letztlich unlösbar und wurde auch nicht wirklich gelöst. Romane, die tatsächlich und konsequent auf jede Form der Geschichte verzichten, gibt es so gut wie keine, weil sie eigentlich unmöglich sind. Im Grunde ergeht es den Romanciers, die ohne Geschichten erzählen wollen, wie den L'Art pour l'art-Dichtern im 19. Jahrhundert. Diese konnten trotz ihres Strebens nach einer autonomen Sprache der Literatur die konventionellen Bedeutungen, die nun einmal mit sprachlichen Zeichen verbunden sind, nicht gänzlich ausmerzen. Auch die modernen Erzähler können nicht vollständig auf eine Geschichte verzichten, so daß diese doch in Resten erhalten bleibt. Allerdings werden die Geschichten entstellt, gewissermaßen unkenntlich gemacht, unter der Oberfläche verborgen. Die Romane zerfallen in Einzelteile, der Geschichtszusammenhang wird aufgebrochen in isoliert wirkende Episoden, Abschnitte, Situationen und Szenen. Es fehlt keineswegs an Handlung und Handlungen, doch werden sie nicht mehr zu einer Romanhandlung im traditionellen Sinne zusammengefügt. Und die Einzelteile relativieren sich, ergeben sich nicht natürlich aus einander, können sich widersprechen.

Der Leser stößt auf eine Art Kaleidoskop des Einzelnen und Vereinzelten. Das Lesen wird dadurch erschwert. Zumal dann, wenn der Leser solche Werke mit einer Leseerwartung konkretisieren will, die vom Geschichten-Roman der Vergangenheit geprägt ist. Er muß den Schock überwinden, die Fremdartigkeit, die von so anders angelegten Werken ausgehen, ehe er überhaupt mit Erfolg lesen kann. Er wird versuchen, das Konglomerat der Einzelheiten irgendwie zu verbinden, in einen ihm sinnvoll erscheinenden Zusammenhang zu konkretisieren. Er wird daher nach verborgenen Zusammenhängen suchen, nach Verweisungen und Beziehungen, die unter der Oberfläche vermutet werden. Er trachtet, doch eine Geschichte zu erstellen. Das kostet häufig nicht geringe Mühe, so daß mancher Leser sich um das Vergnügen, das ihm die Lektüre eines Romans doch vermitteln soll, betrogen meint.

Dem geduldigen Leser wird eine ihm sinnvolle Konkretisierung dennoch gelingen. Er überwindet gleichsam den Widerstand, den der Text ihm bietet. Allerdings verlangt das Ausdauer und Zähigkeit. In ungleich viel höherem Maße als im Geschichten-Roman muß er seine Konkretisierungen fortwährend revidieren, schwankt seine Lektüre zwischen Erfüllung und Enttäuschung hin und her. Als Leser muß man sich ständig selbst motivieren, nach neuen Möglichkeiten der Bedeutungszuweisung zu suchen, muß während der Lektüre sein eigenes Handeln kritisch prüfen, anpassen und umformen. Ist am Ende eine Konkretisierung gelungen, meint man, das Werk „verstanden" zu haben, dann hat man allerdings auch eine doppelte Befriedigung erreicht. Sie gilt nicht ausschließlich dem Werk, sondern auch und vielleicht sogar in erster Linie der eigenen Leistung, die man vollbracht hat. Die Lektüre lehrt den Leser auf diese Weise auch etwas über ihn selbst, über seine Fähigkeit zum Beispiel, mit Unerwartetem und Fremdartigem fertig zu werden, es trotz allen Widerstandes bezwungen zu haben.

Die Art, wie man auf diese Weise zu einer Geschichte kommt, die nicht der Erzähler entworfen, sondern die man als

Leser geschaffen hat, diese Art des Entstehens von Geschichten hat etwas durchaus Realistisches. Denn der Roman, den man selbst erst zu einer Geschichte umformen muß, ist mit der Wirklichkeit zu vergleichen, der man sich täglich konfrontiert sieht, jedenfalls bis zu einem gewissen Grade. Auch in der Wirklichkeit stößt man auf Widerstände, Brüche und Unstimmigkeiten, auf eine große Komplexität von Menschen, Dingen und Ereignissen. Sie trachtet man zu ordnen, in Zusammenhänge zu bringen, kurzum, in Geschichten umzuwandeln. Denn in Geschichten verwandelt ist die Wirklichkeit zugänglich, durchschaubar und erträglich. Aber auch die Geschichten des Lebens fordern Einsatz, Arbeit, Anstrengung und Anpassung. Diese Geschichten muß jeder ständig neu schreiben oder doch umschreiben. Die Geschichten des eigenen Lebens gewinnen nie endgültige Gestalt. Oft gelingt es erst im Rückblick auf die hinter einem liegenden Perioden, die Geschichten zu erstellen, die möglich sind. Die drängende Fülle der Gegenwart ist dann kein Hindernis mehr, die auf den Menschen zukommenden Gegebenheiten zu ordnen und mit Sinn zu versehen.

Die Romane ohne Geschichten oder mit entstellten Geschichten verlangen vom Leser ein besonders aktives Leseverhalten. Und das Leseergebnis, die am Ende erreichte Konkretisierung bleibt immer ein vorläufiges Resultat, da man ja nie sicher sein kann, ob man nicht nur eines von vielen möglichen Resultaten erarbeitet hat. Durch die Aufspaltung in eine Reihe von Einzelteilen, die mehr oder weniger getrennt voneinander dem Leser entgegentreten, wird die Arbeit der Konkretisierung, die ja ohnehin bei jedem literarischen Werk ein langsames Vorantasten ist, besonders kompliziert und ein Prozeß mit vielen Hin und Zurück. Man muß immer wieder probieren, Beziehungen herzustellen, die fortwährend durch den Fortgang der Lektüre auf die Probe gestellt werden, sich gleichsam stets aufs neue bewähren müssen. Und am Schluß gibt es dann nicht einmal die Gewißheit, eine „richtige" Konkretisation gefunden zu haben. Auch wenn man das Werk verstanden zu haben meint, kann man es durchaus mißverstanden haben.

Mehr noch, es gibt auch keine Instanz, an die man sich wenden könnte, um zu erfahren, ob man verstanden oder mißverstanden hat.

Das klingt fast entmutigend und könnte den Eindruck erwecken, als sei die Lektüre dieser Werke ein eigentlich fruchtloses Unterfangen, das – wie auch immer – mit einer Enttäuschung enden müsse. Dem ist jedoch nicht so. Entmutigend erscheint der Umgang mit derartigen modernen Werken nur, solange der Leser sein höchstes Ziel in zweifelsfreier Eindeutigkeit sieht. Die Mehrheit der modernen literarischen Werke aber will Eindeutigkeit gerade beseitigen, sie allenfalls für den einzelnen Leser, als höchstens auf ihn ausgerichtetes Erlebnis zugestehen und selbst diese subjektive und individuelle Eindeutigkeit noch mit Fragezeichen versehen. An die Stelle der Eindeutigkeit wird bewußt die Mehrdeutigkeit, die Doppelsinnigkeit gesetzt, der man mehr Wahrheitsgehalt zuschreibt als jeder Fraglosigkeit. Man hat darum diese Werke erst dann „verstanden", so kann man etwas übertrieben sagen, wenn man die Mehrdeutigkeit akzeptiert und als eigentlichen Kern erkannt hat.

Darüber hinaus führt die Mühe, die mit dem anhaltenden Entwerfen und Revidieren von Konkretisierungen verbunden ist, wir haben es schon angedeutet, zu einer Aktivierung der Phantasiekräfte, zu einer Stimulierung des Vorstellungsvermögens. Auch das kann als positiver Wert und als Bereicherung erlebt werden.

Hiermit eng verbunden ist noch etwas anderes. Die Aufspaltung des Ganzen in eine Reihe von Einzelteilen macht es möglich, daß der Leser zahlreiche Beziehungen zwischen den Teilen entdecken oder auch herstellen kann. Moderne literarische Werke lassen häufig einen inneren Beziehungsreichtum sehen, der um ein Vielfaches größer als der früherer Literatur ist. Textteile, Handlungsabschnitte, Motive, Bilder, sprachliche Formen, sogar einzelne Wörter können durch den Leser auf die verschiedenste Weise miteinander in Zusammenhang gebracht werden. Der Text „enthält" auf diese Weise eine überraschend große Fülle an Beziehungen und Verweisungen. Es gibt Berührungspunkte, Verknüpfungen und Variationen, die in ihrer Summe beträchtlich mehr zu bieten haben, als eine nach Eindeutigkeit strebende Konkretisierung realisieren kann. Das Werk offenbart eine Vielheit von Verbindungen und dementsprechenden Bedeutungen, die erst durch die Arbeit des Lesers sichtbar werden. Wenngleich es keinen Zweifel gibt, daß diese Vielstimmigkeit auch bewußtes Gestaltungsprinzip der Autoren ist. An dieser Stelle lösen sich die literarischen Werke wieder aus der engen Verflechtung mit der Wirklichkeit, die zunächst ihr Ziel war. Denn der außerordentliche Beziehungsreichtum ist etwas künstlich Geschaffenes. Er macht die Kunstwerke eben wieder zu Kunstwerken, die in sich andere Verweisungen zeigen als die Wirklichkeit. Trotz aller Realistik sind die Romane ohne Geschichten darum auch wieder sehr anspruchsvolle Kunstwerke, in denen manche Prinzipien der L'Art pour l'art-Dichtung des 19. Jahrhunderts aktualisiert werden.

James Joyce: *Ulysses*

Es gibt ein Werk, das allgemein als das Paradebeispiel des modernen Romans gilt, zugleich auch als das herausragende Beispiel für den Roman ohne Geschichte: *Ulysses* von James Joyce (1922). Den Rahmen des hier Erzählten bildet ganz offensichtlich nicht eine Romanhandlung, eine Geschichte im traditionellen Sinne. Der Held, der Dubliner Zeitungsanzeigenwerber Leopold Bloom, ist ein exemplarischer Durchschnittsmensch. Der Roman erzählt im wesentlichen von seinen Tätigkeiten, seinen Erlebnissen, Vorstellungen und Beobachtungen während eines einzigen Tages. Dieser Tag ist überdies genau datiert: 16. Juni 1904. Hauptgestalten neben Bloom sind der Lehrer und Dichter Stephen Dädalus und Blooms Frau Marion (Molly). Den Kern aber bildet der Tageslauf Blooms: Er verläßt sein Haus früh morgens nach dem Frühstück und kehrt ungefähr um drei Uhr nachts in Gesellschaft von Dädalus zurück. Dazwischen liegen die Ereignisse und Begegnungen eines zufälligen Tages. Bloom holt einen postlagernden Brief vom Postamt ab (er korrespondiert unter dem Namen Henry Flower mit einer Stenotypistin), besucht einen Gottesdienst, kauft ein Stück Seife, geht in ein öffentliches Bad, wohnt dem Begräbnis eines Freundes bei, trifft mittags auf der Redaktion seiner Zeitung ein, um dort über die Form einer Anzeige zu verhandeln, kehrt in ein Restaurant zum Mittagessen ein, sucht in der Bibliothek nach einer alten Zeitung, schreibt dann an seine Briefpartnerin usw.

Man sieht: Wahrlich keine Geschichte, die auf ein bestimmtes Ziel zusteuerte, die durch ihren Verlauf Spannung erzeugte. Es geht um den Alltag eines Durchschnittsmenschen in jeder Hinsicht. Alles wird zudem mit äußerster Genauigkeit, mit großem Realismus beschrieben. Der Leser erhält genaue Informationen über den Grundriß von Blooms Haus oder über das städtische Wasserversorgungssystem. Exakte Straßennamen, Gebäude, Adressen, alles wird detailliert wiedergegeben. Und all das kann man zum großen Teil noch heute in Dublin antreffen. Es gibt daher auch heute noch viele Leser, die Dublin mit dem Roman von Joyce in der Hand durchwandern.

Bereits die Banalität und Trivialität des Alltags als Thema, die Anhäufung des Unheldischen, die Menge des Beiläufigen und Unwichtigen, die Akzentuierung des Durchschnittlichen verleihen dem Roman ganz gewiß für die direkten Zeitgenossen ein außergewöhnliches, ein geradezu revolutionäres Gepräge. Hinzu kommt Joyces schonungslose Beschreibung geheimer, den Personen selbst nur teilweise bewußter und häufig sexueller Wünsche und Vorstellungen, so daß der Roman bei seinem Erscheinen schnell als pornographisch eingestuft und so gut wie überall verboten wird. Er löst einen Schock in mehrfacher Hinsicht aus, auch wenn uns heute dieser Schock längst nicht mehr so groß vorkommen will wie den Lesern vor siebzig Jahren.

Doch geht es natürlich nicht nur um das Alltägliche des Alltags. Eigentliches Thema ist die unglaubliche Komplexität dieses Alltags. Er ist ein Gebilde, das verwickelt und verschachtelt ist, sich aus unzähligen Einzelheiten zusammensetzt, die einerseits alle unverbunden nebeneinanderstehen und anderseits vielfältig miteinander verbunden sind. Jedes Detail – und die Detailfreudigkeit des Romans ist grenzenlos – findet seinen Platz in einem Netz der verschiedenartigsten Zusammenhänge, gewinnt, je nachdem, von welchem Standpunkt aus man es ins Auge faßt, eine Vielzahl von Bedeutungen, von denen aus es wiederum auf andere Details verweist. Alles gehört mit allem zusammen und ist doch ein Eigenes, so daß ein unendlicher Beziehungsreichtum den Roman auszeichnet.

Um diese Vielgestaltigkeit und Vielschichtigkeit sichtbar zu machen, benutzt Joyce alle Erzähltechniken, die ihm zur Verfügung stehen, und erfindet noch eine Reihe neuer hinzu. Einheitliches Erzählen gibt es in diesem Werk nicht. Der objektive Erzähler wechselt immer wieder mit dem subjektiven oder dem Ich-Erzähler. Die Perspektive, aus der erzählt wird, verändert sich ständig. Schon rein äußerlich weicht die Form von der einer Prosaerzählung ab. Der Roman nimmt bisweilen die Form einer Zeitung an oder eines Dramas, präsentiert sich als Katechismus. Verse finden sich in ihm, Kataloge, Buchlisten, auch Noten und eine Opernouvertüre. Das Werk ist eine einzige große Folge von unterschiedlichen Bildern und Schreibarten. So gibt es zum Beispiel auch Schilderungen im genau nachgeahmten Stil früherer Dichter (Swift, Dickens). Den berühmten Schluß bildet der sogenannte Bewußtseinsstrom von Molly, die, im Bett liegend und auf die Heimkehr ihres Mannes wartend, ihren Gedanken und Erinnerungen freien Lauf läßt. Es ist ein Text von ungefähr fünfzig Seiten, der aus einer Aneinanderreihung von Überlegungen, Assoziationen, Erinnerungsfetzen, Empfindungen und Wünschen besteht, von keiner Zeichensetzung unterbrochen, durch keinen Absatz gegliedert.

Das Werk ist ein Gemisch aus Wirklichem und Möglichem. Es bietet sich in seiner Essenz als realistisch an, wird jedoch durch seinen konsequenten, gerade auch in der Form konsequenten Realismus wieder fast unwirklich. Es ist gleichwohl das Abbild der Wirklichkeit mit all ihrer Verworrenheit und Vieldeutigkeit und zugleich ein Kunstwerk, das sich deutlich auch als Kunstwerk darbietet.

Zu den Kennzeichen des Kunstwerks gehört auch diejenige Dimension, die der Titel des Romans anzeigt: *Ulysses.* Ulysses ist eine andere Form des Namens Odysseus, dessen Träger die Hauptgestalt in dem altgriechischen Epos *Odyssee* von Homer ist. Manche behaupten, Joyce habe die Dichtung Homers seinem Roman wie ein Schnittmuster zugrundegelegt, obwohl Odysseus darin nicht vorkommt. Die Irrfahrten des Odysseus sind das indirekte Gegenbild dieser modernen Odyssee. Der Roman besteht aus achtzehn Episoden, die eine Parallele zu den achtzehn Episoden in Homers Werk bilden. Das Handlungsgerüst des Romans entspräche somit Teilen der Irrfahrt des Odysseus und seiner Heimkehr nach Ithaka. Allerdings ist diese Beziehung in sich selbst problematisch, weil man nicht recht weiß, ob sie ernst gemeint ist oder nur parodistisch wirken soll. Natürlich kann man in Leopold Blooms eintägiger Wanderung durch Dublin und seiner nächtlichen Rückkehr zu seiner Frau – die, anders als Odysseus' Ehefrau Penelope, ihm keineswegs treu ist – eine verkürzte und modernisierte Fassung der zehnjährigen Fahrt des Odysseus erkennen. Und in diesem Rahmen kann man dann wieder unzählige Anspielungen, direkte oder indirekte Verbindungen zwischen dem Mythos und der Gegenwartshandlung des Romans entdecken. Es hängt völlig vom jeweiligen Leser ab, wie weit er mit dem Vergleich geht. Manche haben gemeint, in dem Roman werde ein abwertendes Urteil über die moderne Welt gesprochen, gerade weil sie mit der alten, der heilen Welt des Altertums konfrontiert werde. Aber, nochmals, hier muß jeder Leser selbst entscheiden, und seine Entscheidung wird wesentlich von seiner Lesehaltung und von seiner Bereitschaft zu einer weitreichenden oder begrenzteren Umdeutung abhängen.

Wie auch immer der Leser sich hier verhalten mag, die Anspielungen auf Homer, neben zahllosen weiteren auf andere Mythen, auf die Bibel, auf Shakespeare, auf Richard Wagner, auf sehr viele andere Autoren und Werke, zwingen ihn geradezu, den Roman nicht nur als realistische Wiedergabe des Alltags eines Durchschnittsmenschen zu lesen, sondern als Kunstwerk mit vielfältigen Schichten. Die genaue Darstellung menschlichen Denkens, gesellschaftlicher Realitäten, geographischer und zeitlicher Einzelheiten, der ausgreifende Reichtum an Details öffnen sich zugleich einer mehr symbolisch orientierten Konkretisierung, die fast jede Besonderheit, jedes Ereignis und jede Handlung mit einer anderen Bedeutung versehen kann als derjenigen, die im konkreten Geschehniszusammenhang zunächst aufleuchtet.

Unter Besonderheiten und Einzelheiten kann man selbst die einzelnen Wörter verstehen. Denn auch die Sprache, in der der Roman geschrieben ist, zeigt die Vielschichtigkeit und den Beziehungsreichtum der Handlung und all ihrer Elemente. Der *Ulysses* zeigt alle Formen der englischen Sprache, vom Gälischen bis zum sogenannten Pidgin English. Die Formen werden gleichzeitig in ihren konventionellen Bedeutungen und in von den Konventionen unabhängigen Bedeutungen eingesetzt. Überall entsteht Doppeldeutigkeit, entstehen schillernde Bedeutungen, die wiederum auf andere nicht weniger doppeldeutige Bedeutungen verweisen. Auch hier gerät der Leser in eine Art Labyrinth, das, je aufmerksamer er liest, desto größer und scheinbar unentrinnbarer wird.

Ulysses von James Joyce ist ein Extrembeispiel moderner Literatur, stellt darum auch extreme Ansprüche an seine Leser. Viele Leser haben vergeblich versucht, den Roman zu bewältigen. Dafür gibt es verschiedene Gründe. Manche ergeben sich aus der besonderen Art des Romans. Eine Romanhandlung, die die Lektüre von sich aus gewissermaßen in die eine oder andere Richtung auf den Weg bringt, gibt es nicht. Deshalb ist besonders viel von der Weise abhängig, in der der Leser dieses Werk sich zugänglich machen will. Er muß auf jeden Fall traditionelle Lesehaltungen aufgeben, die auf ein Zentrum, eine Kernbedeutung ausgerichtet sind. Der Leser muß vielmehr selbst schaffen, was er als Leseergebnis erreichen will. Und dazu wiederum darf er nicht davor zurückschrecken, unbekanntes Terrain zu betreten. Gelegentlich hat man auch den Leser mit Odysseus verglichen. Er müsse wie der griechische Held sich auf eine lange Abenteuerreise begeben, die voller Zufälle und unerwarteter Ereignisse sei, die manche Gefahr, aber auch manche Beglückung bringe. Im Gegensatz jedoch zum Homerischen Odysseus, der nach zehnjähriger Irrfahrt in seiner ersehnten Heimat eintrifft, kann der Leser nicht davon ausgehen, daß er am Ende an ein deutlich umschreibbares Ziel gelangt. Zudem wird bestenfalls jeder Leser ein anderes Ziel erreichen. Und alle erreichten Ziele sind außerdem nur vorläufige Ziele. Jede erneute Lektüre führt zu neuen Zielen. Der *Ulysses* illustriert wie kaum ein anderes Werk der modernen Literatur, wie sehr die Konkretisierungen lesergebunden sind. Der Roman bietet sich dem Leser derartig beziehungsreich, so vielsagend und vielgestaltig an, daß niemand alle angelegten Möglichkeiten ausschöpfen kann. Das Abenteuer der Lektüre wird zu einer ganzen Kette von Abenteuern. Wenn wir von individuellem Verstehen gesprochen haben, hier kommt es in allen nur denkbaren Bedeutungen und Varianten zustande, ja ist es die Bedingung, unter der der Roman allein sinnvoll aufgenommen werden kann. Er wendet sich an keine Sinnordnung mehr, so daß sich der Leser höchstens, und das mit zweifelhaftem Erfolg, von seiner persönlichen Sinnordnung aus dem Werk nähern kann. Und weil der Roman auf keine bestimmte Sinnordnung hin orientiert ist, eher jede Sinnordnung aushöhlt, bietet er gleichzeitig der individuellen Konkretisierung besonders viele und große Möglichkeiten. Was als Konkretisierungsergebnis entsteht, ist vom Phantasievermögen des Lesers abhängig, von seiner Bildung, von seiner Sensibilität für Beziehungen und Umdeutungen, nicht zuletzt von seinem Mut. Man hat mit Recht gesagt, Werke wie der *Ulysses* von Joyce seien „offene Kunstwerke". Damit meint man, daß ihre Form, aber auch ihre Bedeutung so wenig eindeutig sei, daß jeder Leser sie zu seinem eigenen Kunstwerk konkretisieren könne, ohne daß dies dem Werke schade. Unterschiedliche Konkretisierungen sind geradezu die Absicht.

Der Roman veranschaulicht plastisch, was zur Eigenart moderner Kunst gehört: Der Sinn der Kunst liegt nicht mehr in erster Linie in einer Selbstverwirklichung desjenigen, was in den Werken beschlossen liegt und was über die Konkretisierungen des Lesers aktualisiert wird. Der Sinn liegt vielmehr in der Aktivierung des Lesens und des Leseprozesses. Nicht mehr das Leseresultat ist das Entscheidende, sondern der Prozeß, in dessen Verlauf man zu Resultaten gelangt. Die Aktivierung geht so weit, daß der Leser genötigt wird, nicht nur das Buch, sondern gleichsam auch sich selbst zu lesen. Er muß sich immer wieder fragen, ob er richtig liest, warum er möglicherweise nicht richtig liest, mit welchen Mitteln er besser vorankommen könnte. Er muß seine eigenen Lesestrategien kritisch prüfen. Damit aber prüft er, ohne daß ihm das bewußt werden müßte, auch seine Weltauffassung, seine Lebensprinzipien. Denn mit diesen hängen seine Lesestrategien ja aufs engste zusammen. Auf diese Weise durchbricht die Kunst die Grenzen zwischen Kunst und Wirklichkeit. Die Kunst bringt den Leser dazu, mit sich selbst und der Wirklichkeit ähnlich umzugehen wie etwa mit einem Roman. Die Weise, mit der man sich mit einem Roman auseinandersetzt, gleicht der Weise, mit der man sich mit Wirklichkeit auseinandersetzt. Kunst und Wirklichkeit gehen ineinander über. Joyce hat im Zusammenhang mit seinem Roman behauptet, wer den *Ulysses* nicht lesen könne, könne auch das Leben nicht leben. Ein solches Wort ist sicherlich übertrieben. Aber es weist doch auf einen zentralen Aspekt der modernen Kunst, nämlich auf ihren besonderen Bezug zur Wirklichkeit. Es erklärt indirekt auch, warum es keine definitive Lektüre des *Ulysses* geben kann: Auch über das Leben ist ja kein abschließendes, kein definitives Urteil möglich.

Kriminalroman als Beispiel und Gegenbeispiel

Wir haben im Laufe unserer Ausführungen wiederholt über den Kriminalroman gesprochen. Das geschah nicht, weil wir in ihm ein besonders wertvolles literarisches Produkt sehen, sondern weil der Kriminalroman aufgrund seiner übersichtlichen Bauform, aber auch aufgrund seiner eindeutigen inhaltlichen Ausrichtung, besonders gut geeignet ist, bestimmte literarische Phänomene zu illustrieren und Antworten auf bestimmte Probleme zu geben.

Aus diesen Gründen wenden wir uns ihm nun noch einmal zu. Der Kriminalroman ist ohne eine Geschichte nicht denkbar. Das gilt uneingeschränkt für den sogenannten klassischen Kriminalroman, in dem der überlegene und völlig integere Detektiv oder Kommissar mit seinem Scharfsinn die ihm vorgelegten Fälle mehr oder weniger souverän löst. Aber es gilt auch für die moderne, vor allem in den Vereinigten Staaten entstandene Variante. Darin ist der überlegene und moralisch in jeder Hinsicht saubere Detektiv durch den Privatdetektiv ersetzt, der sich längst nicht mehr so souverän durch die Wirklichkeit bewegt, der selbst in vielerlei Schwierigkeiten gerät, nicht selten auf der Grenze zwischen Recht und Unrecht balanciert. Dennoch, auch hier ist die Geschichte, die erzählt wird, das Fundament allen Geschehens.

Wir haben im 1. Kapitel darauf hingewiesen, daß im Kriminalroman eigentlich sogar zwei Geschichten erzählt werden, nämlich die des Verbrechens und die der Aufdeckung des Verbrechens. Besonders die zweite Geschichte hat eine beruhigende und sinnstiftende Wirkung. Dadurch, daß durch sie das Verbrechen aufgeklärt und der Täter überführt wird, bringt diese Geschichte die Welt wieder in Ordnung, die durch die erste Geschichte, die des Verbrechens, in Unordnung geraten war. Kriminalromane wiederholen diesen Vorgang der Heilung einer Unordnung unablässig, sie laufen nach dem immer gleichbleibenden Schema ab. Kriminalromane gründen auf unverkennbare Weise auf sprachlichen und literarischen Konventionen.

Kriminalromane sind eigentlich – und das trotz ihrer großen Beliebtheit, auch in der Form von Filmen und Fernsehspielen – literarische Werke, die in Widerspruch stehen zu unserer unübersichtlichen Wirklichkeit, auch zu aller Erfahrung, die wir in dieser Wirklichkeit machen. Sie sind heute ihrem Wesen nach anachronistisch, verkünden einen überlebten und unangemessenen Optimismus, ein falsches Vertrauen in eine längst verlorene innere Ordnung der Welt.

Als ein solches unzeitgemäßes und konventionelles Produkt übt der Kriminalroman auf die modernen Schriftsteller eine

Art Provokation aus. Es wurde eine herausfordernde Aufgabe, dieses durch und durch konventionelle Gebilde zu entkonventionalisieren, das heißt, daraus ein modernes, ein der Zeit entsprechendes Werk zu machen. Daher gibt es eine ganze Reihe von Autoren des 20. Jahrhunderts, die Kriminalromane oder doch Romane geschrieben haben, die in ihrer Anlage die Struktur des Kriminalromans erkennen lassen.

Wenn diese Autoren sich dem Kriminalroman zuwenden, dann mit der Absicht, sein konventionelles Schema zu durchbrechen, seine verborgene Lüge mit seinen eigenen Mitteln aufzudecken. Was dabei zuerst und hauptsächlich zum Opfer dieser neuen Darbietung wird, ist die unzweifelhafte Geschichte. Ihre Geradlinigkeit, ihre – so könnte man sagen – unbeirrbare Selbstgewißheit wird untergraben und ad absurdum geführt. Die Verfälschung, die ihr Wesen ist, muß entlarvt werden. Dieses Bestreben kennzeichnet daher die Auseinandersetzung mit dem Kriminalroman. Zum Teil geschieht das in ironischer Form. So etwa berichtet der argentinische Autor Jorge Luis Borges in einer seiner kurzen Erzählungen von dem (erfundenen) Schriftsteller Herbert Quain, der unter anderem einen Kriminalroman verfaßt habe. Dieser Kriminalroman habe sich dadurch ausgezeichnet, daß der Leser nach der Aufklärung des Mordes durch den Detektiv zu einer neuerlichen Lektüre des Romans gezwungen werde. Und bei dieser zweiten Lektüre entdecke er dann, daß der Detektiv sich geirrt und nur der Leser die richtige Lösung des Falles gefunden habe.

Eine solche Romankonstruktion kann man sich nur schwer vorstellen. Aber was mit ihr gesagt werden soll, ist deutlich: Die Wahrheit des Kriminalromans ist eine Scheinwahrheit. Die in ihm erzählte Geschichte verbürgt gerade nicht, obwohl ihre dick aufgetragene Folgerichtigkeit das suggeriert, Richtigkeit und Wahrheit. Ziel des literarischen Kriminalromans ist daher die Verkehrung der Geschichte. So verfährt auch Alain Robbe-Grillet in seinem 1953 erschienenen Roman *Ein Tag zuviel*. Der Agent Wallas muß darin einen Mord aufklären, der gar nicht stattgefunden hat. Das angebliche Opfer lebt, Wallas aber weiß das nicht. Nach allerlei Verwicklungen und aufgrund komplizierter Umstände gerät der Detektiv am Schluß in eine Situation, in der er den vermeintlich Toten selbst erschießt, der überdies, ohne daß er es weiß, auch noch sein eigener Vater ist. (Freud läßt grüßen!). Ein solcher Ablauf einer Kriminalgeschichte stellt diese auf den Kopf und beraubt sie so ihrer eigentlichen Aussage.

Auch Friedrich Dürrenmatt hat mehrere „Kriminalromane" geschrieben. In ihnen wird ebenfalls die stringente und eingeschliffene Wahrheit einer im Grunde geordneten Wirklichkeit widerrufen. Deutlich wird das auch in *Der Verdacht* aus dem Jahre 1953. Der Berner Kommissär Bärlach, todkrank und gerade aus dem Dienst entlassen, kommt einem ehemaligen KZ-Arzt auf die Spur, der eine exklusive Klinik in der Nähe von Zürich leitet. Wie sich herausstellt, übt er dort an reichen Patienten seine entwürdigenden KZ-Praktiken weiter aus. Bärlach läßt sich in die Klinik einweisen, um so den Arzt identifizieren und überführen zu können. Der Arzt aber durchschaut den Kommissär augenblicklich, handelt auch sofort, indem er einen Mitwisser Bärlachs töten läßt. Bärlach droht selbst Opfer des Verbrechers zu werden, ohne daß Verdacht auf den Täter fällt. Im letzten Moment aber wird der Kommissär dennoch gerettet. Dazu bedarf es jedoch eines kleinen Wunders. Der Retter ist ein ehemaliger jüdischer KZ-Häftling von riesiger Gestalt, der unerkannt, aber als eine Art mythische Gerechtigkeitsinstanz durch die Welt zieht. Der Scharfsinn des Detektivs arbeitet auch in diesem Roman so fehlerlos wie in allen echten Kriminalromanen. Nur die Wirklichkeit fügt sich der kriminalistischen Logik nicht mehr. Sie „düpiert", wie es wörtlich heißt, die Macht des Gedankens. Nur durch den märchenhaften Eingriff einer unwirklichen Figur, der in der Gestalt eines nicht weniger unwirklichen Zwerges ein besonderer Helfer zur Seite steht, gelingt es, die Katastrophe zu verhindern. Die Geschichte findet so ihr gutes Ende. Doch kann sie das nur mit Hilfe einer Konstruktion, die der Logik und dem Erzählgesetz des Kriminalromans Hohn spricht.

Das Herzstück des traditionellen Kriminalromans ist seine zielgerichtete Geschichte. Er bildet damit das eine Extrem im 20. Jahrhundert. Das andere Extrem bilden Werke wie der *Ulysses* von Joyce, in denen die Geschichte fast ganz aufgelöst ist. Die meisten modernen Romane nehmen eine Stelle irgendwo zwischen diesen beiden Extremen ein, wobei die Tendenz jedoch deutlich in die Richtung von Joyce weist. Nicht überall findet sich eine so konsequente Zerstörung der Geschichte wie bei ihm, doch fast überall wird sie zumindest verformt und reduziert. Zum Teil geht es dabei um ein Zurückdrängen des eigentlich Handlungsmäßigen, so daß die Geschehnisse zugunsten anderer Erzählelemente zurücktreten. In Virginia Woolfs *Fahrt zum Leuchtturm* (1927) stehen die Gespräche und Gedanken eines Personenkreises im Mittelpunkt, so daß das Schwergewicht der Schilderung auf den Bewußtseins- und Seelenzuständen der Romanfiguren liegt. Ereignisse gibt es kaum. Zwar wird die im Titel genannte Fahrt zum Leuchtturm im Schlußteil endlich doch noch unternommen, aber der Roman wird dadurch keineswegs handlungsreicher.

Ein anderes Mittel, das zur Abschwächung der Geschichte eingesetzt wird, ist der Gebrauch neuartiger Erzählverfahren. In Alfred Döblins *Berlin Alexanderplatz* (1929) benutzt der Autor ein Gemisch aus allen möglichen Formen wie Reportage, Montage, Beschreibungen, beinahe lyrischen Sprechpartien, Bibelsprache und Lokaljargon, er bricht die Geschichte durch den ständigen Wechsel von Vorausblicken, Rückblicken und Überschneidungen auf, erschwert die Übersicht über sie durch Zitate und scheinbar willkürliche Assoziationen des Erzählers und der Personen.

Solche Techniken des Erzählens stellen den Leser immer wieder vor die Aufgabe, die Geschichte gleichsam selbst zusammenzusetzen und dadurch auch immer wieder eine Geschichte zu erstellen, die zweifelhaft bleibt und von anderen Lesern anders konstruiert werden kann. Auch nach dem Zweiten Weltkrieg werden diese Erzähltechniken noch regelmäßig angewandt. Max Frischs Roman *Stiller* (1954) beginnt mit dem programmatischen Satz: „Ich bin nicht Stiller." Erst nach vielen Seiten wird deutlich, daß Stiller doch Stiller ist, es lediglich aus bestimmten Gründen nicht sein will. Ausgangspunkt des Romans ist die angeblich falsche Einheit oder Identität der Person. Stiller sucht daher durch eine Art Rechenschaftsbericht seine wahre Identität zu beweisen. Und dieser Rechenschaftsbericht ist so etwas wie eine verunstaltete Lebensgeschichte, die über Protokolle, Schilderungen, Reflexionen, vielerlei zeitliche Umstellungen, aber auch über eingefügte selbständige Erzählungen, über die Beschreibung von Rollen und Rollenspielen des Erzählers langsam ans Licht kommt. Ähnliches begegnet in Frischs Roman *Mein Name sei Gantenbein* (1964). Daß sich jemand selbst einen Namen gibt, wie der Titel sagt, deutet bereits darauf hin, daß hier ein Mensch, der Erzähler, ein anderer sein will. Tatsächlich besteht der Roman aus einer Vielzahl von erfundenen Geschichten, von Projektionen und Entwürfen, aus denen das Ich, die Person als identische Einheit hervorgehen soll.

In Frischs Romanen sind es die literarischen Figuren, die zugleich die Erzähler sind, die ihre Einheit verlieren, die sich gewissermaßen als Individuen auflösen. Damit werden natürlich auch ihre (Lebens-)Geschichten zweifelhaft, die ihrerseits ihre Einheit und ihre Bedeutung verlieren. Weil die Person zerfällt, zerfällt auch die Geschichte. In dieser bei Frisch sehr zugespitzten Konstellation gipfelt eine Entwicklung, die auch in vielen anderen modernen Romanen zu beobachten ist. Der Erzähler wird zur problematischen Figur. Der moderne Roman wird immer seltener vom allwissenden Erzähler erzählt, der für den Roman des 19. Jahrhunderts so charakteristisch ist. Er weicht sehr häufig dem Ich-Erzähler. Auch dadurch wird die objektive Glaubwürdigkeit der erzählten Geschichte erheblich vermindert. Denn der Ich-Erzähler kann immer nur berichten, wie die Dinge ihm erscheinen, wie er sie sieht und erlebt. Er gibt darum eine von vornherein subjektive Sicht. Sie kann von seinem Standpunkt aus durchaus wahr sein. Sie wird aber immer einseitig und unvollständig sein. Im Gegensatz zum objektiven Erzähler – den man auch den Er-Erzähler nennt – ist der Ich-Erzähler in der Regel in das Geschehen verstrickt, ist oder war Handelnder. Er erzählt daher nicht aus einem übergeordneten Blickwinkel, sondern aus den Ereignissen heraus. Und auch wenn er rückblickend, also nach Abschluß der Geschehnisse, die er berichtet, erzählt, bleibt eine nicht völlig zuverlässige Perspektive, da die Erinnerung ja bekanntlich manches anders sieht, als es sich tatsächlich zugetragen hat. Die Geschichte, die auf diese Weise erzählt wird, ist keine objektive Geschichte, vielmehr eine, die höchstens der Sicht eines bestimmten Erzählers entspricht und damit eine nur bedingt wahre ist.

Aber damit nicht genug. Bei Frisch haben wir schon gesehen, daß auch diese Ich-Erzähler als Personen und Menschen problematisch sind. Auch das ist kein Einzelfall. Im modernen Roman wird der ohnehin bereits subjektive Ich-Erzähler beinahe systematisch zusätzlich deformiert. Die Deformierungen können bis in körperliche Verunstaltungen reichen. In den relativ unbekannt gebliebenen Romanen von Samuel Beckett (*Molloy,* 1951, *Malone stirbt,* 1951, *Der Namenlose,* 1953) werden die Erzähler als körperlich kranke, als schrumpfende und dahinsiechende Menschen dargestellt. Aber auch in einem der berühmtesten deutschen Romane aus der Zeit nach dem Zweiten Weltkrieg, in der *Blechtrommel* (1959) von Günter Grass, gibt es die körperliche Deformierung des Erzählers und mit ihr auch die Verzerrung des Erzählten. Oskar Matzerath beschließt als Dreijähriger, nicht mehr zu wachsen, und bleibt dadurch zwergwüchsig. Der Roman wird zum größten Teil nun aus der Perspektive des Gnoms erzählt, sozusagen aus der Froschperspektive. Das führt zu vielen unerwarteten und ungewöhnlichen Einsichten und Ansichten, rückt alles in ein doppeldeutiges Licht.

Bisweilen wird allerdings auch der umgekehrte Weg eingeschlagen, der objektive Erzähler wird wieder zum Vermittler des Erzählten gewählt. Das geschieht nun jedoch in so gründlicher Übertreibung, daß wiederum gänzlich neuartige, ja verwirrende Effekte entstehen, die die Konkretisierung der Geschichte hochgradig erschweren. In Robbe-Grillets *Die Jalousie oder die Eifersucht* (1957) wird der Erzähler zu einem reinen Beobachter. Jedenfalls scheint es so. Er scheint nicht mehr als ein Auge zu sein, das mit der Genauigkeit einer Kamera registriert, was sich ereignet. Der Roman besteht ausschließlich aus Episoden, die rein visuell wiedergegeben werden. Derjenige, der sie wiedergibt – und die Wiedergabe ist nichts anderes als eine Beschreibung des Gesehenen –, ist der eifersüchtige Ehemann, der seine Frau beobachtet. Strenggenommen ist der objektive Erzähler also auch ein Ich-Erzähler und keineswegs der unbeteiligte objektive Erzähler. Weil er jedoch zur Funktion des wahrnehmenden Blickes stilisiert ist, hat man zunächst den Eindruck einer objektiven Darstellung. Robbe-Grillets Erzähler scheint gewissermaßen der ins Extrem geführte Erzähler Flauberts zu sein. Aber auch als Ich-Erzähler, der sich streng auf die Beobachtung zu konzentrieren scheint, ist dieser Erzähler nicht objektiv. Der Roman ist im Gegenteil eine psychologische Studie, in der die entwürdigenden Bewegungen und Zwangsvorstellungen der Eifersucht das eigentliche Thema sind. Das für den Leser Befremdliche liegt darin, daß diese Eifersucht sich nur indirekt äußert, nämlich in der distanziert-registrierenden Beschreibung einer Außenwelt. Die Leidenschaft der Eifersucht spiegelt sich in den Dingen, die mit exakt-geometrischer Präzision beschrieben werden. Die Besessenheit der psychischen Situation kommt aber in eben dieser Obsession der Beobachtung zum Ausdruck, die dasselbe immer und immer wieder wahrnimmt (so werden zum Beispiel die Flecken auf dem Fußboden und an der Wand, die von einem zerquetschten Tausendfüßler herrühren, nicht weniger als dreizehnmal geschildert). Auch Robbe-Grillet erzählt eine fragmentarische, eine verstümmelte Geschichte. Mit einiger Anstrengung kann der Leser sie aus den einzelnen Szenen und Episoden rekonstruieren. Aber es bleibt eine unvollständige Geschichte, eine Geschichte ohne Anfang und ohne Ende. Und durch den besonderen Blickwinkel, in dem sie dargeboten wird, hat sie ihren Charakter als Geschichte im Grunde verloren.

Der Fall Kafka

Franz Kafka gehört zu den großen und repräsentativen Autoren unseres Jahrhunderts. Zugleich ist er der am meisten gelesene. Die Faszination, die von seinen Werken ausgeht, ist auch heute noch so gut wie ungebrochen. Kafka ist darüber hinaus auch der populärste unter den berühmten Schriftstellern der Moderne. Seine Wirkung beschränkt sich nicht auf bestimmte gebildete Kreise, sie übersteigt alle nationalen und kulturellen Grenzen. Kafka ist schließlich der einzige Schriftsteller, dessen Werk tatsächlich Teil unserer Wirklichkeit geworden ist. Denn mit Kafkas Namen verbinden wir Erscheinungen und Vorfälle, die nicht in der Literatur, sondern in unserer Wirklichkeit anzutreffen sind. Selbst diejenigen, die nie ein Wort von Kafka gelesen haben, glauben jedenfalls zu wissen, was gemeint ist, wenn etwas „kafkaesk" genannt wird.

Trotz der außerordentlichen, bis in unseren Alltag reichenden Wirkung aber haben Kafkas Werke ihre berühmt-berüchtigte Rätselhaftigkeit behalten, irritieren und provozieren sie noch immer. Die Wirkung Kafkas ist in sich selbst scheinbar widersprüchlich. Obwohl sich Millionen von Lesern von seinen Werken unwiderstehlich angezogen fühlten und fühlen, obwohl sie meinen, etwas von ihrer, von unserer Lebensrealität darin wiederzuerkennen, fällt es jedem einzelnen Leser schwer, diesen Autor zu verstehen. Man fragt sich immer wieder und immer noch, was diese Romane und Erzählungen eigentlich „bedeuten". Dies gilt übrigens nicht nur für die privaten Leser, es gilt auch für die literaturwissenschaftliche Beschäftigung mit diesem Schriftsteller. Es gibt eine schier unendliche Zahl von Veröffentlichungen über ihn. Seit dem Zweiten Weltkrieg sind schätzungsweise 25 000 Bücher, Aufsätze, Kommentare, Deutungen, Analysen, Interpretationen usw. über Kafka erschienen. Aber Einigkeit darüber, was denn nun die eigentliche, die wirkliche Bedeutung seiner Werke sei, besteht bis heute nicht. Kafkas Werke bilden ein besonders sprechendes Beispiel für das schwierige, für das „unverstandene" Kunstwerk in unserem Jahrhundert. Es lohnt sich daher, ihre Eigenart etwas genauer zu betrachten.

Auf den ersten Blick und an der Oberfläche scheint es in diesen Romanen und Erzählungen viel weniger Schwierigkeiten zu geben als in vielen anderen aus derselben Zeit. Denn bei Kafka werden ja durchaus (noch) Geschichten erzählt. Das, was wir oben über die Problematik des Erzählens, das Verfassen von Geschichten, über die Romane ohne Geschichten ausgeführt haben, trifft auf Kafka nur bedingt zu. Allerdings darf man sich nicht täuschen lassen. Denn auch bei Kafka wird auf eine besondere Art erzählt. Alles, was der Leser erfährt, erfährt er nämlich in den weitaus meisten Fällen ausschließlich aus der Perspektive der Hauptpersonen. Man sieht und erlebt alle Vorgänge und Ereignisse immer nur zusammen mit den Hauptgestalten. Was außerhalb ihres Wahrnehmungs- und Erlebnisbereiches liegt, bleibt auch dem Leser unbekannt. Eine der Schwierigkeiten, die Kafkas Werke aufwerfen, ist in eben dieser Erzählweise begründet. Sie hat u.a. zur Folge, daß der Leser zu keinem Zeitpunkt mehr weiß und kennt als die Personen in den Romanen. Für die Konkretisierungen hat das große Konsequenzen. Wir lassen die besonderen Probleme, die hiermit zusammenhängen, jedoch beiseite. Sieht man von der charakteristischen Art dieses einzelperspektivischen Erzählens ab, dann bieten sich Kafkas Romane und Erzählungen in einer vergleichsweise traditionellen Form dar. Meist wird in einer richtigen Geschichte gewissermaßen korrekt, auch in leicht nachvollziehbarer chronologischer Folge erzählt, was einem Menschen widerfährt. In dem Roman *Der Prozeß* zum Beispiel kann man den Erlebnissen von Josef K. ohne jede Mühe folgen, von seiner Verhaftung am Beginn bis zu seinem Tode am Ende.

Aber natürlich sind diese Geschichten nur ihrer äußeren Anlage nach traditionell. Hinter der äußeren Schale gibt es zahllose ungewohnte und unerwartete, häufig fremdartige und unheimliche Vorkommnisse und Geschehnisse. Die Menschen, die auftreten, scheinen ganz normale Menschen zu sein, und doch werden sie in Vorgänge verstrickt, die vom normalen Leben in vieler Hinsicht abweichen. Noch ganz abgesehen davon, daß sprechende Tiere erscheinen und Menschen gar in Tiere verwandelt werden. Manche Erzählungen erinnern darum an

Märchen, aber an Märchen mit einem unmärchenhaften Ausgang. Wie überhaupt allen Romanen und Erzählungen gemein ist, daß es nie zu einem glücklichen Ende kommt. Sie alle vermitteln eine Stimmung der Vergeblichkeit.

Hier entstehen die großen Konkretisierungsprobleme und die Probleme des Verstehens. Denn der Leser trachtet danach, die unverständlichen Geschichten zu verstehen. Er will wissen, was das undurchdringliche Verhalten der Gerichte im *Prozeß* bedeutet, was mit der rätselhaften und unzugänglichen Bürokratie im *Schloß* gesagt werden soll, warum Gregor Samsa in der *Verwandlung* in einen Käfer verwandelt wird, was mit den Lufthunden gemeint sein könnte, die in den *Forschungen eines Hundes* erscheinen. Die Werke selbst bieten keinen Aufschluß. Und also versucht jeder Leser gleichsam auf eigene Faust eine Lösung. Eben weil die Werke keine Lösungen anbieten, gibt es sehr viele Möglichkeiten, die Unbestimmtheiten zu konkretisieren. Jeder Leser kann von seinem Standpunkt aus die Schwierigkeiten zu überwinden trachten. Er wird probieren, von verschiedenen Ansätzen her einen Zugang zu finden, er wird Bedeutungen anlegen, verwerfen, aufs neue anlegen. Und es ist nicht prinzipiell ausgeschlossen, daß er zu einer schlüssigen Lösung gelangt, daß er glaubt, das Gelesene richtig konkretisiert, es verstanden zu haben. Und doch wird ein Gefühl der Unsicherheit, ja des Unbefriedigtseins, selbst der Frustration bleiben.

Durch diesen Effekt auf den Leser bewahrheiten sich Kafkas Werke dann schließlich endgültig als moderne Werke. Sie machen es dem Leser unmöglich, sich bei seinen Konkretisierungen auf allgemeine, auf für jedermann gültige Deutungsrichtlinien zu stützen. Wie bei moderner Literatur so oft, ist er auch hier ausschließlich auf sich selbst angewiesen. Er wird bei seiner Lektüre und seinen Verstehensbemühungen mit sich selbst und seinen Konkretisierungsmethoden konfrontiert. Er fragt sich, ob es vielleicht an ihm liegen könnte, daß die Werke sich seinem Verständnis widersetzen.

Mit solchen Fragen an sich selbst ist der Leser jedoch auf dem richtigen Weg. Denn die Art des Lesens, die auf die Suche nach Bedeutungen geht, welche die im Text auftretenden Rätsel lösen will, ist nicht die Art des Lesens, die Kafka (und vielen modernen Autoren) angemessen ist. Sie ist die geläufigste, die traditionelle Art des Lesens. Sie war auch die gegenüber Romanen und Erzählungen aus der Zeit vor der Moderne die durchaus richtige. In den Romanen und Erzählungen etwa des 19. Jahrhunderts werden am Ende fast alle Rätsel und Unbestimmtheiten aufgehoben. Diese Werke gehen ja in letzter Instanz von einer (oftmals verborgenen) inneren Ordnung der Welt aus, machen die Wirklichkeit auf diese Ordnung hin durchsichtig. Auch heute werden solche Romane noch durchaus geschrieben, vor allem in der Trivialliteratur. Sie alle folgen, übertrieben und vereinfacht ausgedrückt, heimlich dem Schema des Kriminalromans: Der Sinn des Erzählens ist es gerade, aufgeworfene Fragen und Undeutlichkeiten am Ende beseitigt zu haben.

Bei Kafka dagegen werden die Rätsel, Fragen und Undeutlichkeiten nicht beseitigt. Sie behalten bis zum Schluß ihre ursprüngliche Undurchdringlichkeit. Sie bestehen gewissermaßen auf ihrer Unüberwindbarkeit. Daher das Gefühl des Lesers, nur vorläufig erfolgreich zu sein, daher seine andauernden Zweifel an der gefundenen Lösung.

Weil dem so ist, muß man Kafka anders lesen. Und wie man ihn lesen sollte, darauf geben die Texte selbst einige Hinweise. Jedenfalls indirekte Hinweise. Es sind die Gestalten, die dem Leser zeigen, wie er nicht handeln soll. Denn den Gestalten ergeht es wie den Lesern, die nach einer Bedeutung suchen. Weder den Figuren noch dem Leser gelingt es, das Ziel, das sie sich gesteckt haben, zu erreichen. Auch die Gestalten sind im Grunde mit nichts anderem beschäftigt, als die ihnen widerfahrenden Ereignisse und Geschehnisse zu deuten und zu analysieren.

In fast allen Werken wiederholt sich ein bestimmter Grundvorgang. Zu Beginn werden die literarischen Personen mit rätselhaften, unerwarteten, jedenfalls weitgehend unverständlichen Situationen konfrontiert. Josef K. im *Prozeß* sieht sich plötzlich verhaftet, Gregor Samsa in der *Verwandlung* ist eines Morgens in ein Ungeziefer verwandelt. Die Gestalten versuchen, auf das Unerwartete überlegt zu reagieren. Sie geraten nie in Panik. Im Gegenteil. Man gibt sich alle Mühe, umsichtig zu handeln. Und doch verstrickt man sich immer tiefer in die undurchdringliche Situation oder gelangt von ihr aus in andere nicht weniger undurchsichtige Situationen. Die Erzählungen sind eigentlich nichts anderes als eine Aneinanderreihung solcher Situationen, in denen Kafkas Helden sich zu behaupten suchen. Ihr Kampf ist jedoch immer erfolg-, ja aussichtslos. Und das, obwohl sie alles ins Werk setzen, um die Schwierigkeiten, denen sie sich gegenübersehen, zu überwinden. Kennzeichnend für sie ist es, daß sie, ehe sie handeln, über ihr Handeln nachdenken, alle Für und Wider abwägen, die möglichen Folgen eines jeden Schrittes kalkulieren. Kafkas Gestalten sind unablässig damit beschäftigt, das ihnen Zustoßende zu analysieren, zu deuten und dann erst zu handeln. Sowie sie – nach reiflicher Überlegung – gehandelt haben, zeigt sich jedoch, daß ihr Handeln falsch ist, daß es jedenfalls nicht den erwünschten und erhofften Effekt zuwege bringt. Erfolg hat man immer nur für eine Weile. Was erfolgreich scheint, führt schnell wieder in neue Schwierigkeiten, so daß die auf genauer Überlegung beruhende Entscheidung nachträglich zweifelhaft wird, auf jeden Fall sich als unzureichend herausstellt. Unermüdlich jedoch beginnt man aufs neue, versucht sich auf die entstandene Situation einzustellen und bereitet sein Handeln wiederum gewissenhaft und sorgfältig vor. Mit dem gleichen kurzfristigen und am Ende negativen Erfolg wie vorher.

Eigentlich tun Kafkas Helden dasselbe wie die Leser seiner Romane, wenn diese die Romane zu verstehen sich abmühen. Besser sagt man es andersherum: Die Leser tun dasselbe wie die Helden, strengen sich an, die Widerstände zu überwinden, auf die die Konkretisierungen stoßen. Leser wie Romangestalten versuchen, die fremde, die rätselhafte Wirklichkeit, der man sich konfrontiert sieht, zu analysieren, zu deuten, so zu konkretisieren, daß das Ergebnis einen Sinn ergibt. Sehr erfolgreich aber sind weder die Leser noch die literarischen Gestalten. Darum sollte der Leser die Gestalten nicht imitieren, sondern eher von ihnen zu lernen sich bemühen.

Vielleicht liegt darin die eigentliche Bedeutung von Kafkas Werken: Sie zeigen uns, wie die Welt und die Wirklichkeit, in der wir leben, sich unseren normalen und gewohnten Deutungen entziehen. Zwar gibt es keinen anderen Weg, als immer wieder Deutungen zu versuchen. Tut man das nicht, ist man ohnehin verloren. Wieder auf die Werke und ihre Konkretisation angewandt bedeutet dies, daß es nur einzelne, individuelle Konkretisierungen gibt, die zudem stets wieder revidiert werden müssen. „Verstehen" kann diese Werke höchstens immer nur der einzelne, für alle bleiben sie „unverstanden". Ihr Sinn ist nicht mehr in der Wiedergabe oder Mitteilung einer bestimmten Welt- oder Wirklichkeitsauffassung zu suchen. Er liegt vielmehr darin, den Leser zu Bedeutungskonkretisierungen aufzufordern und zugleich davon zu überzeugen, daß diese Konkretisierungen einerseits notwendig sind, andererseits jedoch vorläufig bleiben müssen.

Kafkas Werke, wir haben es schon gesagt, sind unendlich oft gedeutet und interpretiert worden. Die Interpreten haben alles an Wissen und Kenntnissen aufgeboten, worüber unser Jahrhundert verfügt: Literaturwissenschaft und Literaturkritik, Philosophie und Psychologie, Theologie, Soziologie, Sprachwissenschaft. Man hat die Werke aus der Perspektive jüdischen Geistes oder aus der Perspektive der besonderen Persönlichkeit Kafkas gedeutet. Viele dieser Deutungen sind – jeweils für sich genommen – durchaus vernünftige und einleuchtende Konkretisierungen. Sie sind jedoch jeweils „individuell". Zusammengenommen relativieren und widersprechen sie sich, kommen nicht zu einem Ergebnis, das alle akzeptieren könnten. Ein kollektives Verstehen der Werke gibt es nicht. Die Konsequenz hieraus kann nur lauten, daß Kafkas Romane und Erzählungen ihren Sinn eben darin finden, als unverstandene Werke zu wirken.

Wenn Wirklichkeitsbilder und Sinnordnungen zerbrechen, Realität sich in die Vielheit des Einzelnen und der isolierten Phänomene auflöst, was wiederum eine unendliche Vieldeutigkeit zur Folge hat, dann wird von dieser Auflösung und von dieser Vieldeutigkeit auch derjenige Teil der Wirklichkeit erfaßt, der einer ihrer wichtigsten Pfeiler ist: die Sprache. Gerät die Wirklichkeit in eine Krise, gerät auch die Sprache in eine Krise. Denn es ist vornehmlich die Sprache, mit deren Hilfe der Mensch Herr der Wirklichkeit ist. Es gibt zahlreiche Philosophien, die besagen, daß Wirklichkeit erst dann beherrschbar wird, wenn der Mensch sie sprachlich bewältigt hat, das heißt, wenn er die Dinge mit Namen versehen und mittels der Sprache miteinander in Beziehung gebracht und verknüpft hat. Ohne Sprache bleibt die Welt fremd, ja bedrohlich. Jeder hat als Kind die Erfahrung gemacht, daß die Wirklichkeit in dem Maße übersichtlicher wurde, in dem man seine Muttersprache besser sprach. Mit Sprache werden zugleich Welt- und Wirklichkeitsauffassungen vermittelt, die die Wirklichkeit ordnen und beherrschbar machen. In den Konventionen der Sprache sind immer auch die Konventionen des Wirklichkeitsverständnisses aufgehoben.

In dem Augenblick, da sich die Wirklichkeit einschneidend verändert, was sich im Zusammenbruch der Wirklichkeitsauffassungen, der Sinnordnungen niederschlägt, gerät die Sprache in die Krise. Sie paßt gewissermaßen nicht mehr zu der neuen Wirklichkeit, da sie ja auf eine andere ausgerichtet ist. Sprache, Sprechen ganz allgemein, werden problematisch, die Wörter treffen die Dinge nicht mehr. Am Anfang der modernen Literatur gibt es daher nicht nur eine Krise der überlieferten Sinnordnungen, die durch neue Wirklichkeitserfahrungen ausgelöst wird, sondern es gibt auch – notwendigerweise – eine Krise der Sprache. Auf sie reagieren natürlich die Dichter und Schriftsteller am empfindlichsten. Hugo von Hofmannsthal hat bereits im Jahre 1902 das Erlebnis der Sprachkrise, das ihn und viele seiner Kollegen überfällt, in seinem *Brief des Lord Chandos* beschrieben:

Mein Geist zwang mich, alle Dinge, die in einem Gespräch vorkamen, in einer unheimlichen Nähe zu sehen: so wie ich einmal in einem Vergrößerungsglas ein Stück von der Haut meines kleinen Fingers gesehen hatte, das einem Blachfeld mit Furchen und Höhlen glich, so ging es mir nun mit den Menschen und ihren Handlungen. Es gelang mir nicht mehr, sie mit dem vereinfachenden Blick der Gewohnheit zu erfassen. Es zerfiel mir alles in Teile, und nichts mehr ließ sich mit einem Begriff umspannen. Die einzelnen Worte schwammen um mich; sie gerannen zu Augen, die mich anstarrten und in die ich wieder hineinstarren muß: Wirbel sind sie, in die hinabzusehen mich schwindelt, die sich unaufhaltsam drehen und durch die hindurch man ins Leere kommt.

Diese wenigen Sätze fassen zusammen, was die Dichter der Zeit erfahren: Alles zerfällt in Teile, die Begriffe, die Sprache. Literatur muß darum nicht nur auf eine neue Wirklichkeit reagieren, sie muß dies auch in einer anderen, in einer neuen Sprache tun. Alles was wir in den vorangegangenen Abschnitten über den Roman ausgeführt haben, all die verschiedenen Formen und Versuche des Erzählens, die wir erwähnt haben, haben ihren Grund auch in dem Bestreben der Autoren, die sprachlichen Hindernisse zu überwinden, die der fruchtbaren Auseinandersetzung mit der neuen Wirklichkeit entgegenstehen. James Joyce mit seinen zahlreichen Sprachexperimenten ist auch dafür wiederum repräsentativ.

Unter allen literarischen Gebilden aber reagieren Gedichte am sensibelsten auf Sprache, auf ihre Probleme, Veränderungen und Krisen. In Gedichten wird der Wirklichkeitsbezug direkt zur Sprache gebracht. In Gedichten wird Wirklichkeitserfahrung nicht in Geschichten, wie im Roman, oder in Dialogen und Gesprächen, wie im Drama, gleichsam aus mehreren Perspektiven umstellt, eingekreist oder diskutiert, um dann langsam sichtbar zu werden. In Gedichten wird sie unmittelbar ausgedrückt. Gedichte erlauben keinen sprachlichen Um- oder Ausweg. Gedichte sind unverstellte Monologe, Geständnisse, ja Bekenntnisse.

Weil Gedichte ein direktes Verhältnis zur Wirklichkeit wiedergeben, ist ihre Sprache ein genauer Gradmesser für den Zustand der Welt. Sie konfrontieren den Leser darum besonders eindringlich mit dem, was jenseits der Konventionen liegt. Dieses Faktum allein verlangt andererseits auch vom Leser die Bereitschaft, sich auf die sprachlichen Besonderheiten des Textes in höherem Maße einzulassen als auf die nichtlyrischer Texte.

Wenn wir Gedichte als Monologe bezeichnet haben, dann meinen wir damit nicht nur, daß sich in Gedichten ein Ich ausspricht, indem es seine Erlebnisse, Erfahrungen, seine Weltsicht in sorgfältig ausgewählter Sprache ausdrückt. Wir meinen damit auch die charakteristische Gebärde, mit der Gedichte erscheinen. Mit dem Ich des Gedichts, mit dem, was es sagt, ist keine Diskussion möglich. Seine Aussage ist vollkommen „einseitig", muß aber trotzdem so akzeptiert werden, wie sie sich darbietet. Sie duldet keinen Widerspruch. Gedichte haben bei aller sprachlichen und auch inhaltlichen Fragilität zugleich etwas Autoritäres. Man muß ihre Wahrheit hinnehmen, die keine Kompromisse kennt. Das macht sie trotz aller sprachlichen Vieldeutigkeit schwerer zugänglich und schwerer konkretisierbar als andere literarische Texte. Natürlich versucht mancher Leser, dieser fast aufdringlichen Wahrheit des Gedichts zu entkommen, sie während der Konkretisierung, besser: mittels der Konkretisierung seinen Bedürfnissen oder Wünschen anzupassen, sie gewissermaßen abzuschwächen. Doch gelingt das in den weitaus meisten Fällen nur durch eklatante Verstöße gegen den Wortlaut des Textes.

Gedichte fordern den Leser besonders heraus, stellen an ihn Ansprüche besonderer Art. Das tun sie um so stärker in Situationen, in denen die Wirklichkeit und die Sprache problematisch geworden sind. Nur in der Abwendung von Konventionen, in deren Verfremdung oder gar Zerstörung wird dann möglich zu formulieren, was die Erfahrung lehrt. Darum muß nicht nur das Gedicht, sondern auch der Leser den „vereinfachenden Blick der Gewohnheit" aufgeben, wie Hofmannsthal sagt.

Wird der Schritt zur Durchbrechung der Konventionen der Sprache nicht getan, dann schiebt sich die Sprache gewissermaßen vor die Wirklichkeit und verdeckt sie. Der spanische

Dichter Pedro Salinas hat die Kraft Wirklichkeit erstickender sprachlicher Konventionen in einem Gedicht zum Thema gemacht. Weil alles benannt ist, alles einen Namen hat, kann nichts mehr ursprünglich erfahren und erlebt werden. Die Sprache verhindert den Zugang zum wirklichen Leben:

> Warum hast du einen Namen,
> Tag, Mittwoch?
> Warum hast du einen Namen,
> Jahreszeit, Herbst?
> Heiterkeit, Schmerz, warum
> habt ihr stets einen Namen: Liebe?
>
> Hättest du keinen Namen,
> so wüßt' ich nicht, wer es war,
> nicht wie und nicht wann. Nichts.
>
> Weiß das Meer, wie es heißt: weiß es,
> daß es das Meer ist? Wissen die Winde
> ihre Bezeichnungen, Süd
> und Nord, über
> den reinen Atem hinaus, wer sie sind?
>
> Hättest du keinen Namen,
> so wäre alles wie Anfang,
> ursprünglich, alles von mir
> erfunden,
> unberührt vor meinem Kuß
> Freude, Liebe: langsame Lust
> des Sich-Freuens, Liebens, ohne Namen.
>
> Name, was für ein Dolch, hineingestoßen
> mitten in eine unschuldige Brust,
> die uns ewig gehörte,
> hätte sie nur ihren Namen nicht!

> *¿Por qué tienes nombre tú*
> *día, miércoles?*
> *¿Por qué tienes nombre tú,*
> *tiempo, otoño? Alegría, pena, siempre*
> *¿por qué tenéis nombre: amor?*

Si tú no tuvieras nombre,
yo no sabría qué era,
ni cómo, ni cuándo. Nada.

¿Sabe el mar cómo se llama,
que es el mar? ¿Saben los vientos
sus apellidos, del Sur
y del Norte, por encima
del puro soplo que son?

Si tú no tuvieras nombre,
todo sería primero,
inicial, todo inventado por mí
intacto hasta el beso mio.
Gozo, amor: delicia lenta
de gozar, de amar, sin nombre.

Nombre, i qué puñal clavado
en medio de un pecho cándido
qué sería nuestro siempre
si no fuese por su nombre!

Es gibt im 20. Jahrhundert übrigens sehr viele Gedichte, in denen das Dichten selbst zum Thema gewählt ist, die Schwierigkeit, das richtige Wort, die richtige Sprache für das zu finden, was man ausdrücken will. Es gibt jedoch noch mehr Gedichte, in denen der Versuch unternommen wird, die neue Wirklichkeit in einer neuen Sprache wiederzugeben. Eines der Mittel, mit denen man die Macht der Konventionen durchbricht, ist das Zurückdrängen der Sätze zugunsten der Wörter, aus denen Sätze bestehen. Damit nimmt man Techniken wieder auf, die schon bei Rimbaud im vorigen Kapitel begegnet sind. Gerade Sätze sind fundamentale Sinnträger. Zerstört man sie, zerstört man auch die durch sie geschaffene Bedeutung. Darum findet man in der modernen Lyrik viele Beispiele, in denen die Sätze aufgelöst oder auch so verformt oder „zerdehnt" sind, daß die Wörter zu den eigentlichen Bedeutungsträgern werden. Wir wählen das Gedicht *Erinnerung* von August Stramm, um dies zu zeigen:

Welten schweigen aus mir raus
Welten Welten
Schwarz und fahl und licht!
Licht im Licht!
Glühen Flackern Lodern
Weben Schweben Leben
Nahen Schreiten
Schreiten
All die weh verklungenen Wünsche
All die harb zerrungenen Tränen
All die barsch verlachten Ängste
All die kalt erstickten Gluten
Durch den Siedstrom meines Blutes
Durch das Brennen meiner Sehnen
Durch die Lohe der Gedanken
Stürmen stürmen
Bogen bahnen
Regen wegen
Dir
Den Weg
Den Weg
Den Weg
Zu mir!
Dir
Den Weg
Den ichumbrausten
Dir
Den Weg
Den duumträumten
Dir
Den Weg
Den flammzerrissenen
Dir
Den Weg
Den unbegangenen
Nie
Gefundenen Weg

Zu
Mir!

Die Satzform ist hier keineswegs gänzlich aufgegeben, auch wenn es vielleicht einige Mühe kostet, sie freizulegen. Aber sie ist zweifelsfrei zurückgetreten hinter die Vorherrschaft des einzelnen Wortes. Es sind die Wörter, aneinandergereiht, sich wiederholend, bis auf ein paar Ausnahmen ohne Interpunktion hart gegeneinandergesetzt, die die Eigenart dieses Gedichtes ausmachen. Sie sind so eingesetzt, daß der Leser sich mit jedem einzelnen von ihnen intensiv auseinandersetzen muß. Auffällig dabei vor allem das Wort „Weg", das nicht weniger als achtmal erscheint. In ihm konzentriert sich der eigentliche Vorgang: Das Freiwerden des Weges aus dem Wust der Gedankenassoziationen zu Anfang, die allmähliche Isolierung desjenigen, das erinnert werden soll, das Du, das wieder Zugang zum Ich finden kann. Dieser Prozeß ist überdies beinahe optisch wiedergegeben.

Die bewußte Schwächung des Zusammenhanges zwischen Wort und Satz, wodurch das Wort besonderes Gewicht erhält, ist jedoch nur eines der Mittel, mit denen man den Konventionen der Sprache gleichsam in den Rücken fällt, um eingeschliffene Bedeutungen und letztlich damit wiederum verbundene Wirklichkeitsbilder aufzusprengen. Ein anderes Mittel ist die Montage oder auch Collage. Das ist ein Verfahren, das zunächst vor allem in der bildenden Kunst angewandt wird (Picasso, Braque). Man bringt nicht Zusammengehöriges zusammen, setzt Disparates nebeneinander, ohne das Trennende oder die Verschiedenartigkeit zu verdecken oder auszugleichen. Wörter und Sätze folgen direkt aufeinander, ohne auf die gebräuchliche Weise miteinander verbunden zu sein. Man „montiert" Ungleiches zusammen. Der Effekt ist ein zweifacher. Einerseits wird die Aufmerksamkeit des Lesers wiederum auf die Einzelteile gelenkt, die eine Selbständigkeit gewinnen, die überraschen kann. Andererseits werden die Einzelteile durch die direkte Nachbarschaft zu fremden Textteilen in Zusammenhänge gestellt, die ungewöhnlich sind, die durch die

Zusammenstellung häufig überhaupt zum erstenmal entstehen. Der Leser muß in seiner Konkretisierung die Kontraste und Dissonanzen erhalten und sie doch auch zusammendenken. Er muß versuchen, irgendwie ein „Ganzes" zu schaffen. In Ingeborg Bachmanns Sammlung *Anrufung des großen Bären* ist dieses Gedicht aufgenommen:

Reklame

Wohin aber gehen wir
ohne sorge sei ohne sorge
wenn es dunkel und wenn es kalt wird
sei ohne sorge
aber
mit musik
was sollen wir tun
heiter und mit musik
und denken
heiter
angesichts eines Endes
mit musik
und wohin tragen wir
am besten
unsre Fragen und den Schauer aller Jahre
in die Traumwäscherei ohne sorge sei ohne sorge
was aber geschieht
am besten
wenn Totenstille

eintritt

Die Montage ist hier unschwer schon an der äußeren Gestalt zu erkennen: Jeder normal gedruckten Zeile folgt eine in Kursivdruck. Die normal gedruckten kann man hintereinander lesen, sie ergeben in sich durchaus einen sinnvollen Zusammenhang. Zwischen sie sind die kursiv gedruckten geschoben, die zusammen kaum einen sinnvollen Zusammenhang ergeben. Sie schließen in mehreren Fällen grammatisch an die normalen an, inhaltlich kontrastieren sie jedoch mit ihnen. Es sind Sprachbruchstücke, Sprachbrocken, möglicherweise Zitate, die die beschönigende und verfälschende Botschaft einer Reklame repräsentieren, die ausschließlich eine heitere, sorgenfreie und mit Musik erfüllte Welt kennt. Die „Traumwäscherei" begleitet auch die ernsten und problematischen Phasen des Lebens, drängt sich ständig mit ihrer Banalität auf. Das Triviale wird auf diese Weise zum festen Begleiter, der alle Probleme mit billigen und lautstarken Devisen verharmlosen will. Ein Entrinnen vor diesem Begleiter gibt es offenbar nicht, er ist zu allen passenden und unpassenden Zeiten anwesend. Erst wenn die „Totenstille" eintritt, verschwindet auch der Lärm der Reklame. Darum fehlt der kursiv gedruckte Einschub zwischen den beiden letzten Zeilen.

Das Gedicht entlarvt gewiß vor allem die Unvereinbarkeit, die zwischen dem Ernst des Lebens und der Unechtheit der Reklame liegt. Die Reklame wird durch den direkten und sich wiederholenden Kontrast zwischen verschiedenen Sprachblöcken als falsch und trügerisch gekennzeichnet. Aber der Effekt der Kontraste erstreckt sich auch in die andere Richtung. Er ergreift auch die Bedeutung der gerade gedruckten Zeilen, die man beinahe als ein selbständiges Gedicht lesen kann. Die Ausstrahlung der Zeilen in Kursivschrift relativiert möglicherweise sogar den Ernst des gemeinten Lebensgefühls der normal gedruckten. Das Gedicht aus den normal gedruckten Zeilen erhält dadurch vielleicht etwas Sentimentales, ja Kitschiges, das erst durch die Konfrontation mit der Banalität der Reklame fühlbar wird. Reklame ist daher nicht nur an sich trivial, sondern banalisiert möglicherweise auch dasjenige, das gerade nicht trivial ist.

Neue Sprache

Die neue Sprache, nach der die Lyriker des 20. Jahrhunderts streben, versuchen sie nun jedoch nicht nur durch die Auflösung konventioneller Formen zu erreichen. Mindestens ebenso intensiv, und im ganzen folgenreicher für die Poesie, ist das

Bemühen, die überlieferten konventionellen Sprachformen mit neuen Bedeutungen zu versehen. Man sucht nach einer wirklich neuen Sprache. Dabei kann man in vieler Hinsicht an die Entwicklungen anschließen, die im 19. Jahrhundert zu den Idealen der autonomen Sprache in der L'Art pour l'art-Dichtung geführt haben. Wie diese Sprachgestaltung im einzelnen aussieht, wollen wir an einigen Beispielen verdeutlichen. Wir beginnen mit einem Gedicht von Georg Trakl.

Trübsinn

Weltunglück geistert durch den Nachmittag.
Baracken fliehn durch Gärtchen braun und wüst.
Lichtschnuppen gaukeln um verbrannten Mist,
Zwei Schläfer schwanken heimwärts, grau und vag.

Auf der verdorrten Wiese läuft ein Kind
Und spielt mit seinen Augen schwarz und glatt.
Das Gold tropft von den Büschen trüb und matt.
Ein alter Mann dreht traurig sich im Wind.

Am Abend wieder über meinem Haupt
Saturn lenkt stumm ein elendes Geschick.
Ein Baum, ein Hund tritt hinter sich zurück
Und schwarz schwankt Gottes Himmel und entlaubt.

Ein Fischlein gleitet schnell hinab den Bach;
Und leise rührt des toten Freundes Hand
Und glättet liebend Stirne und Gewand.
Ein Licht ruft Schatten in den Zimmern wach.

Auf den ersten Blick ein konventionell und traditionell anmutendes Gedicht: vier gleichartig gebaute Strophen, Reime, gleichmäßiger Versrhythmus. Als modernes Gedicht erkennen wir es zunächst, weil auch hier die Reihung ein essentielles Bauprinzip ist. Das Ganze ist eigentlich ein Aneinanderreihen von Einzelheiten, ein Nebeneinander von Beobachtungen und Reflexionen. Die Satzkonstruktionen gleichen sich, wiederholen sich; dadurch entsteht eine Art Monotonie, die das Trennende jedoch nicht aufhebt, sondern eher verstärkt.

Auch hier also wieder das Bild des Zerfalls, des Zusammenhanglosen. Entscheidender aber ist der Sprachgebrauch im einzelnen. Damit meinen wir vor allem die poetischen Bilder. Es sind Bilder, die nur schwer zu begreifen sind, deren Bedeutung in vieler Hinsicht rätselhaft bleibt. Da treten Baracken auf, die fliehen, da gibt es verbrannten Mist, da spielt ein Kind mit seinen Augen schwarz und glatt, tritt ein Hund hinter sich zurück. Solche Bilder sind nicht mehr auflösbar, wie es traditionelle poetische Bilder sind, zum Beispiel „das Gold seines Hauptes" oder das Morgenrot als Hoffnungsbild. Gewiß, auch bei Trakl scheint das eine oder andere noch in konventionelle Sprache und Vorstellungen übersetzbar. Die fliehenden Baracken kann man sich als in fallendem Dämmerlicht des Nachmittags optisch sich auflösende Holzgebäude vorstellen; der Hund, der hinter sich tritt, könnte der Schatten des Hundes sein, der im nachlassenden Licht verschwindet. Aber solche Übersetzungen sind doch eher Notlösungen. Es sind Versuche, den „vereinfachenden Blick der Gewohnheit" gegen die Rätselhaftigkeit der Bilder durchzusetzen.

Man kann solchen Bildern nur gerecht werden, wenn man sie als dichterisch selbständige Ausdrucksformen und -möglichkeiten akzeptiert und sich ihrer Wirkkraft überläßt. Es sind Bilder, die sich selbst und nicht etwas hinter ihnen Verborgenes meinen, die man deshalb nicht übersetzen kann. Sie finden ihren Sinn in sich selbst, einen einmaligen Sinn und doch einen nicht eindeutigen. Sie zeigen deutlich die Nachwirkung der autonomen dichterischen Sprache, die im 19. Jahrhundert entstanden war.

In Trakls Gedicht ist die Aussage der Bilder immerhin noch einigermaßen verständlich. Sie alle illustrieren den Titel *Trübsinn*. Und diese negative Bedeutung reicht bis in den Schluß, wo eine Wendung zum Positiven einzutreten scheint. Das Licht, das im letzten Vers erscheint, wird nur negativ charakterisiert, es ruft Schatten in den Zimmern wach.

In anderen modernen Gedichten fehlt selbst eine solche allgemeine Bedeutungssuggestion. Man muß sich daher den Bildern und den von ihnen ausgehenden Bedeutungsmöglichkeiten noch bedingungsloser überlassen. Von Gottfried Benn stammt ein oft zitiertes und interpretiertes Gedicht, das völlig von der Geschlossenheit seiner Bilder zu leben scheint:

Welle der Nacht

Welle der Nacht – Meerwidder und Delphine
mit Hyakinthos' leichtbewegter Last,
die Lorbeerrosen und die Travertine
wehn um den leeren istrischen Palast,

Welle der Nacht – zwei Muscheln miterkoren,
die Fluten strömen sie, die Felsen her,
dann Diadem und Purpur mitverloren,
die weiße Perle rollt zurück ins Meer.

Auch dieses Gedicht kennt eine konventionelle äußere Form: zwei vierzeilige Strophen mit Wechselreim. Doch was von außen so harmlos aussieht, ist in Wahrheit ein extrem schwieriger Text. Bereits das Bild, das am Anfang jeder der zwei Strophen steht (zusammen mit der Überschrift tritt es in dem kurzen Gedicht also dreimal auf), ist vielseitig, beinahe abstrakt. Welle der Nacht, darunter kann man das Aufkommen der Nacht verstehen, die gleichsam den Tag überflutet. Gemeint ist aber wohl auch konkret eine Meereswelle (in der Nacht). Darauf weisen Meerwidder, Delphine, Muscheln, Fluten, schließlich ganz unmißverständlich das letzte Wort: Meer. Aber auch diese doppelte Bedeutung reicht nicht aus. Welle der Nacht geht weit über derartige Konkretisierungen hinaus. Das Bild stellt Beziehungen her zwischen sehr disparaten und ihrerseits wiederum unverständlichen Elementen. Alle Einzelrätsel finden ihren Zusammenhang gewissermaßen in dem umfassenden Rätsel der Welle der Nacht. Für manche gibt es allerdings Erklärungen. Meerwidder zum Beispiel sind fabelhafte Meereswesen in Goethes *Faust II;* Hyakinthos ist ein Jüngling aus der griechischen Mythologie, der von Apoll ungewollt getötet wurde; Lorbeerrosen sind ein anderer Name für Oleander; Travertin ist eine Gesteinsart; istrisch bezieht sich auf Istrien, einen Landstrich an der adriatischen See. Nach Auffassung einiger Interpreten könnte mit dem istrischen Palast das Schloß Miramar gemeint sein, das Maximilian, österreichischer Erzherzog und Kaiser von Mexiko, bei Triest erbauen ließ.

Aber auch wenn man derartige Dinge weiß, wird das Gedicht nicht wirklich besser verständlich. Sie helfen höchstens, die Bedeutung des hier beschworenen Vorgangs zu erahnen, in dem sich Mythisches mit Historischem vermischt, aufgenommen in einen geheimnisvollen Naturprozeß, aus dem sich vielleicht auch das Motiv vom Aufstieg, Höhepunkt und Untergang erschließen läßt. Alles ist vereinigt in einer vollkommenen sprachlichen Einheit, die selbst völlig fraglos ist.

Das Gedicht erzählt nicht, es erklärt auch nicht. Es suggeriert. Es ruft Stimmungen und Ahnungen hervor, versetzt den Leser in die merkwürdige Situation, daß er sich ergreifen läßt, ohne zu wissen, was genau ihn ergreift. „Verstehen" kann man ein solches Gedicht nicht. Hier sind sowohl kollektive wie individuelle Verstehensmöglichkeiten, im Sinne eines rationalen Nachvollzugs einer Bedeutungsentfaltung, an ihr Ende gekommen. Gottfried Benns Gedicht *Welle der Nacht* markiert einen der Fälle, von denen wir ganz zu Anfang gesprochen haben: Man kann Werke der modernen Kunst erleben, sich gar von ihnen überwältigen lassen, ohne sie zu „verstehen".

Ähnliche Wirkungen, wenngleich mit wesentlich einfacheren Mitteln erreicht, überhaupt begrenzter in seiner Aussageweite, erzielt Karl Krolow mit seinem Gedicht

Der Augenblick des Fensters

Jemand schüttet Licht
Aus dem Fenster.
Die Rosen der Luft
Blühen auf,
Und in der Straße

Heben die Kinder beim Spiel
Die Augen.
Tauben naschen
Von seiner Süße.
Die Mädchen werden schön
Und die Männer sanft
Von diesem Licht.
Aber ehe es ihnen die anderen sagen,
Ist das Fenster von Jemandem
Wieder geschlossen worden.

In Begrifflichkeit sind die Bilder auch dieses Gedichts nicht zu übersetzen. Wie jemand Licht aus dem Fenster schütten kann, was Rosen der Luft sind, wie Tauben von der Süße des Lichts naschen können, all das ist nicht konkret vorstellbar. Auch die drittletzte Zeile „Aber ehe es ihnen die anderen sagen" bleibt rätselhaft. Dennoch bewirken die Bilder, daß der Leser sehr deutlich das Ereignis eines besonderen Moments, eines Moments des Glücks und der Ausnahme, miterlebt. – Im Gegensatz zu Benns *Welle der Nacht* macht Krolows Gedicht trotz seiner einfacheren Sprachgestaltung den Eindruck, moderner zu sein. Strophen gibt es nicht, Reime fehlen, die Verszeilen sind von sehr unterschiedlicher Länge. Es scheint, als seien es eigentlich ganz normale Sätze, die lediglich künstlich auf unterschiedlich lange Zeilen verteilt seien. Doch es handelt sich hier keineswegs um ein nur äußeres, sozusagen nur modern anmutendes Mittel. Die einzelnen Zeilen enden durchaus an sinnvollen Stellen, auch wenn die Sätze über die Zeilenenden hinausgehen. An den Zeilenenden hält man unwillkürlich einen kurzen Moment inne und stellt dann fest, daß die Fortsetzung des Satzes in der nächsten Zeile fast überall eine kleine Überraschung enthält. Fast jeder Satz hätte durchaus eine gänzlich andere Fortsetzung finden können.

Moderne Gedichte wollen den Leser mit einer unverfälschten Wirklichkeit konfrontieren, mit direkten Erfahrungen, Einsichten oder Begebenheiten. Unverfälscht meint: nicht durch den Blick der Alltäglichkeit, der Konvention verfälscht, auch nicht durch die konventionelle Sprache verstellt. Darum ist das, was im Gedicht zur Erscheinung kommt, etwas Fremdes, etwas Neuartiges, etwas, das mit den Konventionen nicht zu begreifen ist. Und weil Gedichte aus Sprache bestehen, kann das Gewollte nur gelingen, wenn die Konventionen der Sprache durchbrochen werden. Trakl und Benn, neben vielen anderen, geben der Sprache daher ganz neue Möglichkeiten der Bedeutungserzeugung. Sie gehen dabei relativ komplizierte Wege. Andere Dichter schaffen vergleichsweise einfache Gedichte. Aber auch sie befreien die Wirklichkeit aus ihrer konventionellen Bindung. Und die Wirklichkeit wird dabei die realste, die man sich vorstellen kann, und wird zugleich eine unreale, weil mit unseren gängigen Vorstellungen von ihr nicht vereinbar. Hierbei kann es sich um ganz schlichte und unauffällige Phänomene handeln, die durch die dichterisch-sprachliche Verfremdung neue Bedeutungsdimensionen gewinnen. So etwa auch in dem Gedicht *Junge Frau an einem Fenster* des Amerikaners William Carlos Williams:

	Young woman at the window
Sie sitzt mit	*She sits with*
Tränen auf	*tears on*
ihrer Wange	*her cheek*
ihrer Wange auf	*her cheek on*
ihrer Hand	*her hand*
dem Kind	*the child*
auf ihrem Schoß	*in her lap*
seine Nase	*his nose*
gedrückt	*pressed*
an das Glas.	*to the glass*

Der Text besteht aus einem einzigen kurzen Satz, der ein sehr einfacher, aber zugleich auch ein sehr raffinierter Satz ist. Er setzt in paralleler Reihung, mit gelegentlicher Wiederholung, Wörter aneinander, die das spannungsgeladene Bild einer trauernden Mutter mit ihrem Kind auf dem Schoß ergeben. Man erfährt nicht, warum die Mutter weint. Das Kind, zur Frau gehörend, wendet sich gleichzeitig von ihr ab, indem es aus dem Fenster blickt.

Das Gedicht scheint nichts anderes als die sachliche, gänzlich emotionslose Beobachtung eines alltäglichen Geschehens. Durch seine sprachliche Gestaltung jedoch, die sozusagen jedes Einzelelement isolierend hervorhebt, wird die Alltäglichkeit bedeutungsvoll, ja vieldeutig. Sie provoziert den Leser dazu, nach den möglichen Bedeutungen, die mit diesem Text verbunden werden können, auf die Suche zu gehen. Ist es eine von ihrem Mann oder Geliebten verlassene Mutter? Warum ist sie verlassen? Hat der Blick des Kindes aus dem Fenster eine besondere Bedeutung? Soll das Fenster aus Glas anzeigen, daß es ein Draußen gibt, das aber nicht zugänglich oder erreichbar ist? Strenggenommen wird in dem Gedicht nicht einmal gesagt, daß die junge Frau die Mutter des Kindes ist. Auch das könnte zu allerlei Bedeutungszuweisungen leiten. Solche und andere Fragen und Konstatierungen führen dazu, daß der Leser weit über den wörtlichen Text hinausgeht, daß er nach einer Art Geschichte sucht, in der die Situation der Mutter einen sinnvollen Platz finden könnte. Wir haben wiederholt gesagt, daß die moderne Literatur vom Leser verlange, seine Phantasie zu aktivieren, selbst zum Zustandekommen des Kunstwerks beizutragen. Williams' kleines Gedicht illustriert das fast überdeutlich. Seine Kürze und scheinbar beschränkte Alltäglichkeit stehen beinahe im Widerspruch zu der Weiträumigkeit der Imagination, zu der es den Leser anregt. Es bestätigt auf seine Weise das Wort eines Kenners der modernen Lyrik, nach dem für die Gedichte unserer Zeit der Begriff des Verstehens dem Begriff des Weiterdichtens gewichen sei.

Und noch etwas demonstriert dieses unauffällige Gedicht: den Zusammenhang zwischen bildender Kunst und Literatur in der Zeit der Moderne. So wie Marcel Duchamp mit wenigen Kunstgriffen Gebrauchsgegenstände des Alltags in Kunstwerke verändert, so transformiert Williams eine einfache alltägliche Situation mit wenigen sprachlichen Eingriffen in ein kunstvolles Gedicht mit vielen Bedeutungsdimensionen.

Verfremdung

Moderne Literatur, so haben wir gesehen, bricht konsequent mit allen traditionellen Formen und Inhalten, verlangt dadurch vom Leser besondere Anstrengung, ja beteiligt ihn aktiv an den einzelnen Werken. Moderne Literatur will neue Wege zur Wirklichkeit finden, will diese befreit von allen sie sprachlich oder gesellschaftlich verändernden Bearbeitungen im literarischen Werk anschaulich machen. Dieser direkte Bezug zur Wirklichkeit hat – in gewissem Sinne paradoxerweise – zur Folge, daß die Literatur sich deutlich als Kunst manifestiert. Moderne Literatur will die Trennung zwischen Kunst und Wirklichkeit überwinden, indem sie sich selbst nicht als Wirklichkeit präsentiert.

Diese Eigenschaften der modernen Literatur charakterisieren nun nicht nur den Roman und die Lyrik, sondern auch das Theaterspiel, das Drama. Wenn man heute ins Theater geht, dann befindet man sich vor Beginn der Vorstellung im Zuschauersaal nur noch selten vor einem geschlossenen Vorhang, der erst nach dem bekannten Klingelzeichen aufgeht. Dagegen trifft man sehr häufig eine offene Bühne an, auf der die Kulissen der Aufführung schon zu sehen sind; manchmal sieht man auch die technischen Einrichtungen der Bühne, wie Beleuchtungsapparate oder den Schnürboden; in extremen Fällen sind sogar die Bühnenarbeiter noch mit irgendwelchen Arbeiten beschäftigt oder stehen gar die Schauspieler in kleinen Gruppen und sich leise unterhaltend auf der Bühne.

Das Theater macht auf diese Weise nicht das geringste Hehl daraus, daß es ein Theater ist. Unsere Eltern und Großeltern fühlten sich hierdurch zunächst irritiert und gestört. Das war allerdings auch die Absicht. Sie sollten durch die unverhohlene Selbstdarstellung des Theaters gar nicht erst in die gewohnte und bekannte Erwartung geraten können, mit der man traditionsgemäß ein Theater besuchte. Man will durch die offene Bühne unzweifelhaft deutlich machen, daß man auf ihr ein Spiel sehen wird, keine angebliche Wirklichkeit. Auch hier geht es darum, den Zuschauer von Anfang an damit zu konfrontieren, daß man es mit Kunst zu tun hat. Und dieser Tatsache soll er sich nicht nur vor der Aufführung bewußt sein, sondern auch während der Aufführung bewußt bleiben.

Man könnte die Dramatik des 20. Jahrhunderts ohne Verfälschungen unter dem Stichwort „Neues Verhältnis zum Zuschauer" beschreiben, so wie man die anderen Literaturgattungen unter dem Stichwort „Neues Verhältnis zum Leser" beschreiben kann. Im Theater bedeutet das vor allem, daß darauf verzichtet wird, die Illusion zu schaffen, auf der Bühne werde Wirklichkeit dargestellt. Diese Illusion war das höchste Ziel des traditionellen Theaters. Der Zuschauer sollte für die Dauer der Aufführung seine eigene Wirklichkeit vergessen und sich ausschließlich der Realität auf der Bühne widmen. Um die Illusion zu verstärken, wurde während der Vorstellung das Licht im Zuschauersaal gelöscht und nur die Bühne beleuchtet. Und auf der Bühne spielte eine Handlung, die so tat, als sei sie echte Wirklichkeit. Man konnte sich als Zuschauer in sie einleben und einfühlen, sich von ihr mitreißen lassen. Nach der Vorstellung kehrte man dann in die eigene Wirklichkeit zurück und fühlte sich, je nachdem, ob man etwas Trauriges oder etwas Lustiges gesehen hatte, erhoben oder belustigt. Nach kürzester Zeit aber wandte man sich wieder den „eigentlichen Dingen" zu. Der Theaterabend war ein kurzes Intermezzo, das einen bestimmten Stellenwert im gesellschaftlichen Leben besaß, aber weiter keine Konsequenzen hatte. Was wir im vorigen Kapitel über die Trennung zwischen Kunst und Leben gegen Ende des 19. Jahrhunderts ausgeführt haben, wurde sozusagen durch jede einzelne Theateraufführung verwirklicht: Ein Theaterbesuch war ein zeitweiliger „Ausstieg" aus dem Leben, während dessen man sich ergreifen oder amüsieren ließ. Kunst, Literatur, Musik und Theater gehörten zu den Freizeiterlebnissen, die man ohne Reue genießen konnte.

Kunst und Literatur, auch das Theater, hatten auf diese Weise keine wirkliche Funktion. Im 20. Jahrhundert aber soll das Theater eine Funktion zurückerhalten. Um das möglich zu machen, müssen nicht nur die Theaterspiele verändert werden – darauf kommen wir gleich –, sondern es muß sich auch die

Rolle des Zuschauers vollkommen verändern. Er muß aus der Rolle des bloßen Zuschauers gestoßen werden, und zwar muß er vom nur genießenden zum bewußt beobachtenden Betrachter werden. Die Geschichte des Theaters und des Dramas im 20. Jahrhundert ist darum durch eine schier endlose Reihe von Versuchen geprägt, den Zuschauer aus seiner Ruhe aufzustören. Und das gelingt unter anderem, wenn man das Gewohnte ungewohnt macht, wenn man das Bekannte verfremdet. Verändert man die Spielregeln des Illusionstheaters, muß sich der Zuschauer neu orientieren. Er nimmt wahr, was er sonst nicht wahrgenommen hatte. Denn Dinge, Ereignisse, Menschen, die man kennt, mit denen man routinemäßig umgeht, sieht man nicht mehr in ihrer Eigenart. Erst wenn sie sich verändern, sie dadurch gewissermaßen wieder fremd werden, wird man gezwungen, sie genau anzusehen und dadurch neu zu entdecken. Das Fremdmachen, die Verfremdung bewirkt eine neue, eine veränderte Einstellung gegenüber den Dingen, den Ereignissen, den Menschen, die man eigentlich seit langem zu kennen glaubt. Verfremdung verändert aber nicht nur das Gegenüber, sondern auch einen selbst.

In diesem Sinne ist die Verfremdung zu verstehen, die das Theater im 20. Jahrhundert in so vielfältigen Formen hervorgebracht hat. Zum Teil geschieht das in äußerst zugespitzten Formen, wie noch 1966 in Peter Handkes bekanntem Sprechstück *Publikumsbeschimpfung,* in dem vier Schauspieler nichts anderes tun, als auf das Publikum einzureden.

Natürlich aber bleibt es nicht bei einer Verfremdung der äußeren Darbietungsformen des Theaters. Auch die Theaterwerke selbst werden dem Prozeß der Verfremdung unterworfen. Dabei geht man zum Teil ähnlich vor wie im Roman oder in der Lyrik. Der Geschichte im Roman ist in etwa die Handlung des Dramas vergleichbar. Im klassisch-traditionellen Drama ist sie das Zentrum, der Mittelpunkt, um den sich alles dreht. Sie formt ein Geschehen, das in sich folgerichtig und zielgerichtet ist. Die dramatischen Figuren führen sie nach den Regeln einer nachgeahmten Wirklichkeit aus. Weil alles, was geschieht und gesprochen wird, seinen Angelpunkt in der in sich plausiblen

Dramenhandlung hat, entsteht ein abgerundetes Ganzes, eine geschlossene Einheit, die ihren Anfang, ihren Höhepunkt und ihr Ende besitzt. Diese geschlossene Handlung wird im modernen Drama aufgelöst, ähnlich wie die Geschichte im Roman außer Kraft gesetzt wird. An die Stelle der organisch fortschreitenden Handlung tritt eine vergleichsweise lose Folge von Bildern und Szenen, von dramatischen Ereignissen, von einzelnen Handlungsstationen. Sie bilden zusammen keine ausgewogene Ganzheit mehr, sondern müssen durch zusätzliche Elemente zu einem Ganzen gemacht werden. Als Teile dieses Ganzen gewinnen sie relativ große Selbständigkeit. Nicht selten muß der Zuschauer die Arbeit des Zusammenfügens übernehmen. Häufig hilft ihm dabei eine dramatische Figur, die ursprünglich nicht zum eigentlichen Drama gehörte: ein Spielleiter. Seine Rolle kann so weit gehen, daß er die Aufführung gewissermaßen vor den Augen der Zuschauer inszeniert, indem er Spielanweisungen an die Schauspieler gibt, mit ihnen über das Stück, das sie doch spielen, diskutiert, Szenen wiederholen läßt. Er kann sich sogar mit Erklärungen und Kommentaren direkt ans Publikum wenden. Mit solchen Figuren erscheint wiederum etwas auf der Bühne, was eigentlich hinter die Kulissen gehört. Das Theater zeigt sich also auch während der Aufführung als Theater, als Kunstwerk. Es verfremdet sich in diesem Fall durch eine Art Verdoppelung. Man spielt Theater im Theater.

Derjenige unter den Dramatikern des 20. Jahrhunderts, der die Möglichkeiten und Ziele der Verfremdung am systematischsten durchdacht und in die Praxis umgesetzt hat, ist Bertolt Brecht.

Sein Einfluß auf das moderne Theater und Drama ist kaum zu überschätzen. Brechts erklärtes Ziel ist es, den Zuschauer mit Hilfe des Theaters zu erziehen, ihn zum Handeln zu provozieren. Und handeln soll der Mensch vor allem als Mitglied der Gesellschaft, denn Brechts Erziehungsideal ist durch seine marxistische Überzeugung inspiriert. Darum soll der Zuschauer lernen, sich nicht mit den bestehenden gesellschaftlichen Verhältnissen abzufinden. Brechts eigenes Theater ist deshalb ein regelrechtes Lehrtheater. Doch nicht in diesem bestimmten, marxistisch ausgerichteten Inhalt liegt seine größte Bedeutung für die Theater- und Dramengeschichte.

Brecht entwickelt das sogenannte epische Theater, das verfremdende Theater, mit unbeirrbarer Konsequenz. Ansätze dazu gibt es schon vor und neben ihm, aber erst Brecht baut sie planmäßig zu einer umfassenden Dramaturgie aus. In Brechts Dramen, die er – um auch dadurch den Abstand zur Tradition zu betonen – „Stücke" nennt, ist vor allem dasjenige Prinzip aufgegeben, das man für das unabdingbare Fundament alles Dramatischen hielt: dessen Gegenwart. Darunter versteht man die Tatsache, daß alles, was auf der Bühne während der Aufführung geschieht, sich ausschließlich in dem Moment zuträgt, da es gespielt wird. Im Roman ist es gewöhnlich so, daß es mehrere Zeitschichten der Handlung gibt und daß diese von einem Erzähler erzählt wird. In den meisten Romanen spielt das Erzählte sogar in der Vergangenheit. Der Erzähler erzählt darum im Imperfekt. (Daß der Leser die Handlung als eine sich im Augenblick der Lektüre vollziehende Handlung erlebt, ist ein anderes Phänomen). Im traditionellen Drama hingegen gibt es nur Gegenwart; es gibt keinen Erzähler. Der Zuschauer ist darum Zeuge einer sich unmittelbar vollziehenden Handlung, deren Ausgang im Prinzip nicht bekannt ist. Man kann darum auf der Bühne nur spielen, was sich im Moment des Geschehens ereignet, nicht aber zum Beispiel, was früher geschehen ist. Darüber können die dramatischen Figuren höchstens berichten.

Brecht nun führt die revolutionäre Technik der Episierung des Dramas ein. Er zerstört die absolute Gegenwart des Dramas. Er bricht die Handlung in Episoden auf, die durch erzählerische Mittel miteinander in Zusammenhang stehen. Solche Mittel können ein richtiger Erzähler sein (wie im *Kaukasischen Kreidekreis*) oder Techniken wie Transparente oder Projektionen, die zwischen die einzelnen Episoden geschaltet sind. Sie verraten jeweils, was auf der Bühne gespielt werden wird, so daß der Zuschauer schon vorher weiß, was er zu sehen bekommt und wie es ausgehen wird. Die jahrhundertealte Form des Dramas und der Theateraufführung wird so gründlich verfremdet. Und der Effekt besteht vor allem darin, daß der Zuschauer seine Aufmerksamkeit nicht mehr in erster Linie auf den Inhalt richtet, den kennt er ja bereits in groben Zügen. Man ist vielmehr gespannt darauf, wie sich der angekündigte Inhalt vollziehen wird. Der Zuschauer wird dadurch zum kritischen Zuschauer, der sich nicht einfach durch die Handlung mitreißen läßt, der sich mit den Vorgängen oder einzelnen Gestalten kaum noch identifizieren kann. Um die Wirkungen der Verfremdung so stark wie möglich zu machen, beläßt es Brecht nicht bei dieser Grundform der Verfremdung. Während des Spiels werden fortwährend weitere Verfremdungen eingesetzt. Die Handlung wird gewissermaßen regelmäßig gestört. Da werden Songs gesungen, die Figuren treten aus ihrer Rolle, kommentieren ihr eigenes Verhalten oder geben als Schauspieler ihre Meinung über die Rolle, die sie spielen.

All das führt dazu, daß der Zuschauer nicht mehr einem geschlossenen Spiel gegenübersitzt, von dem er sich erschüttern oder erheitern lassen kann. Theater in dieser Form ist in Brechts Worten „kulinarisches" Theater. Man genießt es. Die Freude am Theater will auch Brecht dem Zuschauer nicht nehmen, aber es soll eine andere Freude sein. Nicht mehr ein mitzuerlebendes Theaterstück wird dem Zuschauer vorgespielt, sondern ihm wird ein Fall vorgelegt. Der Zuschauer soll durch die Verfremdung aufgefordert werden, sich ein Urteil über dasjenige zu formen, was ihm vorgelegt wird. Er soll Stellung beziehen, Entscheidungen treffen. Darum enden viele der Stücke von Brecht mit einem offenen Schluß. Die Handlung findet kein wirkliches Ende, jedenfalls keines, das befriedigt. Das Werk läßt Fragen unbeantwortet, die es an den Zuschauer weitergibt. Bisweilen wird der Zuschauer tatsächlich aufgefordert, den richtigen Ausgang für ein Drama zu suchen. *Der gute Mensch von Sezuan* endet zum Beispiel mit diesem Epilog:

Vor den Vorhang tritt ein Spieler und wendet sich entschuldigend an das Publikum mit einem Epilog:

Der Spieler:
Verehrtes Publikum, jetzt kein Verdruß:
Wir wissen wohl, das ist kein rechter Schluß.
Vorschwebte uns: die goldene Legende.
Unter der Hand nahm sie ein bitteres Ende.
Wir stehen selbst enttäuscht und sehn betroffen
Den Vorhang zu und alle Fragen offen.
Dabei sind wir doch auf Sie angewiesen
Daß Sie bei uns zu Haus sind und genießen.
Wir können es uns leider nicht verhehlen:
Wir sind bankrott, wenn Sie uns nicht empfehlen!
Vielleicht fiel uns aus lauter Furcht nichts ein.
Das kam schon vor. Was könnt die Lösung sein?
Wir konnten keine finden, nicht einmal für Geld.
Soll es ein andrer Mensch sein? Oder eine andre Welt?
Vielleicht nur andere Götter? Oder keine?
Wir sind zerschmettert und nicht nur zum Scheine!
Der einzige Ausweg wär aus diesem Ungemach:
Sie selber dächten auf der Stelle nach
Auf welche Weis dem guten Menschen man
Zu einem guten Ende helfen kann.
Verehrtes Publikum, los, such dir selbst den Schluß:
Es muß ein guter da sein, muß, muß, muß!

Brecht will den Zuschauer zu einem gesellschaftskritischen Menschen erziehen, der die Welt nicht als eine von Gott gegebene und damit unveränderbare Welt begreifen soll. Sie soll in seinen Dramen als eine von Menschen und ihren Interessen geprägte Wirklichkeit erscheinen, die darum von Menschen auch wieder verändert werden kann. Die gesellschaftliche Veränderung ist daher Brechts eigentliches Ziel, zu ihr will er den Zuschauer aktivieren.

Ob ihm dieser gewünschte Effekt auch nur bei einem einzigen Zuschauer gelungen ist, der nicht schon marxistischen Überzeugungen anhing, ehe er ein Brechtsches Theaterstück sah, steht auf einem ganz anderen Blatt. Immerhin gab es einmal Zeiten, da man die mögliche Wirkung Brechts ernstnahm. Es gab einmal Zeiten, da ein Außenminister der Bundesrepublik Deutschland den revolutionierenden Einfluß der Brechtschen Stücke fürchtete und deshalb finanzielle Unterstützung für Gastspiele im Ausland verweigerte, die Theaterensembles mit Werken von Brecht geben wollten. Heute sind solche Reaktionen kaum noch vorstellbar. Die liberale bürgerliche Gesellschaft hat die Stücke Brechts längst vereinnahmt, hat sie normalisiert und genießt, was einmal gegen sie gerichtet war. Hier haben Umdeutungen besonderer Art stattgefunden. Brechtaufführungen werden heute kulinarisch konsumiert, und die ehemals aufrührerischen Lieder und Songs aus den antibürgerlichen Stücken haben ihren Weg ebenso in den vornehmen Konzertsaal gefunden, wie sie gleichzeitig zu Schlagern vermarktet worden sind.

Doch unser Thema ist nicht das Schicksal der Dramen von Brecht. Für uns ist der Autor Brecht interessant, weil in seinen Ideen über das Theater und in der praktischen Gestaltung seiner Werke Prinzipien exemplarisch umgesetzt werden, die Theater und Drama des 20. Jahrhunderts grundsätzlich und allgemein profilieren. Ob man an Dramatiker wie Thornton Wilder, Tennessee Williams, an Jean Anouilh, Jean Giraudoux, ob man an Max Frisch, der seine Dramen wie Brecht „Stücke" nennt, ob man an Heinar Kipphardt, an Rolf Hochhuth oder an Peter Handke denkt, sie alle arbeiten mit den Mitteln des epischen Theaters und den Effekten der Verfremdung. Überall ist der gradlinige Verlauf der dramatischen Handlung unterbrochen, überall wird das Bühnenspiel als Bühnenspiel sichtbar gemacht. Überall gibt es verfremdete Spielhandlungen, die den Zuschauer zwingen, darauf bewußt und nicht nur emotional zu reagieren. Überall will das Theater Fragen und Probleme aufwerfen, nicht aber Wahrheiten verkünden, nicht einmal Fakten vermitteln. Die Wahrheit und die Fakten sind problematisch geworden. Sie rufen Fragen hervor, auf die der Zuschauer selbst die Antworten finden muß. Will man das im Theater Dargestellte verstehen, muß man von seiner eigenen

Wirklichkeit, von seinen eigenen Überzeugungen ausgehen, die jedoch andererseits durch das Theater gerade wieder in Frage gestellt werden.

Negatives Heldentum?

Der Einfluß dieser Dramaturgie ist auch in denjenigen Werken noch wirksam, die formal wieder zur Form des Illusionsdramas zurückgekehrt sind. Das sogenannte absurde Theater, dessen bekanntester Repräsentant Eugène Ionesco ist, nimmt scheinbar die geschlossene Form wieder auf. Aber eben doch nur scheinbar. In ihrem Innern weichen Stücke wie Ionescos *Kahle Sängerin* oder *Die Unterrichtsstunde* in jeder Hinsicht von der Tradition ab. Ähnliches gilt für eines der meistgespielten Werke unserer Zeit, für Samuel Becketts *Warten auf Godot* (1953). Das Drama ist in zwei Akte eingeteilt, die Handlung durch keine Illusionsdurchbrechung verfremdet, wie sie bei Brecht und anderen regelmäßig auftritt. Die Personen fallen an keiner Stelle aus ihrer Rolle; es gibt keinen Erzähler oder andere direkt erscheinende epische oder sonstwie verfremdende Elemente. Und doch ist es ein Drama, das weit von aller Illusionsdramatik entfernt ist. Obwohl es ein abendfüllendes Stück ist, gibt es praktisch keine Handlung. Zwar geschieht vielerlei auf der Bühne und es wird unentwegt gesprochen, aber dadurch entsteht kein zielgerichtetes Geschehen. Die beiden Hauptfiguren, Wladimir und Estragon, warten auf einen gewissen Godot und füllen die Wartezeit mit Dialogen und Spielchen. Zweimal kommen zwei Reisende vorbei, Pozzo und Lucky. Ihr Auftreten sorgt zwar für einige Bewegung und Aktion, aber welche Funktion sie im Zusammenhang des Ganzen erfüllen, bleibt völlig im Dunkeln. Im Dunkeln bleibt auch, wer dieser Godot ist, warum Wladimir und Estragon auf ihn warten, ob sie wirklich eine Verabredung mit ihm haben, ob sie ihn überhaupt erkennen würden, erschiene er tatsächlich. Andererseits wird Godots Ankunft zweimal für den nächsten Tag angekündigt.

Alles in diesem Drama ist undeutlich, ungewiß, fraglich. Auch wo es spielt, bleibt unergründlich. Es spielt nirgends und überall. Eine Landstraße und ein kahler Baum bilden die ganze Dekoration. Auch die Gespräche, die man miteinander führt, bleiben leer und inhaltslos. Man redet zwar unablässig, aber es sind Dialoge ohne Thema. Es werden keine Probleme angeschnitten, es gibt keinerlei Bemühung, irgendetwas zu klären. Sprache dient keinem Zweck mehr, sondern erschöpft sich im Vorgang des Sprechens. Die Dialoge sind nach bestimmten Zeremonien ablaufende, sich ständig wiederholende, in Sinnlosigkeiten mündende Sprechbewegungen. Sprache ist inhaltslos geworden, als Kommunikations- und Denkmedium entwertet. Den Höhepunkt bildet ein Monolog von Lucky, in dem er vorführt, was Denken ist. Denken wird als eine Tätigkeit definiert, die zu vergleichen ist mit Tanzen und ähnlichen physischen Fertigkeiten. Luckys Monolog besteht aus aneinandergereihten Satzteilen, Wörtern und Begriffen, die keinen Sinn ergeben. Doch kann man in dem Wortschwall von ferne Überbleibsel aus der philosophischen abendländischen Tradition erkennen. Sie werden zu einem großen Trümmerberg von Sprache und Denken zusammengewürfelt, der als eine Art Bankrotterklärung aller sprachlichen Werte erkannt werden kann.

Auch die Identität der Personen ist fragwürdig. Wer sie sind, wie sie zueinandergekommen sind, erfährt man nicht. Als Personen sind Wladimir und Estragon in sich selbst widersprüchlich. Sie sind eher Karikaturen des Menschen als echte Menschen.

Alles, was sich in diesem Stück ereignet, alles, was man tut, scheint gleichgültig, gleich sinnvoll oder gleich sinnlos. Jegliches Handeln und Sprechen führt in Sackgassen, verwandelt sich bestenfalls in groteske Pantomimen, die zu selbständigen Vorgängen im leeren Raum werden. Es gibt keine nach vorne gerichtete Bewegung. Das einzige, was vergeht, ist die Zeit. Aber auch das ist offensichtlich ohne Bedeutung. Zu Beginn des zweiten Aktes entdecken die beiden Hauptgestalten an dem kahlen Baum grüne Blätter. Das ist jedoch nicht mehr als ein Zeichen dafür, daß die Zeit vergeht, kein Zeichen jedenfalls, das auf Hoffnung oder Sinn verweist. In der vergehenden Zeit wiederholt sich alles, so daß am Ende dieselbe Situation gegeben ist wie am Anfang. Der zweite Akt ist nur eine Wiederholung des ersten, mit einigen nicht bedeutsamen Variationen. Man wartet weiter auf Godot. Das Ganze ist eine einzige Demonstration des Stillstandes.

Ein solches Stück hat nichts mehr zu tun mit den Dramen, die für gewöhnlich zum Illusionstheater gerechnet werden. Es entbehrt jeglicher inneren Zielrichtung, die selbst das epische Theater doch kennt. *Warten auf Godot* erinnert allenfalls an das Illusionsdrama, indem es zahlreiche seiner Elemente benutzt, vermischt mit Themen und Techniken aus Zirkus und Varieté. Aber diese Anlehnungen an dramatische Traditionen bleiben ohne Funktion, werden höchstens als Versatzstücke in einer Handlung benutzt, die nur zu geschehen scheint, damit die Zeit totgeschlagen werden kann.

Trotz seiner inneren und äußeren Kreisform ist das Stück von schier unbegrenzter Offenheit. Alles, was sich zuträgt und gesagt wird, könnte von tiefsinniger Bedeutung sein. Genauer muß man sagen, daß niemand sich damit abfinden will, daß sich hinter den Worten und Aktionen wirklich keine symbolischen Bedeutungen verbergen sollten. Auch Becketts Mitteilung, er hätte gesagt, wer Godot ist, wenn er es wüßte, hat hieran nichts geändert. Wegen dieser Offenheit hat das Werk zahllose Deutungen provoziert, die von den unterschiedlichsten Sinnordnungen aus unternommen wurden. Doch keine war so überzeugend, daß sie allgemein geteilt wird. Jede Konkretisierung, die auf eine bestimmte Bedeutung aus ist, verliert ihren Halt in der Unbestimmtheit des Ganzen ebenso schnell, wie sie entsteht. Das Stück appelliert an keine Sinnordnung, greift aber auch keine an. Es widerruft eher alle Sinnordnungen, sowohl diejenigen, die man im Stück selbst suchen könnte, als auch diejenigen, die zur Deutung an es herangetragen werden.

Und doch hat dieses Drama auf zahllose Zuschauer große Wirkung gehabt, fühlten sie sich auf geheimnisvolle Weise von ihm direkt angesprochen. Über das Geheimnis dieser Wirkung kann man kaum mehr als spekulieren. Vielleicht liegt sie gerade darin, daß das Drama Bedeutungszuerkennungen dringend herausfordert und sie im selben Atemzug widerruft. Vielleicht liegt in diesem sich unendlich wiederholenden Prozeß von Sinnforderung und sich sofort anschließender Sinnleugnung eine Verbindung zum Zuschauer und seinem Lebensgefühl. Möglicherweise berührt es sogar ein ahnungsvolles und vages Wissen, daß zwar auch individuelle Sinnsetzungen vergeblich sind, daß aber auch damit das allerletzte Wort noch nicht gesagt ist. Denn trotz aller grotesken Momente, trotz aller clownesken Einlagen und trotz aller Reduzierung menschlicher Würde und Selbstachtung, die das Werk kennzeichnen, gibt es doch auch einen Hauch von Positivität, einen schwachen Zug des Heldenhaften oder Heroischen. Obwohl alles ungewiß geworden ist, leer und unsicher, obwohl alle Ziele in eine nebelhafte Undeutlichkeit gerückt sind, obwohl möglicherweise das Ende überhaupt eingetreten ist, zweifellos mindestens das Ende aller traditionellen Werte und Orientierungen, gibt es bei den beiden Hauptgestalten kein endgültiges Aufgeben. Sie machen weiter, sie resignieren nicht, auch wenn sie ohne Hoffnung und ohne Erwartungen sind. Dieses Weitermachen setzt sich sogar wider besseres Wissen durch und gegen entschieden genommene Beschlüsse. Irgendwie wehrt man sich. Bezeichnend ist der wortwörtlich identische Schluß beider Akte:

> ESTRAGON Also, wir gehen?
> WLADIMIR Gehen wir!
> *Sie gehen nicht von der Stelle.*

Vielleicht enthält diese Schlußgeste tatsächlich einen symbolischen Hinweis auf eine heroische Haltung, die von gänzlich unheroischen Menschen eingenommen wird. Es könnte sein, daß sich hierin über alle vergeblichen individuellen Sinndeutungen des Stückes hinaus, ja über alle individuellen Sinndeutungen des Lebens hinaus, so etwas wie ein ethischer Appell an alle Menschen ausdrückt, nämlich der, nicht aufzugeben. Nicht aufzugeben, auch wenn man weiß, daß der Sinn unfindbar geworden ist. Wenn dem so wäre, dann nähme Becketts *Warten auf Godot* in der Geschichte der modernen Literatur eine besondere Stelle ein. Denn seine Wirkung beruhte nicht mehr auf dem Appell an ein individuelles Verstehen, sondern ergäbe sich aus dem versteckten Appell an ein neues kollektives Verstehen.

Nachwort: Postmoderne

Verwischte Grenzen

Bereits in der Einleitung zu diesem Buch haben wir darauf hingewiesen, daß unser Gebrauch des Wortes „modern", wenn wir von moderner Kunst und moderner Literatur sprechen, nicht ganz unproblematisch ist. Die Ursache dafür liegt in den unterschiedlichen Bedeutungen, die „modern" annehmen kann. Ganz allgemein meint „modern" das Zeitgenössische, also auch die zeitgenössische Kunst und Literatur, die sich in einer bestimmten Gegenwart von bis dahin geltenden Traditionen abgrenzt. In diesem Sinne ist so gut wie jede Kunst und Literatur einmal modern gewesen. In dieser Bedeutung begegnet der Begriff „modern" zum Beispiel im Bereich der Kleidermode, in der ja immer dasjenige modern ist, was gerade aktuell ist.

Benutzt man modern in dieser Bedeutung, dann wären Autoren wie Joyce und Kafka nicht mehr modern. Sie sind ja längst keine Zeitgenossen mehr, ihre Werke viele Jahrzehnte alt. Nun hat sich jedoch in den Kunst- und Literaturwissenschaften eingebürgert, diese und andere Künstler dennoch modern zu nennen. Man tut dies, weil man modern in diesem Zusammenhang zur Kennzeichnung einer Epoche benutzt, eben der Moderne. Sie hat ihren Schwerpunkt in der ersten Hälfte des 20. Jahrhunderts. Manche sprechen auch von der „klassischen Moderne", um Mißverständnisse zu vermeiden.

Epochen oder Perioden in der Kunst- und Literaturgeschichte zeichnen sich durch bestimmte Stilmerkmale aus, die sie von anderen Epochen unterscheidbar machen. Das gilt für die Klassik und Romantik, es gilt auch für die Moderne. Wir haben eine ganze Reihe von Merkmalen der Moderne beschrieben und analysiert. Nach allgemein verbreiteter Überzeugung zeigen literarische Werke, aber auch Werke in den anderen Künsten, die, grob gesprochen, seit den 60er Jahren erschienen sind, Veränderungen dieser Stilmerkmale. Diese werden nicht mehr rein oder konsequent angewandt, ohne daß man sich allerdings grundsätzlich von denen der Moderne getrennt und gänzlich neue Wege eingeschlagen hat. Es haben neue Entwicklungen stattgefunden, die jedoch keinen unversöhnlichen Bruch mit dem Früheren darstellen. Die Werke aus der zweiten Hälfte unseres Jahrhunderts sind in gewissem Sinne immer noch modern, doch zugleich auch anders. Was eingetreten ist, ist eine Art Spätmoderne, eine Art Variation der Moderne, die man Nachmoderne beziehungsweise Postmoderne nennt. Mit einem Wortspiel könnte man sagen, heute ist die Postmoderne modern.

Worin der Kern der Postmoderne besteht, welche ihre charakteristischen Eigenschaften sind, darüber gehen die Meinungen weit auseinander. Der Begriff selbst ist ja wenig scharf, da er das Neue nicht nennt, sondern seine Bedeutung immer noch hauptsächlich durch das Wort modern erhält. Zu den Undeutlichkeiten der Postmoderne gehört auch, daß man nicht sagen kann, wann genau sie eingesetzt hat. Manche rechnen ihr sogar Werke aus den 20er und 30er Jahren zu.

Relativ eindeutig liegen die Dinge eigentlich nur in der Architekturgeschichte, in der der Begriff der Postmoderne denn auch einen seiner Ursprünge hat. Es ist nicht zu übersehen, daß man heute anders als vor vierzig oder siebzig Jahren baut. Damals, zur Zeit der Moderne, herrschte ein schmuckloser, geradliniger Baustil vor. Die Funktion, der Zweck bestimmten die Form der Gebäude. In allen Städten findet man die straffen Wohnblöcke. Ihre symmetrischen Formen und Strukturen waren den Vorbildern der großen Architekten der Moderne nachempfunden, unter anderem Walter Gropius und Charles-Edouard Le Corbusier. Die heutige Bauweise hat sich von diesem Funktionalismus abgekehrt und ist zum Dekor und Ornament zurückgekehrt. Sie dienen keinem bestimmten Zweck, ähnlich wie in der Architektur vor der Moderne. Auch etwa beim Bau von Wolkenkratzern, einst den Paradebeispielen des funktionalen Baustils, scheut man sich heute nicht, die Fassaden und sky-lines mit prächtigen Ornamenten zu verzieren. Dabei greift man ganz unbefangen auf bereits bekannte Elemente und Motive aus der Vergangenheit zurück. Dadurch entsteht eine Mischung verschiedener Stile, in der Altes und Neues direkt miteinander verbunden werden. Die Anleihen aus der Vergangenheit wirken manchmal wie Zitate und geben dem Ganzen etwas Spielerisches, ja Ironisches. Man besteht also keineswegs mehr auf Stilreinheit, sondern fühlt sich frei zu verwenden, was einem sinnvoll oder auch vergnüglich erscheint, imitiert ohne Skrupel Überliefertes und Zeitgenössisches, pendelt unbekümmert zwischen Erneuerung und Tradition hin und her.

Eine vergleichbare Eindeutigkeit erkennbarer Stilmerkmale der Postmoderne gibt es auf dem Gebiet der Literatur nicht. Im Gegenteil. Viele Kritiker behaupten sogar, der Begriff der Postmoderne sei für die Literatur untauglich. Man brauche nur an Brecht zu denken, der in vielen seiner Werke ältere Literatur verarbeitet hat, sie ironisch oder auch parodierend zitiert. Eines der auffälligsten Beispiele bildet sein Drama *Die heilige Johanna der Schlachthöfe*, in dem man ganze Textpassagen aus Schillers *Jungfrau von Orleans* findet. Brecht jedoch einen postmodernen Autor nennen zu wollen, wäre unsinnig.

Die Situation ist also ungeklärt und verwirrend. Andererseits kann man jedoch nicht leugnen, daß es Unterschiede zwischen der Literatur von heute und der von vor fünfzig Jahren gibt. Wiederum aber ist es schwierig, genau anzugeben, worin diese Unterschiede im einzelnen bestehen. Auf jeden Fall muß man sie vorsichtig beschreiben. Nur mit der nötigen Behutsamkeit kann man eine Anzahl von Kennzeichen der literarischen Postmoderne angeben. Im ganzen gilt, daß die postmoderne Literatur in ihrem Anspruch zurückhaltender ist, unbedingt zu sein. In der Postmoderne ist die große, die fast pathetische Gebärde verschwunden, mit der man sich während der Moderne in den Dienst einer mehr oder weniger kompromißlosen Suche nach Wahrheit und Wirklichkeit stellt. Man hat Abstand genommen von aller Rigorosität, sowohl im Inhaltlichen als auch im Formalen. Man kann alles weniger schwernehmen, kann auch leichter mit der Wahrheit umgehen, der vielerlei Gestalten zugestanden werden. Die Wahrheit selbst ist so problematisch geworden, daß man nicht einmal danach strebt, ihrer habhaft zu werden. Wo man so etwas wie die Wahrheit verkünden will, tut man es ironisch und fast parodierend. Man entkräftet fortwährend die eigene Ernsthaftigkeit, ist häufig ängstlich, sich definitiv festzulegen. Man vertritt die Auffassung, alles sei vielgestaltig, mehrdeutig, veränderlich. Zum Ausdruck kommen derartige Auffassungen, ähnlich wie in der Architektur, durch den Gebrauch aller möglicher literarischer Formen, auch solcher aus der Zeit vor der Moderne. Es entsteht ein Spiel, ein Kombinationsspiel, dessen Spielcharakter nicht unterdrückt wird. Der amerikanische Schriftsteller John Barth, der vieles Beachtenswerte über das postmoderne Denken und Schreiben gesagt hat, hat von seinen Romanen behauptet, sie seien Romane, die die Form des Romans imitierten, verfaßt von einem Autor, der die Rolle eines Autors imitiere. Solche Behauptungen geben zu erkennen, daß man weiß und fühlt, nicht mehr unmittelbar, nicht mehr direkt sein zu können und zu dürfen. Alles Unmittelbare, alles Direkte ist bereits gesagt worden, hat dadurch seine Unschuld verloren. Alle Wahrheit ist alt. Berücksichtigt man diese Einsicht nicht, ist man naiv. Man leidet darum unter dem Druck der Wiederholung, der man nur entrinnen kann, wenn man die Attitüde der Ironie annimmt. Umberto Eco, der Autor des berühmten (postmodernen) Bestseller-Romans *Der Name der Rose,* hat diesen Sachverhalt folgendermaßen beschrieben:

Die postmoderne Haltung erscheint mir wie die eines Mannes, der eine kluge und sehr belesene Frau liebt und daher weiß, daß er ihr nicht sagen kann: „Ich liebe dich inniglich", weil er weiß, daß sie weiß (und daß sie weiß, daß er weiß), daß genau diese Worte schon, sagen wir, von Liala geschrieben worden sind. Es gibt jedoch eine Lösung. Er kann ihr sagen: „Wie jetzt Liala sagen würde: Ich liebe dich inniglich". In diesem Moment, nachdem er die falsche Unschuld vermieden hat, nachdem er klar zum Ausdruck gebracht hat, daß man nicht mehr unschuldig reden kann, hat er gleichwohl der Frau gesagt, was er ihr sagen wollte, nämlich daß er sie liebe, aber daß er sie in einer Zeit der verlorenen Unschuld liebe.

Geht man von derartigen Charakterisierungen aus, dann überrascht es nicht, daß die postmoderne Literatur überall Züge einer deutlichen Selbstrelativierung zeigt. Auch sie verwendet Techniken der Verfremdung. Aber es sind andere Techniken als in der Moderne, vor allem dienen sie anderen Zwecken. Die Verfremdung in der Postmoderne mildert den Ernst der Aussage, ja macht diese überhaupt erst möglich. Man zitiert, Inhalte und Formen, man kehrt zum Alten zurück, um das Neue aussprechen zu können. Man will das wirklich Gefühlte und Erlebte wiedergeben, aber verzichtet auf jegliche anmaßende Originalität.

Die Verfremdung trifft aufs neue auch die Einheit der Person, des Ich. Wir haben gesehen, wie in der Moderne die Selbstgewißheit des Ich zerfallen ist, nicht zuletzt unter dem Einfluß Freuds, aber auch der Kulturkritik etwa des Philosophen Friedrich Nietzsche. Die Moderne hatte die Identitätskrise des Ich in vielen Bildern und Formen dargestellt. Die Postmoderne geht noch einen Schritt weiter. Sie löst die Konturen des Ich vollständig auf, projiziert es in eine Skala von äußeren Erscheinungsformen, zersplittert es in variantenreiche Spracherscheinungen.

So wie das Ich sein Profil verliert, so werden Ränder und Grenzen überall unscharf, verschwimmen. Auch die Grenzen zwischen Literatur und Wirklichkeit werden nochmals als eigentlich nichtexistent erfahren. Die Moderne hatte ebenfalls auf die Durchlässigkeit der Grenzen zwischen Kunst und Leben gepocht. Für sie aber hatte das Leben, hatte die Wirklichkeit einen harten Kern, etwas nicht Reduzierbares, das tatsächlich und real ist. Für die Postmoderne gibt es auch diesen Kern nicht mehr. Leben und Wirklichkeit sind in ihrer Vielfältigkeit, Widersprüchlichkeit und fortwährenden Veränderung nur als vorübergehend stabiler Zusammenhang greifbar. Die Realität ist darum letztlich nicht weniger scheinhaft als die Kunst und die Literatur.

Zwei Beispiele

Wir wollen zum Schluß zwei Werke, ein Gedicht und einen
Roman, mit Hilfe der genannten Stichworte zur Postmoderne
etwas genauer betrachten. Das erste ist ein Gedicht von Ernst
Jandl.

selbstporträt des schachspielers als trinkende uhr, 24. Juli 1980

17 uhr
hinter ihm
laufe sein schach-computer
mit fünfzehn minuten
computing-time pro zug;
dann ertöne
das dünne stimmchen.
je viertelstunde also
er ans tischchen laufe
zur eingabe
binnen sekunden
seines eigenen zuges.
das glas
mit gin tonic
und dem mülheimer stadtwappen
zur erinnerung an eine
große stunde
fülle er
alle 25 minuten
und nehme daraus
alle 4 bis sieben
minuten
gerade einen schluck.
alle zwölf
bis 14 minuten
entzünde er
eine zigarette.
so errichte er

die background-struktur
für sein heutiges gedicht.
17 uhr 7

Bereits der Titel dieses Gedichts wirkt fremd. „selbstporträt des schachspielers" wäre ein noch geläufiger Titel, wenngleich man anstelle des bestimmten wohl eher den unbestimmten Artikel erwartet hätte: selbstporträt *eines* schachspielers. Der Zusatz „als trinkende uhr" versetzt den Titel in einen völlig unerwarteten Bedeutungsrahmen, der, wenn er nicht gar auf etwas Unsinniges verweist, das Selbstporträt seiner ernsthaften Qualität zu berauben droht. Die Datumsangabe, „24. Juli 1980", bleibt zunächst gänzlich unverständlich. Worauf bezieht sie sich? Auf die Entstehung des Gedichts? Auf den Zeitpunkt des Selbstporträts, das dann zu einem anderen Zeitpunkt anders aussehen könnte?

Der eigentliche Text des Gedichts überrascht den Leser wiederum, obwohl er durch den Titel auf Ungewöhnliches vorbereitet sein wird. Ein Selbstporträt erwartet man in der Ich-Form, in der ersten Person verfaßt. Es ist jedoch in der dritten Person, in der Er-Form geschrieben. Es besteht ausschließlich aus indirekter Rede, daher die Konjunktive. Derjenige, der das Gedicht geschrieben hat, ist also nicht der Schachspieler selbst. Jedenfalls scheint es so. Der Verfasser des Gedichts spricht lediglich aus, in den Worten des Schachspielers, was dieser ihm gesagt hat. Am Schluß des Textes aber wird dies alles wieder fraglich. Denn dort ist die Rede davon, daß „er" – und das kann eigentlich nur der Schachspieler sein – die „background-struktur" für sein „heutiges gedicht" errichte. Der Schachspieler ist also doch der Dichter? Der Verlauf des Gedichts macht eine klare Antwort auf die Frage, wer hier wer ist, unmöglich.

Der Text ist in sich selbst unstimmig, relativiert sich selbst. Und das nicht nur durch die Undeutlichkeit hinsichtlich der Identität seines Verfassers. Auch die Formulierung „heutiges gedicht" wirft Fragen und Probleme auf. Zum einen wird mit ihr eine gewisse Geringschätzung gegenüber der Entstehung von Gedichten ausgedrückt. Jedenfalls widerspricht es geläufiger Vorstellung, daß man jeden Tag ein Gedicht schreiben könne, sozusagen mit derselben Routine, mit der man andere tägliche Verpflichtungen erfüllt. Zum anderen bleibt offen, um welches Gedicht es sich handelt. Man ist zunächst geneigt anzunehmen, daß es ein noch nicht geschriebenes Gedicht ist, da das vorliegende ja die „background-struktur" dafür enthält. Immerhin erhielte von hier aus die für ein Selbstporträt ungewöhnliche Er-Form einen Sinn. In dem vorliegenden Gedicht würde beschrieben, was in demjenigen Gedicht zur Sprache kommen könnte, das vom Schachspieler noch verfaßt werden muß. Der Schachspieler wäre dann allerdings auch ein Dichter, da er ja offenbar jeden Tag ein Gedicht schreibt. Trotz allem aber könnte sich das „heutige gedicht" doch auch auf das vorliegende beziehen. Das in ihm beschriebene Handeln des Schachspielers wäre dann der „background" für das Gedicht, das daraus tatsächlich entstanden ist. Jetzt würde auch das Datum im Titel verständlich: dies ist das „heutige gedicht" vom 24. Juli 1980.

Der Text steckt voller Fragen und schillernder Bedeutungsmöglichkeiten. Auch etwa die Zeitangaben am Anfang und am Ende sind mehrdeutig. „17 uhr 7" könnte der Titel des noch zu schreibenden „heutigen gedichts" sein, aber auch der Abschluß des vorliegenden Gedichts, das um „17 uhr" begonnen wurde.

Bei aller zwiespältigen Vieldeutigkeit aber haben wir es doch mit einem Gedicht zu tun, das nicht nur ein ironisches Rätselspiel ist, sondern ein durchaus ernstes Thema behandelt. Das Porträt ist das eines mechanisch reagierenden Menschen, dessen Handeln vom Computer gesteuert wird. Der Mensch hat sich den Regeln des Computers angepaßt, hat seine menschliche Freiheit und Selbstbestimmung aufgegeben. Er wird zur „trinkenden uhr", zu einer Sache also. Solche Aussage kontrastiert mit den Fähigkeiten, die man einem Schachspieler für gewöhnlich zuerkennt: schnelles und flexibles Reaktionsvermögen, Kreativität, geistige Beweglichkeit. All das ist hier ausgespart, unterdrückt oder ersetzt durch ein rein automatisches Handeln. Das Selbstporträt gibt also nicht das eigentliche Wesen eines Schachspielers wieder, sondern höchstens einen verfremdeten Teil von ihm. In diesem Gedicht ist der Spieler kein von innen her, sondern ein von außen her bestimmter Mensch. Dazu paßt übrigens wieder die verfremdende Er-Form.

Die Sprache des Gedichts ist einfach, von der Alltagssprache nicht zu unterscheiden. Es fehlt jedes poetische Bild. Es fehlt auch jeglicher Ansatz sprachlicher Neuschöpfung. Demgegenüber werden Ausdrücke von besonders niedrigem „poetischen Wert" benutzt: „mühlheimer stadtwappen", „gin tonic", „background-struktur". Der Text ist als dichterischer sehr schwach profiliert.

Fassen wir die typisch postmodernen Kennzeichen zusammen. Das Gedicht verhüllt seine eigentlich ernste Aussage durch Verfremdung, nämlich die Veräußerlichung des Menschen zu einer Sache. Es untergräbt die Identität seines Verfassers, der möglicherweise der Schachspieler selbst ist, möglicherweise aber auch nicht. Es untergräbt zugleich auch seinen eigenen Status, indem es offen läßt, ob es das im Titel angekündigte Selbstporträt ist oder nicht. Sein Sprachgebrauch ist betont unliterarisch. Im ganzen ist es durch Züge des Relativierens, des Zerfließenlassens aller Bestimmtheiten charakterisiert, außerdem durch Züge des Beiläufigen und leicht Ironischen. –

Der Roman *Ragtime* des amerikanischen Schriftstellers E. L. Doctorow ist 1974 erschienen. („Ragtime" ist ein gegen Ende des 19. Jahrhunderts in Amerika entstandener Klaviermusikstil mit spezifischer Synkopierungs- und Phrasierungsweise, einer der Vorläufer des Jazz). Der Roman entwirft ein buntes Bild der Vereinigten Staaten von Amerika zu Beginn des 20. Jahrhunderts. Er ist eigentlich ein historischer Roman, gehört also in eine Gattung, die mit Walter Scott ihre Blütezeit im 19. Jahrhundert hatte. Und tatsächlich greift der Roman auf Erzähltechniken und Darstellungsmittel zurück, die im 19. Jahrhundert Mode waren. Wie bei Scott wird die Achse der Erzählung durch erfundene Gestalten gebildet; hier ist es eine kleine namenlose Familie, die zum Zeugen der historischen Vorgänge und Entwicklungen und in sie verstrickt wird. Und wie bei Scott wird bei Doctorow wieder richtiggehend erzählt, werden Geschichten erzählt. Damit allerdings sind die Übereinstimmungen und Ähnlichkeiten mit dem berühmten Autor des 19. Jahrhunderts auch erschöpft. Anders als bei Scott werden in Doctorows Roman historische Gestalten und Ereignisse mit erfundenen vermischt. Sie werden regelrecht durcheinandergewirbelt. Geschichtliche Gestalten wie Henry Ford, Sigmund Freud, der Varietékünstler Houdini, der österreichische Erzherzog Franz Ferdinand, um nur einige von vielen zu nennen, werden wie Romanfiguren behandelt, Romanfiguren dagegen wie historische Gestalten. Alles, was hier erzählt wird, ist auf eine wunderliche Weise wahr und unwahr zugleich. Der Wirklichkeitsgehalt der dargestellten geschichtlichen Periode beruht nicht auf historisch kontrollierbaren Einzelheiten, sondern auf einer unentwirrbaren Mischung aus historisch Wahrem und frei Erfundenem. Die Wahrheit der Historie findet ihre Grundlage im Spiel des Literarischen. Doctorow kommt es nicht auf eine möglichst objektive Rekonstruktion der Vergangenheit an. Sein Ziel ist vielmehr die versuchsweise Konstruktion einer möglichen, vielleicht sogar glaubwürdigen Vergangenheit. Und dazu sind alle Mittel erlaubt, über die ein Romanautor verfügt.

Zum postmodernen Charakter dieses Romans gehören gerade die zahlreichen Anleihen bei früherer Literatur. Dabei ist keineswegs nur an Scott zu denken. Das auffälligste Beispiel bildet Doctorows Verarbeitung von Heinrich von Kleists Novelle *Michael Kohlhaas* aus dem Jahre 1810. Eine der Hauptfiguren in *Ragtime* ist der schwarze Pianist Coalhouse Walker Jr. Er ist ein zweiter Kohlhaas, wie der Name bereits andeutet. So wie der Pferdehändler Kohlhaas bei Kleist darauf besteht, daß ihm seine unrechtmäßig gepfändeten und übel zugerichteten Rappen wiederaufgefüttert zurückgegeben werden, so besteht Coalhouse Walker darauf, daß sein schwarzer Ford Model T in seinen ursprünglichen Zustand zurückgebracht werde, nachdem ihn weiße Feuerwehrleute demoliert haben. Kohlhaas überzieht das Land mit Krieg, als ihm sein Recht verweigert wird; Coalhouse Walker greift zum Mittel von Brand- und Gewaltanschlägen. Beide verlieren in dem unbe-

irrbaren Kampf um ihr Recht ihre Frau. Beide finden schließlich den Tod, nachdem endlich ihrem Rechtsanspruch Genüge
getan ist.

Die Übernahmen aus Kleists Novelle, jeweils den Situationen und Umständen in *Ragtime* angepaßt, reichen bis in kleine
Einzelheiten. Wichtiger aber ist der Effekt im ganzen. Was
Doctorow mit dem „Zitat" hinsichtlich des Wahrheitsgehaltes
seines historischen Romans zuwegebringt, ist ein komplizier-
tes, jedoch aufregendes Ineinander von Literatur und Geschichte. Zunächst veranschaulicht er mit Hilfe eines literarischen Werkes aus dem Anfang des 19. Jahrhunderts Vorgänge
und Prozesse der amerikanischen Geschichte zu Beginn des
20. Jahrhunderts: die einsetzende Auflehnung der schwarzen
Bevölkerung gegen wachsende Diskriminierung und nicht
verfolgtes Unrecht, die keinen anderen als den Weg der Gewalt
findet. Literatur, so könnte man sagen, wird tatsächlich zu Geschichte. Darüber hinaus aber kehrt Doctorow den Prozeß
wieder um, in dem vorher Geschichte zu Literatur wurde.
Kleists Novelle geht nämlich auf geschichtliche Vorgänge in
der Reformationszeit zurück. Michael Kohlhaas hat wirklich
gelebt. Bei Kleist wird Geschichte also literarisiert. Bei Doctorow wird die Literatur wieder historiziert, bleibt aber gleichzeitig doch Literatur, da sich ja alles „nur" in einem Roman
zuträgt.

Die Verarbeitung des Kohlhaas-Themas zeigt, wie fließend
die Übergänge zwischen Faktischem und Erfundenem sind.
Was einmal eindeutig war, wird in diesem Roman mehrdeutig.
Diese Auflösung alles Eindeutigen wird von Doctorow durch-
gehend angewandt. Sie macht auch vor der Figur des Erzählers
nicht Halt. Der scheint wieder der allwissende Erzähler des
19. Jahrhunderts zu sein. Er kennt die Gedanken und Gefühle
der Personen, kann mühelos von einem Schauplatz zum anderen wechseln, weiß, was zur selben Zeit an verschiedenen Orten geschieht; er ist unzweifelhaft Herr der von ihm erzählten
Geschichte. Und doch ist auch dieser Erzähler – in einem
postmodernen Roman kann es kaum anders sein – nicht einfach der zurückgekehrte allmächtige Erzähler früherer Zeiten.

Doctorows Erzähler behauptet zum Beispiel mehrmals, er könne über bestimmte Personen und Ereignisse nichts oder nichts Genaues berichten, weil er über sie keine Informationen besitze, über andere nur, weil er zufällig über Tagebücher, Briefe und ähnliches verfüge. Das sind Behauptungen, die nicht zu einem allwissenden Erzähler passen. Auch er ist also eine uneinheitliche Figur. Bisweilen hat man sogar den Eindruck, er sei mit dem Sohn der erfundenen Familie identisch, der später als Erwachsener und aus der Rückschau erzähle. Aber auch das ist wiederum nicht möglich, weil in dem Roman Dinge erzählt werden, die der Junge nicht erlebt oder erfahren haben kann.

Der Junge aber hat sehr früh und besser als jeder andere verstanden, was Wirklichkeit ist, vor allem wie Wirklichkeit aus der Mischung von Tatsächlichem mit Erfundenem hervorgeht. Er sammelt alles, dessen er habhaft werden kann, darunter Photographien, Zeitungsausschnitte, Tagebücher usw., Gegenstände also, die dokumentarischen Wert haben, Zeugnisse der Geschichte gewissermaßen. Ebenso wichtig, wenn nicht noch wichtiger, aber sind ihm die Geschichten, die ihm sein leicht seniler Großvater aus dem Buch der *Verwandlungen* des römischen Dichters Ovid erzählt:

Es waren Geschichten von Menschen, die Tiere oder Bäume oder Statuen wurden. Es waren Geschichten der Verwandlung. Frauen nahmen die Gestalt von Sonnenblumen, Spinnen, Fledermäusen, Vögeln an; Männer verwandelten sich in Schlangen, Schweine, Steine und sogar in dünne Luft. . . . Großvaters Geschichten illustrierten für ihn den Grundsatz, daß die Formen des Lebens flüchtig waren und daß alles auf der Welt ebenso leicht etwas anderes sein konnte.

Alles und jedes ist einer immerwährenden Verwandlung und Veränderung unterworfen, alles kann jederzeit etwas anderes werden. Das ist nicht nur das Thema von Ovid, es ist auch das Thema des Romans von Doctorow. *Ragtime* gibt nicht nur ein Bild des sich verändernden Amerika am Beginn des 20. Jahrhunderts, sondern illustriert den Vorgang der Verwandlung in allen Motiven, Themen, Geschehnissen und Menschen, die in dem Roman vorkommen. Alles geht ineinander über, wartet gewissermaßen nur darauf, etwas anderes zu werden. Nichts steht fest, nichts ist endgültig. Dichtung und Wirklichkeit sind eigentlich dasselbe, da beide denselben Gesetzen der Verwandlung gehorchen.

Darum kann man nun auch wieder Romane mit Geschichten erzählen. Es sind jedoch postmoderne Geschichten. Das heißt, sie sind Entwürfe, leben von ihrem Wesen als Entwurf. Gleichzeitig sind es wahre Geschichten, weil auch das Leben, weil auch die Wirklichkeit nur aus Geschichten besteht. Man könnte alle Geschichten, die des Lebens wie die der Literatur, immer auch anders erzählen, so wie man immer auch anders leben könnte. Die andere Form aber ist darum nicht die bessere oder richtigere. Keine Geschichte ist die eigentlich wahre. Selbst das Erzählen von Geschichten ist eine Art von Geschichte. Die Wahrheit liegt bestenfalls in den unbegrenzten Möglichkeiten, zahllose Geschichten erzählen zu können. Und der Leser ist eingeladen, diese erzählten Geschichten vergnüglich zu genießen. Er darf dabei allerdings nie vergessen, daß sie lediglich Vorschläge, Erprobungsgeschichten sind, Annäherungsversuche an ein unerreichbares Ziel, das zu erreichen man allerdings auch nicht ernsthaft beabsichtigt.